KB263737

샘 올트먼

AI 제국의 설계자

샘 올트먼

AI 제국의 설계자

저우항싱 지음
정주은 옮김

지니의서재

샘 올트먼,
실리콘 밸리 혁신의 왕좌에 오르다

IT 그룹을 이끄는 관리자이기에, 나는 언제나 기술 혁신과 미래의 흐름에 주목해 왔다. 그런 의미에서 이 책『샘 올트먼: AI 제국의 설계자』에 추천의 글을 쓸 수 있게 된 것을 매우 뜻깊게 생각한다.

수많은 정보가 폭발적으로 늘고 자고 일어나면 새 기술이 나오는 지금, 인공지능 AI는 이미 세상의 변혁을 이끄는 핵심적인 힘이 되었다. AI 분야의 선구자 샘 올트먼의 이야기는 실리콘 밸리의 성공 신화이자 미래 AI 세계를 이해하는 열쇠이다.

이 책을 읽고 나는 폭넓은 내용과 깊이에 놀라움을 금치 못했다. 단순한 인물 평전이 아니라 AI의 미래에 대한 통찰력이 담겨 있기 때문이다. 이 책은 샘 올트먼의 인생을 시기별로 깊이 들여다본다. 스탠퍼드 대학을 중퇴하고 위치 기반 소셜 네트워킹 서비스인 루프트Loopt를 창업한 샘 올트먼은 스물여덟에 실리콘 밸리 최대 스타트업 액셀러레이터인 Y 콤비네이터Y Combinator, YC의 CEO가 되어 에어비앤비Airbnb 등 수많은 스타트업을 발굴했다. 그리고 마침내 오픈AIOpenAI의 공동 창업자이자 CEO가 되어 인류의 미래를 뒤바꿀 챗GPTChatGPT를 세상에 내놓음으로써, 인류의 미래를 바꾼 인물이 되었다.

이 책은 단순한 전기傳記가 아니다. 그의 인생 여정뿐 아니라 인류의 미래에 대한 사유와 신념을 공유하고 일론 머스크Elon Musk와 갈라서게 된 사정, 오픈AI 이사회에서 발생한 '쿠데타'를 비롯한 드라마틱한 사건들도 자세히 기록해 기계처럼 차가운 인상을 주던 그를 인간미가 느껴지는 따뜻한 진짜 샘 올트먼으로 되돌려 놓는다.

이 책의 저자 저우헝싱은 중국 기자 중에서 실리콘 밸리를 가장 잘 아는 한 사람이다. 2014년, 그는 실리콘 밸리의 저명한 미래학자인 레이 커즈와일Ray Kurzweil을 베이징에 데려왔다. 당시 레이 커즈와일이 들려준 상상도 할 수 없는 이야기들, 그의 저서인 『특이점이 온다』에서 이야기한 AI 2029년에 튜링 테스트Turing test를 통과하고 2045년에는 특이점이 오며 AI가 인류의 지능을 완전히 넘어설 것이라는 상상도 하지 못한 충격적 예언을 쏟아 냈다. 그리고 현재, 그의 예언은 오픈AI를 비롯한 여러 AI 연구팀에 의해 점차 현실이 되어 가고 있다.

빌 게이츠는 이렇게 말했다. "나는 평생 두 번의 과학 기술 혁명을 직접 목격했다. 첫 번째는 인터넷의 탄생이고 두 번째는 챗GPT의 탄생이다." 채팅 로봇 챗GPT, 텍스트 기반 이미지 생성 AI 모델 달리DALL·E, 텍스트 기반 동영상 생성 AI 모델 소라Sora가 뜨거운 관심 속에 대중 앞에 모습을 드러내면서, 샘 올트먼은 오픈AI를 이끌고 AI에 대한 인류의 인식을 끊임없이 새로 쓰고 있다. 대학 중퇴자에서 2023《타임》이 선정한 '올해의 CEO'이자 전 세계 AI 리더, AI 시대의 '오펜하이머Oppenheimer'가 된 그는 차근차근 세상을 바꿔 가고 있다. 샘 올트먼은 스티브 잡스Steve Jobs의 창의력, 일론 머스크의 선견지명, 제프 베이조스Jeff Bezos의 비즈니스 감각을 모두 갖춘 인물이다.

샘 올트먼의 사고방식에는 본받을 점이 많다. 그는 매력적인 연결주의자로서 유능한 인재를 끌어들이는 능력이 탁월하다. 이 책에서도 그 점이 강조되는데, 선밸리 콘퍼런스Sun Valley Conference에서 '우연히' 계단에서 만난 사티아 나델라Satya Nadella에게 오픈AI를 소개해 마이크로소프트로부터 10억 달러의 투자를 유치했다. 이 결정적 순간이 위태롭던 오픈AI를 구해 낸 것이다.

샘 올트먼의 실행력은 놀라울 정도다. 스무 살 무렵, 그는 통신 사업자와의 협업 기회를 얻기 위해 폐쇄적인 통신업계의 문을 끊임없이 두드렸다. "어떤 일을 해내는 데 가장 중요한 것은 끈기다. 모든 문을 두드려 봐야 한다는 것이 내 신념이다." 그가 존경하는 미 해군 제독 하이먼 리코버Hyman G. Rickover의 말처럼, "생명의 위대한 점은 지식이 아니라 행동에 있다."는 문구는 올트먼의 인생 모토 중 하나다.

샘 올트먼은 타고난 리더이자 야심가다. 그는 자신의 블로그에 이렇게 적은 바 있다.

"가장 성공한 창업자는 단순히 회사를 만들기 위해 움직이지 않는다. 그들의 사명은 종교를 창시하는 데 가깝고, 기업 설립은 그 목표를 실현하는 가장 빠른 수단일 뿐이다."

올트먼은 돈보다 '권력'에 더 관심이 있을지도 모른다. 그리고 그 권력을 얻는 데 필요한 자질을 타고났다. 그는 언제나 겸손하고 진솔하게 사람을 대하기에, 나이와 지위가 높은 실리콘 밸리의 권력자나 정치인과도 쉽게 유대감을 맺는다. 그래서 그는 점점 정치인의 면모를 닮아 가고 있다.

오늘날 우리는 대형 AI 모델이 주도하는 새로운 산업혁명기를 살아가고 있다. 인간의 언어를 이해하는 능력을 컴퓨터에 부여한 대형 AI 모델은 인류 역사상 가장 위대한 발명 중 하나로 꼽힌다. 텍스트 기반 동영상 생성 AI인 소라Sora는 컴퓨터가 언어를 통해 세상을 이해하도록 만들었고, 이는 멀티모달Multimodal AI의 비약적 도약이자 범용 AI 시대를 앞당기는 사건이다. 이로써 자율주행, 신체화 AIEmbodied AI, 기초 과학, 에너지 등 다양한 분야에서 급속한 발전이 이뤄지고 있으며, 동시에 전례 없는 안보 위협도 불러오고 있다.

따라서 샘 올트먼이라는 인물과 그가 이끄는 오픈AI 같은 기업을 이해하는 일은 이 시대를 살아가는 우리에게 필수적이다. 그것은 우리가 기술을 어떻게 활용해야 하는지, 해악은 줄이고 이익은 극대화하려면 무엇을 고민해야 하는지를 성찰하게 해 줄 것이다.

중국 최대 보안·인터넷 기업 치후360 창업자,
저우훙이周鴻祎

역사의 한 페이지를 장식할 사람

차분하면서도 눈길을 끄는 CEO가 파격적인 기술로 전 세계
의식의 흐름 속에 아주 독특한 세계관을 주입하려고 한다.
그는 샌프란시스코 미션 지구에 자리한 이름 없는 사무실에
서 전 세계로 영향을 미치고 있다.

—《와이어드》 편집장, 스티븐 레비Steven Levy

오늘 당신은 블링크Blink 182의 새 앨범을 열일곱 번째 들으
면서 마운틴듀를 가져올 친구들과 새로 나온 마리오 게임을
하려고 한다. 당신은 엄마가 준 할인 코드로 한 판에 10달러
짜리 도미노 피자를 주문했다. 2023년이고 당신은 서른여
덟 살이다. 삶은 멋지다.

—샘 올트먼

1

2023년 10월 26일 저녁, 서른여덟의 샘 올트먼은 소파에 파묻혀 친
구들과 게임을 하려고 기다리는 중에 이 글을 썼다. 그는 왜소한 체격

에 에메랄드색 눈을 가진 데다 늘 괴상한 모습으로 앉아 있는데, 어둠 속 부엉이처럼 몸을 둥글게 마는 자세를 좋아한다.

샘 올트먼의 집은 샌프란시스코 북부의 산 중턱에 자리했다. 이 호화 저택은 콘크리트 담장에 둘러싸여 외부와 철저히 단절되어 있다. 저택 안에는 헬스장과 턴테이블이 구비된 '007 시리즈' 스타일의 차고가 갖춰져 있다. 샌프란시스코의 명소인 피셔맨스 워프Fisherman's Wharf에서 불과 몇 블록 떨어진 곳이다. 깊은 밤, 고요가 내리면 항구로 돌아오는 선박의 고동 소리가 귓가에서 들리는 듯 또렷하다.

2,700만 달러에 달하는 이 저택에서 샘 올트먼은 가난한 고학생처럼 싸구려 피자와 탄산음료를 즐긴다. 그러면서 소문자로만 글을 쓴다. 그의 아이폰에 자동으로 대문자가 써지는 기능이 활성화되어 있는데도 말이다.

미국에서는 청소년들이나 이런 별 뜻 없고 가벼워 보이는 입력 방식을 쓴다. 연장자에게 쓰는 메시지에 소문자만 쓴다면 상대방에 대한 존중이 부족해 보일 수 있다. 그러나 샘 올트먼에게는 그냥 소문자가 아니다. 일종의 텍스트 속에서도 '쿨함'과 편안함을 지키는 방식이다.

《월스트리트저널》의 한 칼럼니스트는 이렇게 설명했다.

"많은 사람이 대문자 사용을 일종의 성인식으로 여깁니다. 하지만 이를 달리 받아들이는 이들도 있죠. 이들은 시프트Shift 키 사용을 자제하면 젊음을 유지하는 데 도움이 된다고 생각합니다."

샘 올트먼이 실리콘 밸리에 들어온 지 벌써 20년이 흘렀다. 그 시작은 그의 저택에서 남쪽으로 한 시간가량 떨어진 스탠퍼드대학교 기숙사였다.

열여덟에 미국 중부의 미주리주를 떠나 스탠퍼드대학에 입학한 샘 올트먼은 별 볼 일 없는 평범한 대학생에서 세계적인 IT 분야 리더로 성장했다. 2005년, 스탠퍼드대학에 입학한 지 1년 만에 학교를 자퇴한 그는 룸메이트와 함께 소셜미디어 플랫폼, 루프트Loopt를 만들었다. 루프트는 친구의 위치를 공유하는 애플리케이션이었다. 같은 해, 루프트는 실리콘 밸리에서 가장 유명한 스타트업 액셀러레이터인 YC의 첫 번째 창업 캠프에 합류한다. 비록 루프트가 큰 성공을 거두지는 못했지만, 회사를 매각해 얻은 수익으로 샘 올트먼은 벤처 투자를 시작할 수 있었다.

2014년, YC의 공동 창업자 폴 그레이엄Paul Graham과 제시카 리빙스턴Jessica Livingston은 당시 겨우 스물여덟 살이었던 샘 올트먼을 폴 그레이엄의 뒤를 이어 YC를 맡을 후계자로 깜짝 발탁했다. 샘 올트먼은 YC를 이끌면서 누구보다 먼저 AI 분야의 거대한 가능성을 포착한다. 그리하여 2015년, 일론 머스크와 함께 인공지능 연구소 오픈AI를 세운다. 그러나 2018년, 머스크는 오픈 AI 합병 시도를 했고, 이는 직원들의 강력하고 전방위적인 반발에 부딪혔다. 분개한 머스크는 결국 오픈AI를 떠나고 만다. 이후 올트먼은 2019년 YC를 떠나 오픈AI의 CEO 자리에 오른다.

2022년 말, 챗GPT의 충격적인 등장은 올트먼을 단숨에 실리콘 밸리의 전설로 만들었다. 챗GPT의 탄생은 2007년 아이폰 출시와 나란히 인류 기술사에 기록될 사건으로 평가된다. 이후 오픈AI는 눈부신 속도로 성장하며 메타, 애플, 아마존 등 빅 테크Big Tech의 임원들을 스카우트했고, 올트먼은 세계적인 영향력을 행사하는 인물로 거듭났다.

2023년 5월, 올트먼은 전 세계 순회 강연을 시작한다. 애초에 챗GPT 개발자들과 만나는 자리로 기획된 일정은 곧 외교적 방문으로 성격이 바뀌었다. 그는 22개국 25개 도시를 숨 가쁘게 돌며 프랑스, 한국, 이스라엘의 대통령, 영국·스페인·독일·인도의 총리 등 각국 지도자들을 만났다. 정상들은 앞다투어 그에게서 AI가 불러올 기회와 도전을 엿보려 했다.

2023년 10월, 올트먼은 X에 이렇게 적었다.

"2023년이고 너는 서른여덟 살이다. 삶은 멋지다."

그 무렵 오픈AI 제1회 개발자 콘퍼런스가 한 달 앞으로 다가왔고, 샌프란시스코에서는 APEC 회의도 열릴 예정이었다. 올트먼의 영향력이 한층 더 커질 순간이 다가오고 있었다. 그때, 벨이 울렸다. 친구들이 도착한 것이다. 또 한 번의 산뜻한 밤이 시작될 참이었다.

그러나 인생의 항로는 언제나 잔잔하지만은 않다. 망망대해를 항해하는 배처럼, 방금 전까지만 해도 영롱한 햇살이 내리쬐던 자리 위로 거대한 파도가 일기도 했다. 그 뒤로 한 달 동안, 샘 올트먼은 가장 파란만장한 시간을 보내게 될 것이었다.

2

2023년 11월 11일 새벽, 베이징. 뜻밖의 이메일이 도착했다. 발신인은 샘 올트먼이었다. 영문 소문자로만 이루어진 메일 내용은 별것 없었다.

"케빈, 네 인터뷰가 기대돼."

한동안 샘 올트먼에게 APEC 회의 기간에 인터뷰를 해 달라고 졸랐다. 그러니까 내 부탁을 수락한다는 의미로 보낸 메일이었다. 그의 비서는 곧바로 약속 날짜를 정했다. 며칠 뒤인 11월 14일이었다. 곧바로 샌프란시스코행 비행기표를 예매했다.

샘 올트먼을 안 지 10년이 다 되어 간다. 우리가 처음 만났을 때, 나는 실리콘 밸리 주재 초짜 기자였고 그는 이제 막 YC의 수장으로 부임한 터였다. 그 당시 나는 중국 스타트업 리더 동반, 실리콘 밸리 IT 업계 시찰을 준비하고 있었다. YC를 참관하고 싶다는 창업자들의 요청이 빗발쳤기 때문에 IT 전문 매체인 디인포메이션The Information의 설립자 제시카 레신Jessica Lessin에게 YC와의 연결을 부탁했다. 샘 올트먼은 나를 만나고 싶다면서 스탠퍼드대학의 한 강의실에서 보자고 했다. 그날 그곳에서 스타트업 관련 수업이 있다고 했다.

강의실에 도착해 보니, 무척 왜소한 청년이 강단에 서서 한창 강의를 하고 있었다.

그는 전형적인 실리콘 밸리 창업자처럼 보였다. 젊고, 창백하고, 긱geek 이미지가 확 풍기는 그는 스타트업으로 세상을 혁신하는 방법에 대해 열정적이면서도 빠른 어조로 설명했다. 강의가 끝나고 사람들이 하나둘 자리를 뜨자, 그에게 다가가 내 소개를 했다. 샘 올트먼은 평범한 대학생처럼 어색한 듯 조금 쭈뼛거렸다. 우리는 그 넓은 강의실에서 한동안 이야기를 나누었다. 구체적인 내용은 거의 다 잊었지만 그의 마지막 말만큼은 또렷이 기억한다. "중국에 자주 가 봐야겠네요." 그로부터 한 달 뒤, 중국 스타트업 리더들과 함께 YC 본사를 방문했다. 샘 올트먼의 환대에 분위기가 화기애애했다.

그렇게 나는 샘 올트먼과 안면을 트게 되었다. 그에게는 독특한 점이 있는데, 진실하면서도 겸손했다. 이는 경박한 실리콘 밸리에서는 보기 드문 미덕이었다.

2017년, 나는 실리콘 밸리에서 돌아와 중국의 과학 기술과 산업을 해외에 소개하는 영문 매체인《판데일리Pandaily》를 설립했다.

2022년, 전 세계가 챗GPT에 열광하면서 다시금 그와 연락을 주고받게 되었다. 그는 여전히 나를 기억하고 있었고, 때때로《판데일리》를 통해 중국의 과학 기술 동향을 살폈던 모양이었다. 우리는 아이메시지로 이런저런 잡담을 나눴다.

2023년 7월, 오픈AI는 'AI를 안전하고 책임 있게 개발하기 위해' 구글, 마이크로소프트, 앤스로픽과 손잡고 프런티어 모델 포럼Frontier Model Forum을 발족했다. 샘 올트먼은 중국 기업의 합류를 고려하고 있다고 밝혔다. "우리는 텐센트Tencent, 바이트댄스ByteDance와 이 사항을 논의 중이며 다른 기업의 합류 가능성도 열려 있다."

2023년 9월, 샘 올트먼은 타이베이에서 열린 폭스콘Foxconn의 궈타이밍郭台銘 회장 주최 AI 콘퍼런스에 참석했다. 그러고는 공항에서 메시지를 보내 왔다. 대강의 내용은, 다음 목적지는 중동이고, 11월에 열리는 오픈AI 개발자의 날 콘퍼런스에 중국 개발자들도 초대하고 싶으니 추천 기업이 있으면 알려 달라는 것이었다.

그리고 얼마 전에 중국에서도 상영된 영화 〈오펜하이머〉에 대해서도 이야기를 나눴다. 나는 "이 영화가 중국에서 굉장한 인기를 끌었다."라고 말해 줬다. 순회 강연을 이어가던 샘 올트먼은 자신을 오펜하이머에 빗대어 이야기하곤 했다. 그는 지치지도 않고 세계 곳곳을 돌며 각국 정부의 관료들을 만나 AI 규제의 필요성을 역설했고, 국제원자력기구와 유사한 규제 기관을 세우자고 제안했다. 그러다 보면 문득, 70여 년 전 오펜하이머가 원자력의 안전한 이용을 호소하던 장면이 겹쳐 떠오른다.

현재 샘 올트먼의 나이는 오펜하이머가 '맨해튼 프로젝트'에 착수했을 무렵과 비슷하다. 그는 어느 인터뷰에서 마치 비밀 이야기라도 하듯이 은근하게, 자신과 오펜하이머의 생일이 같다는 사실을 언급했다. 그 후, 일부 매체가 샘 올트먼을 '우리 시대의 오펜하이머'라고 부르기 시작했다.

3

2023년 11월 14일, 샌프란시스코. 사방에 쓰레기가 나뒹굴고 노숙자 텐트가 줄지어 늘어섰던 도시가 APEC 회의를 앞두고 환골탈태하기 시작했다. 시내 중심가의 도로 공사가 이어지고, 도로 양옆으로 벽화가 그려졌다. 《뉴욕타임스》는 이를 두고 '아이들이 부모님 귀가 전에 미친 듯이 파티 현장을 정리하는 듯한 분위기'가 가득하다고 조롱했다.

히피의 본거지로 유명한 샌프란시스코 미션 지구에는 볼품없는 회색빛 건물이 자리했다. 건물 밖에는 아무런 표식도 없다. 거리를 오가는 사람들은 이 건물 안에서 과학 기술 혁명이 일어나고 있다는 사실을 꿈에도 몰랐을 것이다.

이곳에 오픈AI 본사가 있다. 샘 올트먼과의 인터뷰가 진행될 곳이었다. 인터뷰 하루 전날 저녁, 오픈AI의 요청에 따라 온라인으로 비밀 유지 서약서를 작성하고 내 프로필 사진도 보냈다.

인터뷰 당일, 약속 시간에 맞춰 건물 입구에 도착해 출입문 옆 회색 벽에 붙은 버튼을 찾았다. 버튼을 누르자 안내 데스크로 연결됐다. 신원 확인을 마치고 나니 까만 철문이 열렸다. 잠시 후, 샘 올트먼이 맥북을 들고 나타났다. 짧게 인사를 나눈 뒤, 소회의실로 들어갔다.

인터뷰는 순조로웠다. 그는 편안해 보였고 수시로 농담을 던졌다. 내가 며칠 뒤인 챗GPT 출시 1주년을 언급하자, 샘 올트먼은 알려 줘서 고맙다며 옆에 있던 동료에서 축하 자리를 마련해야겠다고 했다. 인터뷰를 마친 뒤 오픈AI에서 얼마 떨어지지 않은 에어비앤비 숙소에 틀어박혀 원고를 썼다.

마침내 베이징 시간으로 금요일 아침에 원고를 발송했는데, 그로부터 몇 시간도 지나지 않아 믿을 수 없는 기사를 접했다. 샘 올트먼이 이사회에서 해임됐다는 소식이었다.

십수 년 동안 기자로 살면서 인터뷰 내내 득의양양하던 사람이 이사회에서 쫓겨나거나 심지어 쇠고랑을 차고 감옥에 들어가는 모습도 지겹게 봐 왔다. 그러나 실리콘 밸리에서 가장 유명한 스타트업 CEO가 이토록 공개적이고 볼썽사납게 자리에서 쫓겨나는 일은 전무후무했다. 도대체 무슨 일인지 묻는 문자가 쏟아졌지만, 나도 아는 바가 없었다. 마치 폭풍의 눈 속에 있는 것처럼 막막했다.

샘 올트먼에게 메시지로 추가 인터뷰를 요청했지만 응답이 없었다. 나중에 안 사실이지만, 그날 미친 듯이 쏟아지는 문자 폭탄에 휴대폰이 아예 꺼졌다고 한다.

실리콘 밸리는 물론이고 전 세계 IT 업계에 이 소문이 퍼지는 데 그리 오랜 시간이 걸리지 않았다. 언론도 들끓었다. 기자들은 실리콘 밸리에서 가장 주목받는 기업의 암투가 이토록 대놓고 알려질 수 있는지, 보고도 믿을 수가 없었다. 사실 성명서를 뜯어봐도 구체적인 내용이 전혀 없었다.

"올트먼이 이사회와 늘 솔직하게 소통하지는 않았다." 이게 도대체 무슨 뜻이란 말인가? 심지어 오픈AI에 대한 샘 올트먼의 공헌에 진심 어린 감사는커녕, 비스름한 시늉조차 하지 않았다. 하나같이 말도 안 되는 일이었다.

샘 올트먼 해임은 성공적이었으나 아름답지 못한 기습 조치였다. 이사회의 성명은 오픈AI 내부의 갈등을 만천하에 드러냈다. 지금껏 실리콘 밸리의 권력 투쟁은 밀실 안에서 이루어졌기에 외부인은 그 내막을 알기 어려웠다. 대중은 치열한 전쟁이 끝난 뒤에 잔해까지 다 치워진 전장의 광경만 볼 수 있을 뿐이었다. 승자는 자중하는 모습을 보였고 패자는 가족과 시간을 보내기 위해서라거나 건강상의 이유로 물러난다면서 '아름답게' 퇴장했다. 그래서 그 뒤에 감춰진 진상은 기자가 부지런히 발로 뛰면서 취재하거나 수십 년 뒤에 당사자의 회고록을 봐야만 알 수 있었다.

1985년과 2012년에 각각 애플과 트위터 내부에서 벌어진 권력 투쟁이 백일하에 드러난 적이 있긴 하지만, 그게 다 언제 적 일이란 말인가! 심란한 마음으로 귀국을 준비하고 있는데, 샘 올트먼이 그의 충실한 파트너인 그렉 브록만Greg Brockman을 데리고 왕좌에 복귀했다. 영화보다 더 영화 같은 그의 복귀에 언론과 대중은 열광했다. 11월 21일 화요일 저녁 10시 1분, 오픈AI는 X에 성명을 발표했다.

> 우리는 샘 올트먼이 오픈AI의 CEO로 복귀하는 데 원칙적으로 합의했다.

그러자 음모론이 불거졌다. 기존 이사회 내부 이사 중에서는 일리야 수츠케버Ilya Sutskever만 남았다. 그래서 눈치 빠른 사람들은 이 '쿠데타'의 주동자로 수츠케버를 의심했다. 그렇다면 '왜' 그랬을까? 비록 나중에 드러난 모든 증거가 이것이 권력 투쟁의 결과였음을 말해 주었지만 일론 머스크의 생각은 달랐다. "일리야는 훌륭한 도덕적 지침을 가지고 있으며 권력을 추구하지 않는다."

조사가 진행되어 갈수록 더 많은 진실이 드러났다. 샘 올트먼이 축출된 것은 개별적인 하나의 사건이나 단순한 권력 투쟁이 아니라 기술 발전의 방향을 두고 벌어진 다툼의 결과였을 가능성이 크다. 이는 지난 10년간 실리콘 밸리 사람들이 속으로는 곱씹으면서도 공개적으로는 좀처럼 논의하지 못하던 주제이기도 하다. 사건의 이면에는 자금력을 갖춘 기술 낙관주의자들과 지독한 비관주의자들 그리고 기업 가치 수천억 달러를 이끄는 과학 기술계 거물들 간의 이념적 충돌이 자리하고 있었다.

4

귀국 후, 편집장의 적극적인 권유에 넘어가 나도 책을 써 보고 싶어졌다. 그만큼 샘 올트먼의 이야기는 놀라움의 연속일 뿐만 아니라 매우 중요하기 때문이다. <u>우선 이 책은 비즈니스 분야와 과학 기술 분야의 보도를 모은 것이다.</u>

챗GPT는 과학연구, 프로젝트, 제품이 한데 모여 이룬 기적이다.

샘 올트먼도 인터뷰 중에 이렇게 말했다. 그러나 그가 총괄하지 않았다면 이런 기적은 일어나지 못했을 것이다. 특히 2018년, 심사가 뒤틀린 일론 머스크가 오픈AI를 떠나면서 자금 지원이 끊기자 겨우 서른세 살이었던 샘 올트먼이 사태 해결을 위해 전면에 나섰다. 샘 올트먼은 선밸리 콘퍼런스에서 마이크로소프트 CEO와 '우연히' 만나, 절체절명의 위기에 빠진 이 비영리 기구에 10억 달러를 투자하도록 설득했다. 그리고 2019년, 다른 모든 일을 내려놓고 앞날조차 불투명한 오픈AI의 CEO 자리를 맡는다.

이는 샘 올트먼의 탁월한 리더십과 모험 정신을 잘 보여 주는 사례다. 비즈니스 세계에서 이런 영웅주의적 행동은 좀처럼 찾아보기 어렵다. 성공은 대개 야망과 전략, 그리고 운이 결합한 결과이기 때문이다. 챗GPT가 2022년 11월 30일에 등장하기 전까지는 구글이 오랫동안 AI 경쟁에서 앞서 있다고 할 수 있었다. 샘 올트먼은 그날 챗GPT를 선보인 것이 그가 내린 가장 잘한 결정이었다고 했다.

마이크로소프트와의 협력 외에 샘 올트먼이 이끄는 오픈AI와 구글 산하 딥마인드DeepMind와의 경쟁은 또 다른 볼거리였다.

AI의 대부 제프리 힌턴^{Geoffrey Hinton}은 딥마인드의 CEO 데미스 허사비스^{Demis Hassabis}를 오펜하이머에 빗댔다. "그가 알파고^{AlphaGo}를 추진하는 것은 오펜하이머가 '맨해튼 프로젝트'를 시행한 것과 같다."

샘 올트먼은 동의하지 않을 말이었다. 오펜하이머는 그의 우상이었기 때문이다. 샘 올트먼은 오픈AI 설립 하루 전에 일론 머스크에게 보낸 메일에서도 오픈AI를 '맨해튼 프로젝트'에 비유했다.

비디오 게임 마니아였던 데미스 허사비스는 데이터와 알고리즘을 사용하여 AI가 인간의 학습 방식을 모방하는 머신 러닝^{Machine Learning}을 발전시키는 데 비디오 게임을 활용하자고 했다. 그러나 샘 올트먼은 권력 게임에 더 재능이 있었다. 게다가 그는 이상만 큰 과학자는 큰 일을 이룰 수 없으며 자원을 효과적으로 통합하는 데는 자본주의만 한 것이 없다고 생각했다. 최고의 기술에 자본주의의 힘을 더하면 기적을 창조할 수 있다는 것이 샘 올트먼의 지론이었다.

또한 이 책은 인물 전기이다.

사람은 참 복잡하다. 오랜 기자 생활을 통해 얻은 깨달음이 있다. 바로 기업을 총괄하는 CEO가 하는 말이나 겉으로 드러난 모습에 속으면 안 된다는 것이다.

일론 머스크가 전형적인 경우다. 2013년, 처음 그를 인터뷰할 때는 놀라운 포부와 컴퓨터처럼 치밀한 사고에 경악을 금치 못했다. 특히 "나는 신앙이 없으며 물리학만을 믿는다."라는 말에 사회초년생이었던 나는 온몸에 소름이 돋을 만큼 큰 충격을 받았다. 그러나 오랜 시간에 걸쳐 자세히 관찰하고 직접 만나보면서 또 다른 모습을 확인할 수 있었다. 그는 한밤중에 기기묘묘한 트위터 짤을 올리는가 하면 내가 보낸 메일에 전광석화처럼 '칼답'을 보내기도 했다. 그의 내면에는 감수성이 극도로 풍부한 또 다른 영혼이 살고 있으며, 이 영혼이 밤만 되면 깨어나는 것 같았다. 낮에는 온갖 계략에 능한 세계 제일의 갑부가 밤만 되면 어둠이 내린 침실 구석에 웅크린 채로, 아니면 사무실 소파에 구겨진 채로 혼자 휴대폰 화면을 들여다보며 킥킥거리거나 노발대발하고, 트위터에 돌아다니는 짤을 보며 실실대다니, 그러고 보면 일론 머스크도 우리 주변에 널린 키보드 워리어와 다를 바가 없다.

샘 올트먼도 복잡하고 모순적인 사람이다. 정치인처럼 미소 짓는 그를 보면 내면에 숨은 복잡한 영혼이 보이는 듯하다. 샘 올트먼은 주로 차분하고 내성적인 모습을 보이지만, 상황에 따라 야심 찬 모습을 드러내기도 한다. 진실하고 겸손해 보이지만, 말과 행동이 다른 경우도 적지 않다. 사생활을 들여다보면 모순투성이다. 채식주의자이면서 자신의 농장에 소 떼를 키우는 것만 봐도 그렇다.

오픈AI 이사회에서 샘 올트먼과 함께 일했던 동료는 샘 올트먼을 이렇게 평했다. "그는 늘 자기 스스로 찬성 측도 되고 반대 측도 되어 자기 자신과 논쟁을 벌이는 것 같았다."

그러나 『위대한 개츠비』에도 이런 명언이 나오지 않았던가! "완전히 상반되는 두 가지 생각을 동시에 갖고 있으면서도 정상적으로 기능할 수 있는 것은 최고 수준의 지성을 의미한다."

2023년 말, 《타임》은 '올해의 CEO'에 샘 올트먼을 선정했다. 《타임》과의 인터뷰 중, 샘 올트먼의 오랜 지인이라는 사람은 그의 이런 모순적인 성격을 단 몇 마디로 잘 설명했다.

"샘은 다정한 사람이지, 사악한 천재가 아니다. 샘 올트먼이 무서운 사람이라면 이 이야기를 하기가 훨씬 쉬울 것이다. 그는 자신의 사명과 타인, 인류에 관심을 둔다. 하지만 그의 행동을 보면 눈에 띄는 패턴을 찾을 수 있는데, 바로 늘 극단적인 방식으로 권력을 추구한다는 점이다."

샘 올트먼의 스승이자 나이를 초월한 친구이며 YC의 설립자인 폴 그레이엄도 그런 말을 했다.

"어떤 사람은 충분한 돈을 벌면 거기서 멈추는데 샘은 돈에 대해서는 그다지 관심이 없다. 그가 오픈AI를 설립한 이유는 어쩌면 권력을 더 좋아해서일 수도 있다."

샘 올트먼의 오랜 파트너이자 한때 친구였던 일론 머스크도 이 점을 꿰뚫어 보았다.

"샘에 대한 내 감정은 복잡하다."

일론 머스크는 〈반지의 제왕〉 속 '절대 반지'로 의미심장한 비유를 했다.

"절대 반지는 사람의 마음을 타락시키는데, 샘이 지금 그 반지를 가지고 있다."

5

정말로 지금 인류가 AI 시대로 들어서고 있다면, 샘 올트먼과 일론 머스크는 역사의 한 페이지를 장식할 것이며 그들에 관한 보도는 훗날 역사적 기록이 될 것이다.

샘 올트먼을 따라 '월드 투어'를 한 저명한 과학 기술 전문 기자 스티븐 레비는 돌아와서 이런 글을 남겼다.

> 어쩌면 미래의 어느 날, 로봇이 인간의 역사에 대한 글을 쓸 때, 샘 올트먼의 월드 투어를 사람들이 특이점에 대해 스스로 성찰하기 시작한, 이정표적인 사건으로 볼지도 모른다. 그게 아니라면 훗날 이 시기의 역사를 기록하는 사람은 지금을 이런 시대로 생각할 수도 있다. '차분하면서도 눈길을 끄는 CEO가 파격적인 기술로 전 세계 의식의 흐름 속에 아주 독특한 세계관을 집어 넣으려고 한다. 샌프란시스코 미션 지구에 자리한 이름도 없는 4층짜리 본사에서 전 세계로 영향을 미치고 있다.'

인류의 일원인 나는 미래에도 인류가 자신들의 역사를 써 나가길 바란다. 그런데 역사 애호가로서, 역사적 인물에 대한 평가에 관해 재미있는 점을 발견했다. 바로 역사적 인물에 대해 동시대인과 후세의 평가가 굉장히 다르다는 점이다. 문득, 로마 제국의 아우구스투스가 떠올랐다. 19세에 황제가 된 아우구스투스는 평생 살얼음판을 걷듯 조심하고 또 조심했다. 원수에게 은혜를 베풀었고 옛 친구와 적이 되기도 하고 적과 손을 잡기도 했다. 그와 동시대를 살았던 사람들은 소심하고 무르며 전쟁에서 뚜렷한 공도 세우지 못한 그를 비웃었다. 또 그가 평생 양아버지인 카이사르의 그림자 밑에서 살았다고 생각했다. 그러나 수천 년 후의 역사학자들은 한목소리도 아우구스투스를 칭송했다. 무력이 아닌, 제도와 타협으로 제국을 다스린 그는 로마의 평화를 의미하는 '팍스 로마나Pax Romana'와 위대한 제국을 남겼다.

후세는 샘 올트먼과 일론 머스크를 어떻게 평가할까? 입만 열면 거짓말인 비열한 정치인과 막말을 서슴지 않는 IT계 미치광이라고 할까? 이점에 있어서는 월터 아이작슨Walter Isaacson이 『일론 머스크Elon Musk』를 쓰면서 취한 태도에 동의한다. 비록 사실을 '기록'하는 데만 치중한 책이라는 비난이 쏟아졌지만 말이다.

나는 샘 올트먼과 일론 머스크가 역사의 한 페이지를 장식할 인물들이라고 생각한다. 그들과 동시대를 살아가는 사람으로서 우리가 할 일은 가까이에서 관찰하고 기록하며 있는 그대로의 모습을 남기고 주관적 평가는 자제하고, 최종적인 평가는 역사에게 맡기는 일이다.

PART 1

AI가 결국 세상의 종말을 불러올 수도 있지만,
위대한 기업을 탄생시킬 수도 있다.

-샘 올트먼

오픈AI 탄생에서
챗GPT 개발까지

슬며시 다가온
AI 혁명

> 제2의 빌 게이츠는 운영체제를 개발하지 않을 것이다. 제2
> 의 래리 페이지나 세르게이 브린은 검색 엔진을 만들지 않을
> 것이다. 제2의 마크 저커버그Mark Zuckerberg는 소셜미디어
> 플랫폼을 만들지 않을 것이다. 만약 이들을 따라 하고 있다
> 면, 아무것도 배우지 못할 것이다.
>
> —피터 틸Peter Thiel

언젠가 이 컴퓨터는 생각할 수 있을 거야

어린 샘 올트먼은 SF 소설과 영화 〈스타워즈〉를 좋아하는 책벌레였
다. 그는 SF 작가가 만들어 낸 세계를 탐닉하며, 인류와 AI 시스템이
공존 또는 경쟁하는 이야기들을 읽고 또 읽었다. 언젠가 컴퓨터가 인
류에 견줄 만해지거나, 심지어 인류를 초월하는 날이 올 거라는 생각에
어린 샘의 가슴은 세차게 뛰었다.

샘의 여덟 살 생일에 부모님은 애플 매킨토시 LC II 컴퓨터를 사 줬

다. 당시 샘의 손은 키보드를 겨우 덮을 정도로 작았지만, 어쨌든 그는 프로그래밍을 배우기 시작했다. 어느 날 밤, 늦게까지 컴퓨터를 가지고 노는데 문득 이런 생각이 들었다. '언젠가 이 컴퓨터는 생각할 수 있을 거야.'

2003년, 열여덟에 스탠퍼드대학에 입학할 때도 샘은 어릴 때 했던 생각을 잊지 않고 있었다. 그래서 AI 과목을 선택해 이수하고 저명한 컴퓨터 과학자 우언다吳恩達의 AI 연구소에서 실습했다. 이를 통해 샘 올트먼은 기계지능machine intelligence 개발이 대부분 '적합도 함수fitness function'와 관련이 있음을 알아냈다. 적합도 함수는 프로그램이 최종적으로 이르러야 하는 상태나 해야 할 임무를 알려 준다. 예를 들어 진화 알고리즘에서 적합도 함수는 개체의 '적합도', 즉 특정 환경에서 생존하고 번식하는 능력을 평가하는 데 사용될 수 있다.

샘 올트먼은 훗날 자신의 블로그에 이렇게 썼다.

만약 인류가 더는 적자생존에 성공하지 못한다면 우리는 아마 사라질 것이다. 어떤 의미에서 이는 프로그램이 명령에 따라 완성한 결과다. 그러나 생존하고 번식하도록 프로그래밍된 인류의 한 사람으로서, 나는 우리가 이에 맞서야 한다고 생각한다.

우언다는 귀로 입력된 정보든 눈으로 입력된 정보든 대뇌의 처리 방식은 모두 같다고 했다. 만약 대뇌가 이런 정보를 처리하는 일반적인 알고리즘을 알아낸다면, 컴퓨터가 이런 일반적인 처리 메커니즘을 학습할 수 있을지도 모른다.

학부생이었던 샘 올트먼은 연구소 실습에 대한 기대가 컸으나 별다른 소득을 얻지 못했다. 2003년, 우언다의 연구는 물론이고 AI 분야 전체는 여전히 'AI의 겨울'이라 불리는 침체기에 빠졌다.

AI의 기원과 겨울

AI는 컴퓨터과학의 하위 분야로, 연구가 시작된 지 겨우 70여 년밖에 되지 않았다. 그러나 역사 속 발자취는 고대 신화에서부터 찾아볼 수 있다. 인류 문명이 탄생한 이후로 인류는 늘 자신을 복제하고 모방하고 싶어 했다. 고대 그리스 호메로스의 서사시 『일리아드』에 등장하는 청동 거인 탈로스는 트로이 전쟁 중에 크레타섬을 지켰는데, 이는 사람을 본떠 만들어진 최초의 휴머노이드 로봇이었다. 인도에서는 부처님의 사리를 지키는 오토마타 전사에 관한 이야기가 전해진다. 중국 당나라 때 기록에서도 휴머노이드 로봇에 관한 내용을 많이 찾아볼 수 있다. 일례로 항저우에 살던 장인 양무렴은 승려의 형상을 본뜬 로봇을 제작했다. 이 로봇은 공양이나 탁발 때 사용하는 발우를 받쳐 들고 있었으며, 실제 승려의 탁발 모습을 모방해 시주를 받으면 고개를 숙여 감사의 뜻을 표했다. 발우에 돈이 가득 차면 스스로 그것을 비워 내는 기능도 갖추고 있었다.

20세기 컴퓨터 기술의 발전은 자신을 모방하려는 인류의 꿈을 정말로 실현했다. 1940년대, 맥컬록과 피츠가 뉴런의 작동을 수학적으로 모델링한 'MCP 뉴런McCulloch-Pitts Neuron'과 '튜링 머신Turing machine' 이론이 AI의 기초를 마련했다. 1950년, 'AI의 아버지' 앨런 튜링Alan Turing은 「계산 기계와 지능Computing Machinery and Intelligence」이라는 논문을 발표했다. 논문에서 튜링은 훗날 '튜링 테스트'로 잘 알려진 '모방 게임'이 무엇이며 어떻게 테스트하는지에 대해 설명했다. 이는 기계의 인류 지능 모방을 깊이 연구하고 체계적으로 논술한 최초의 논문이었다.

1955년, 네 명의 과학자가 미국 록펠러 재단에 〈AI에 관한 다트머스 여름 연구 프로젝트 제안서A Proposal for the Dartmouth Summer Research Project on Artificial Intelligence〉를 제출했다. 록펠러 재단의 지원을 받아 AI 콘퍼런스를 열고자 했기 때문이다. 이 제안서에서 'AIartificial intelligence'이라는 용어가 처음으로 쓰였다. 꿈이 컸던 네 과학자는 두 달 동안, 열 명의 과학자가 머리를 맞대면 AI 연구의 큰 진전을 이룰 수 있다고 생각했다.

다트머스 AI 콘퍼런스는 1956년 6월부터 8월까지 미국 뉴햄프셔주 다트머스대학교에서 열렸다. 이 회의는 AI 학문 분야의 탄생을 의미했기에 1956년은 'AI 원년'으로 불린다. AI 연구의 포문을 연 초창기 과학자들의 꿈은 기계가 인류의 인지, 사고, 학습을 모방하게 만드는 것이었다. 그래서 AI 학과는 인류의 모든 인지 기능은 정확하게 기술될 수 있으며 컴퓨터상에 재현될 수 있다는 발상에서 출발했다.

두 달 동안 이어진 회의는 다양한 학술적 의견을 모으는 데 집중해 광범위한 공감대를 형성하지는 못했다. 그러나 다트머스 여름 콘퍼런스와 그 뒤 잇따른 관련 회의를 통해 참석자들과 학술계는 AI를 실현하려면 실험심리학, 이론언어학, 컴퓨터과학 등 다양한 학문 분야의 공동 연구가 반드시 이루어져야 함을 깨달았다.

그러나 수십 년이 지나도록 이렇다 할 진전이 보이지 않고 광범위한 공감대가 형성되지 않으면서, 전 세계 AI 연구자들은 점차 다양한 학파로 갈리게 된다. 워싱턴대학 컴퓨터과학과 교수 페드로 도밍고스

Pedro Domingos는 AI의 역사에 관한 저서인『마스터 알고리즘The Master Algorithm』에서 이러한 학파들은 각각 딥러닝을 신봉하는 연결주의자 종족, 마빈 민스키Marvin Lee Minsky 등이 제창한 기호 체계를 따르는 기호주의자 종족, 자연 선택을 모방한 진화주의자 종족 등으로 구분된다. 각 종족은 자신들의 이론적 관점을 견지하며, 타 종족의 관점에 대해서는 대체로 유보적인 태도를 보이곤 한다.

지난 50여 년 동안, AI 연구는 1974년부터 1980년까지, 그리고 1987년부터 1993년까지, 두 번의 겨울을 보냈다. AI 기술 연구가 진척을 보이지 않고 실제 문제를 해결하지 못하자 믿음과 흥미를 잃은 투자자들이 연구비 지원을 대폭 줄이면서 AI 연구는 두 번이나 침체의 늪에 빠진다.

두 번에 걸친 'AI 겨울'은 AI 연구에 심각한 타격을 입혔을 뿐 아니라 AI에 대한 부정적인 인식까지 심었다. 실제로는 아무 가치가 없고 발전성이 희박한데도 너무 일찍 샴페인을 터뜨렸다는 인식이 팽배했다.

샘 올트먼, 폴 그레이엄과 YC

다행스럽게도, 샘 올트먼이 실리콘 밸리에 뛰어들 무렵부터 AI는 침체의 늪에서 벗어나기 시작했다.

2005년, 그는 스탠퍼드대학을 중퇴하고 친구와 함께 루프트Loopt라는 위치 기반 소셜 네트워킹 앱을 만들었다. 루프트는 YC가 처음으로 자금을 조달한 스타트업이며, 이후 YC는 전 세계에서 가장 유명한 스타트업 액셀러레이터가 되었다.

2012년, 샘 올트먼은 자신의 첫 번째 스타트업인 루프트를 매각하고 1년 동안 휴식기를 가졌다. 그런데 마침 이때 AI 분야에 엄청난 지각 변동이 일어나, 그동안 지지부진하던 수많은 연구가 놀라운 진전을 보이면서 기술 혁신이 이루어진다.

같은 해, 그는 이런저런 회의에 참석하고 관련 서적을 찾아 읽으면서 지난 시간 동안 AI 업계가 거둔 성과를 돌아보았다. 그리고 친구와 떠난 도보 여행 중, '인류의 뇌를 복제할 하드웨어'가 곧 탄생하리라는 생각이 벼락처럼 찾아들었다.

2013년, 1년간의 휴가를 마친 그는 정식으로 YC에 합류했다.

샘 올트먼은 블로그를 즐겨 쓰는데, 이는 아마도 그의 스승이었던 YC 창업자 폴 그레이엄의 영향으로 보인다. 폴 그레이엄은 뛰어난 해커이자 프로그래머이면서 환상적인 글솜씨를 갖춘 수필가다. 프로그래머와 IT 종사자 중에도 그의 수필집인 『해커와 화가』에 열광하는 사람이 적지 않다.

YC는 온라인상에서 스타트업과 관련된 글의 링크를 공유하는 '해커 뉴스Hacker News'라는 이름의 글로벌 스타트업 커뮤니티를 만들었다. 샘 올트먼은 자신의 블로그뿐 아니라 해커 뉴스에서도 활발하게 활동했다. 이 커뮤니티에서는 이용자들이 자주 쓰는 핵심 용어를 축약형으로 쓰는데, 폴 그레이엄은 'PG', 샘 올트먼은 'sama'라고 불린다.

2014년 2월의 어느 날, 점심 식사를 함께하던 친구가 샘 올트먼에게 물었다.

"가장 주목 받아야 함에도 간과되고 있는 과학 기술 분야는 뭐라고 생각해?"

샘 올트먼은 생각할 필요도 없다는 듯 곧바로 답했다.

"AI지."

그날 밤, 집에 돌아온 샘 올트먼은 그 질문에 대한 답을 정리해 블로그에 올리기로 한다. 글은 '예언'에 가까운 말로 마무리된다.

내게 가장 큰 문제는 AI 자체가 아니라 인공의식, 창의력, 욕망 또는 그 외에 당신이 부르고 싶은 그것의 이름에 관한 것이다. 나는 우리가 복잡한 특정 임무를 훌륭하게 완수할 컴퓨터 프로그램을 만들 수 있으리라 확신한다. 하지만 자신이 하고 싶은 것을 스스로 결정할 수 있는 컴퓨터 프로그램은 어떻게 만들까? 컴퓨터가 자발적으로 자동차를 운전하는 법을 배우거나 소설을 쓰는 데 흥미를 갖게 하려면 어떻게 해야 할까?

이런 창의력은 쉽게 알아차릴 수 없는 어떤 방식으로 학습된 자연 파생적 특성일 가능성이 높다. 진화 과정에서 발생한 어떠한 변화로 인해 인류의 뇌와 파충류의 뇌가 달라졌고, 파충류의 뇌는 탁구 치는 컴퓨터에 더 가까워졌다(원래 말하고 싶었던 것은 체스를 두는 컴퓨터였지만, 컴퓨터는 체스를 둘 때 직관이나 본능에 따르지 않고 수많은 해결 방법을 단시간 안에 찾아내기만 할 뿐이다).

우리는 이런 식의 의식을 가진 기계를 만들고 싶은 것은 아니다. 내가 생각하는 가장 긍정적인 결과는 '컴퓨터가 매우 효율적으로 임무를 수행할 수 있게 되고, 인류는 훨씬 더 심오한 사고를 할 수 있게 되는 것'이다. 만약 컴퓨터가 창의력을 갖게 할 수수께끼를 끝내 풀지 못한다면, 인류와 기계는 자연스럽게 조화로운 노동 분업을 이루게 될 것이다.

공교롭게도 샘 올트먼이 블로그에 글을 올린 지 이틀 뒤, 폴 그레이엄은 자신의 블로그에 누구도 예상치 못한 공고를 올린다. 다름 아닌 이제 겨우 스물여덟 살인 샘 올트먼이 YC 차기 대표 자리를 수락했다는 내용이었다. 폴 그레이엄은 샘 올트먼에게 찬사를 보냈다.

그는 보기 드문 사람이다. 효율적인 업무 처리 능력은 물론이고 자애로움까지 갖췄다. 이는 초기 투자 단계 과정에서 필수적인 자질이지만 이를 알아차리는 사람은 거의 없다.

샘은 내가 아는 가장 똑똑한 사람 중 한 명이고, 나 자신을 포함해 내가 아는 그 누구보다도 스타트업을 잘 이해하고 있다. 곤란한 문제가 생겨 조언이 필요할 때, 내가 가장 먼저 떠올릴 사람이 샘 올트먼이다.

YC의 CEO로 부임한 지 얼마 지나지 않았을 때, 샘 올트먼은 저명한 기자인 스티븐 레비를 만난 자리에서 YC는 단순한 스타트업 액셀러레이터가 아니라고 했다.

"우리는 스타트업에만 관심이 있는 것이 아니라 '혁신'에 주목합니다. 그래야만 더 멋진 미래를 만들 수 있다고 믿으니까요."

샘 올트먼은 YC가 탄생시킨 유니콘 기업의 이윤은 동업자들의 자산이 늘어난 것으로만 보아서는 안 되고 더 위대한 목표를 실현하기 위한 자원으로 보아야 한다고 생각했다. 즉 더 높은 차원의 트랜스포밍 프로젝트에 자금을 지원해야 한다는 것이다. 샘 올트먼은 야심이 넘치고 세상의 중대 문제들을 해결할 수 있는 프로젝트에 자금을 지원할 연구 부서를 따로 만들었다. 그는 AI가 모든 분야를 지배할 혁신의 왕이라고 생각했다. AI는 인류가 마주한 문제들을 인류보다 더 잘 해결할 수 있으며 초지능Superintelligence까지 갖췄으니 말이다.

샘 올트먼은 또 이렇게 예언했다.

"범용 AI는 효력을 발휘할 것이다. 만약 범용 AI가 실현된다면, 과학사에서 가장 중대한 발전이 될 것이 분명하다."

비록 최초의 신경망 연구는 실패했지만, 샘 올트먼은 머지않아 새로운 변혁이 일어나리라 믿어 의심치 않았다.

겨울이 끝나다

샘 올트먼이 옳았다. AI 겨울 속에서도 근성 있는 연구자들은 뒤에서 묵묵히 연구에 매진했다. 이들은 새로운 방법과 분야를 탐색하며 AI 부흥의 기반을 다졌다. 그중 가장 중요한 기술이 바로 딥러닝이다.

딥러닝은 머신 러닝Machine learning, ML의 하위 개념으로, 인공 신경망 기술을 활용해 머신 러닝을 진행한다. 인공신경망은 본질적으로 인간 뇌의 식별 메커니즘을 모방했다. 이론적으로 보자면, 인간의 뇌가 이룬 지능은 컴퓨터도 실현할 수 있어야 한다. 그러나 인간의 뇌에는 약 1,000억 개의 신경 세포, 뉴런이 존재하고 이 신경 세포가 맞닿는 부위에 있는 노드, 시냅스 개수는 조 단위다. 이는 극도로 복잡한 네트워크를 형성했다. 이에 비해 2012년 구글의 인공신경망은 내부에 총 10억 개의 노드가 있는 16,000개의 CPU를 사용해 구현됐다. 이는 당시로서는 가장 복잡한 딥러닝 시스템이었다.

영국의 컴퓨터과학자 제프리 힌턴은 딥러닝의 혁신적인 진전을 이

뤄낸 인물로, 길고 긴 AI 겨울 속에서도 묵묵히 연구에 매진한 바로 그 근성 있는 과학자이자 세월의 흐름 속에서 잊혀진 노인이었다.

과학 기술 연구자로서 제프리 힌턴이 걸어온 길은 그야말로 가시밭 길이었다. 1973년, 에든버러 대학원에 진학한 그는 크리스토퍼 롱게 히긴스 Christopher Longuet-Higgins 의 지도 아래 AI를 연구했다.

롱게히긴스는 저명한 이론화학자이자 인지과학자로 노벨 화학상 수상자인 존 폴라니 John Polanyi 를 길러냈다. 힌턴은 롱게히긴스 밑에서 수학했으나 AI의 이론에 대한 생각은 스승과 사뭇 달랐다. 롱게히긴스 는 당시 주류를 이루던 기호론을 고수했다. 기호론은 개념, 사실, 규칙 과 예외 상황을 컴퓨터 언어로 기계에 입력하기만 하면, 기계가 인류의 식별 능력과 추리 능력을 모방할 수 있다고 보았다.

그러나 힌턴의 생각은 달랐다. 그는 기호론이 지나치게 기계적이고, 언어 규칙과 논리에 과도하게 의존한다고 생각했다. 그러면서 동물을 예로 들어 설명했다. 동물은 '규칙'을 이해하지 못하는데도 본능에 따 라 날고 사냥한다. 이는 규칙이 아니라 반복된 경험을 통해 그런 '지능 적인' 행동을 수행하게 된다는 점을 보여 준다.

다시 말해, 중요한 것은 이성이 아니라 직관이다. 기계가 지능을 갖 게 만들려면 기계 스스로 배우게 해야 한다. 이 이론은 훗날 머신 러닝 이라고 불리게 되지만 당시만 하더라도 지지하는 학자가 드물었다.

힌턴은 당시로서는 아직 생소하던 신경망 연구에 몰두했다. 이는 일 종의 동물 망막을 모방해 물체를 식별하는 망상 조직이다. 이런 알고 리즘 모델은 머신 러닝을 실현하는 데 도움이 되었다.

"우리의 연구 과정은 매주 한바탕 싸움이 벌어질 만큼 험난했다."

힌턴은 지난날을 회상하며 스승과 계속 '거래'를 했던 이야기를 털어

놓았다. 그는 6개월만 더 시간을 주면 연구의 효용성을 증명하겠다고 했다. 그러나 6개월이 지났을 때, 다시 6개월만 더 달라고 했다. 그리고 또 6개월이 지났을 때는 5년을 더 달라고 했다. 그리하여 1980년대에 이르러 마침내 힌턴은 어느 정도 유의미한 성과를 거둔다. 1986년, 힌턴은 동료와 함께 그 유명한「역전파 학습 실험 Experiments on Learning by Back Propagation」이라는 논문을 완성해 이후 AI 발전에 지대한 영향을 미칠 새로운 인공신경망을 제시했다.

그러나 당시에는 충분한 데이터도 없고 컴퓨팅 능력도 부족했기 때문에 신경망의 대규모 훈련이 불가능했다. 그래서 힌턴이 제시한 새로운 신경망은 여전히 학술계와 산업계의 관심 밖에 있었다. 힌턴은 변함없이 '아웃사이더'였다. 학술대회에 참가하면 늘 회의장 구석에 앉았고 당시 학술계의 대가들에게 외면당했다.

힌턴의 제자인 프랑스인 얀 르쿤 Yann Lecun은 딥러닝 분야의 또 다른 선구자다. 줄곧 인공신경망 연구에 매진한 그는 1980년대부터 인공신경망 분야의 겨울과 봄을 번갈아 겪었다. 대학원 과정과 박사후 과정을 밟을 때는 프랭크 로젠블랫 Frank Rosenblatt의 '퍼셉트론 Perceptron'과 후쿠시마 쿠니히코 福島邦彦의 '네오코그니트론 Neocognitron'에 푹 빠졌다. 1980~1990년대에 벨 연구소 Bell Labs에 있을 때는 손 글씨 숫자 및 글자 자동 인식 연구로 방향을 틀었다. 그는 네오코그니트론에서 받은 영감과 역전파 알고리즘을 결합해 르넷 LeNet 개발에 성공한다. 르넷은 최초의 합성곱 신경망, CNN Convolutional Neural Network 중 하나인 '르넷 LeNet' 개발에 성공한다. 르넷은 손 글씨 숫자 인식 능력 덕분에 상업적 응용 측면에서 큰 성공을 거둔다. 1900년대부터 2000년대 초까지, 미국 USPS는 우편 번호 자동 식별에 르넷을 사용했고, 은행들도 수표에

손으로 쓴 숫자를 자동으로 읽는 데 르넷을 활용했다.

그러나 르넷과 이후 개발된 합성곱 신경망은 더 복잡한 비전 식별에는 별다른 성과를 보이지 못했다. 1990년대 중반부터 AI 연구 분야에서 신경망의 인기가 떨어지기 시작해 결국 이 분야에서의 주도권을 잃고 만다. 그런데도 얀 르쿤은 확고한 신념을 가지고 계속 합성곱 신경망 연구에 매진하면서 꾸준히 업그레이드해 나간다.

훗날 힌턴이 말했듯이, 얀 르쿤은 홀로 횃불을 들고 그 어두컴컴하던 시대를 헤쳐 나갔다.

컴퓨터가 눈을 뜨기 시작했다

얀 르쿤, 힌턴을 비롯해 신경망의 가능성을 믿는 사람들은, 논리적인 방식으로는 진정한 AI 기계를 만들 수 없으며 머신 러닝 능력을 부여해서 기계가 자기 경험을 바탕으로 지능을 갖도록 해야 한다고 생각했다. 충분한 훈련 데이터와 업그레이드를 거친 대규모 DNN^{Deep Neural Network}을 갖추면 컴퓨터 비전^{Computer vision}을 정복해 컴퓨터를 인간과 동물처럼 '볼' 수 있게 만들 수 있다.

이론적으로 딥러닝은 완벽한 해법이 될 수 있다. 그러나 실제로 딥러닝이 발전하려면 알고리즘, 컴퓨팅 파워, 데이터라는 세 가지 요소가 모두 뒷받침돼야 한다.

알고리즘은 컴퓨터가 사물을 인식하고 처리하는 방식을 결정하고, 충분한 컴퓨팅 파워가 있어야 이 알고리즘이 제대로 작동할 수 있다. 또한, 방대한 양의 고품질 데이터가 있어야만 의미 있는 학습이 가능해진다. 이 세 요소는 서로 긴밀히 연결된 상호보완적 관계로, 어느 하나라도 부족하면 딥러닝의 성과를 기대하기 어렵다.

그러나 문제는 삼켜서 소화해야 할 데이터든, 소모해야 할 컴퓨팅 파워든, 당시로서는 SF 소설에나 등장할 규모라는 점이었다. 그래서 딥러닝에 대한 학계의 주류 의견은 '정상적인 판단을 하는 사람이라면 인공신경망을 연구할 이유가 없다'는 것이었다.

2006년, 힌턴은 과학 잡지 《사이언스Science》에 실은 논문에서 '심층 신뢰망DBN, Deep Belief Network' 개념을 제시했다. AI 업계는 그가 제시한 다중 심층 신경망 훈련 방법이 딥러닝의 새 지평을 열었다고 평가했다. 힌턴이 알고리즘 문제를 이론적으로 해결한 셈이었다. 그러나 이는 대량의 컴퓨팅 파워와 데이터가 소모되는 방법이었기에 실제로 응용하기에는 어려움이 있었다.

2009년, 스탠퍼드대학의 중국계 미국인 과학자 페이페이 리Fei-Fei Li는 인류 역사상 가장 큰 표준 데이터 세트인 이미지넷ImageNet을 개발했다. 페이페이 리는 이미지넷 대규모 이미지 인식 경진대회ImageNet Large Scale Visual Recognition Challenge, ILSVRC를 열었다. 참가자는 데이터를 무료로 사용할 수 있지만 알고리즘을 스스로 개발해야 했다. 대회 순위는 이미지 인식의 정확도에 따라 매겨졌다.

대회마다 참가자들은 100만 장이 넘는 이미지가 담긴 훈련 데이터 세트를 제공받는다. 각각의 이미지에는 수동으로 라벨이 붙여지는데 '카누', '축구', '강아지' 등 1,000여 가지나 된다. 참가자의 알고리즘 소프트웨어는 여러 번에 걸쳐 이미지를 인식한다. 다섯 번 중 한 번이라도 라벨과 일치하면 인식에 성공한 것으로 본다.

이 경진대회는 2010년에 시작되었는데 처음 두 해 동안에는 인공신경망이 중요한 역할을 하지 못했다. 최상위 팀은 그 밖의 다양한 머신 러닝 기술을 사용했으나 결과는 그저 그랬다. 2010년, Top 5에 오른 팀들의 정확도는 72%였고, 2011년에는 그보다 조금 오른 75%였다.

그런데 이 밋밋한 상승 곡선이 2012년 대회에서 갑자기 가파른 기울기를 보이며 Top 5에 오른 팀들의 정확도가 85%까지 치솟았다. 실로 경이로운 수준의 증가였다. 더 놀라운 점은, 우승을 거머쥔 프로그램이 서포트 벡터 머신Support Vector Machine 알고리즘이나 당시 주를 이루던 컴퓨터 비전 알고리즘을 사용하지 않았다는 사실이었다.

우승팀의 멤버는 바로 힌턴과 그가 토론토대학에서 가르치는 학생들인 일리야 수츠케버Ilya Sutskever와 알렉스 크리제브스키Alex Krishevsky였다. 수츠케버와 크리제브스키는 둘 다 구소련 출신의 유대인으로, 수츠케버는 수학 천재였고 크리제브스키는 알고리즘 실현에 탁월한 재능이 있었다. 세 사람은 새로운 신경망 아키텍처를 구축해 '알렉스넷AlexNet'이라는 이름을 붙였다. 알렉스넷은 얀 르쿤이 1990년대에 개발한 르넷의 확장 버전이었다. 고품질의 데이터 세트와 알고리즘 측면에서 힌턴 팀이 가리킨 방향을 바탕으로, 5년 후의 마지막 대회에서 우승을 차지한 알고리즘의 인식 정확도는 97.3%에 달해 인류의 수준을 뛰어넘었다.

2012년 10월, 힌턴과 두 제자는 피렌체에서 열린 컴퓨터 비전 회의에서 알고리즘 알렉스넷 논문을 발표했다. 사람들은 과거 구글이 CPU 16,000개를 사용했던 것에 비해, 알렉스넷은 엔비디아Nvidia의 GPU 네 개만 사용했다는 사실에 경악했다. 학술계와 산업계가 완전히 뒤집혔다. GPU 네 개만으로 이 정도의 효과를 낼 수 있다면 더 이상 컴퓨팅 파워를 걱정할 필요가 없었다. GPU의 병렬 처리 능력과 딥러닝의 적응력은 금세 업계의 인정을 받았고, GPU 업계의 선두에 선 엔비디아는 최고의 수혜기업이 되었다.

이밖에 클라우드 컴퓨팅의 발전도 새로운 시대를 위한 디딤돌이 되었다. 클라우드 컴퓨팅은 인프라가 더 강력하고 가격이 합리적이며 복잡한 정보를 처리할 수 있다. 또 연구자들이 쓸 수 있는 풍부한 데이터 세트와 값싼 소프트웨어 개발 툴이 제공되었다. 그 덕분에 인공신경망의 개발 비용은 더없이 낮아졌다.

이는 AI가 '산업 혁명기'에 도달했음을 의미했다. 딥러닝 혁신을 위한 3대 조건인 알고리즘, 컴퓨팅 파워, 데이터가 모두 갖춰져 이제 AI의 산업화는 급속한 발전기로 나아가게 되었다.

새로 맞이하는 AI 시대에 대해, 구글의 전설적인 프로그래머이자 훗날 수석 과학자가 된 제프 딘Jeff Dean이 직관적인 표현으로 설명했다.

예전에 동물은 눈이 없었으나 지금은 눈이 있다. 우리는 실제 진화의 단계에 이르렀다. 이는 세상을 바꿔 놓을 것이다. 한때 시각이 거의 없던 컴퓨터가 이제 눈을 뜨기 시작했기 때문이다.

거물들의 합류와 실리콘 밸리의 구석진 곳

세계를 뒤흔든 알렉스넷은 학계뿐 아니라 산업계까지 충격에 빠뜨렸다. IT 기업의 CEO들은 딥러닝과 인공신경망이 컴퓨터로 하여금 상상 이상의 일을 해내게 한다는 사실을 깨달았다. 이미지에 라벨을 붙이고, 텍스트를 번역하며, 복잡한 광고 앱을 최적화하는 등 기업의 핵심 업무에 혁신적인 가능성이 열렸다.

그해 12월, IT 업계를 발칵 뒤집을 인수 협상이 극비리에 진행된다. 장소는 실리콘 밸리에서 차로 세 시간 거리, 타호호Lake Tahoe 인근의 그림 같은 호텔이었다. 그 호텔에서는 인공지능의 역사를 바꿔 놓을 비밀 경매가 벌어지고 있었다. 경매에 나온 기업은 설립 한 달밖에 안 된, 직원이 세 명뿐인 신생 회사였다. 세 명의 구성원은 바로 알렉스넷으로 단숨에 유명세를 탄 힌턴과 그의 제자 두 명. 이 회사는 알렉스넷 외에 별다른 제품도, 자산도 없었다. 그러나 인재 확보를 목적으로 한 '인재 인수acqui-hire'는 IT 업계에서는 드문 일이 아니었다.

하지만 이번 경매에 참여한 기업의 면면은 남달랐다. 구글, 마이크로소프트, 딥마인드, 바이두. 전 세계 기술 산업을 이끄는 거물들이었다. 허리 통증으로 호텔 703호 바닥에 앉아 있던 힌턴은 경매의 규칙을 정했다. 시작가는 1,200만 달러, 최소 호가는 100만 달러 단위였다.

구글이 먼저 입찰에 나섰고, 곧 마이크로소프트가 응수했다. 당시 규모가 작았던 딥마인드는 금세 포기했고, 경매는 양대 거인의 싸움으로 압축되었다. 금세 2,000만 달러, 이어서 2,500만 달러까지 치솟았다. 경매가 3,000만 달러에 이르자 마이크로소프트가 잠시 물러났다가 3,700만 달러에 재참전했다.

몇 시간 뒤 금액은 4,400만 달러까지 올랐고, 힌턴은 어지러움을 느낄 지경이었다. 결국 그는 마지막 입찰자인 구글에 회사를 넘기기로 했다. 수익 배분은 세 사람이 동등하게 나누자는 힌턴의 제안에서 제자들의 반대로 조금 조정되어, 힌턴이 40%, 수츠케버와 크리제브스키가 각각 30%를 받았다.

이 인수가 실리콘 밸리에 불러온 파장은 실로 엄청났다. 곧 뉴욕대

교수였던 얀 르쿤이 페이스북에 스카우트되어 새로 창설된 인공지능 연구소의 수장이 되었다. 대형 IT 기업들은 일제히 딥러닝 전문가들을 스카우트했고, 각자의 AI 연구소를 세워 주요 논문을 발표하며 학계의 주목을 받았다. 벤처 캐피털 또한 딥러닝 스타트업에 투자를 시작했다.

힌턴, 얀 르쿤, 요슈아 벤지오 Yoshua Bengio 세 사람은 2015년, 《네이처 Nature》에 「딥러닝 Deep Learning」이라는 리뷰 논문을 게재한다. 이 논문은 딥러닝이 기존 머신 러닝을 어떻게 혁신했는지를 정리한, 인공지능 분야의 기념비적인 성과였다. 그로부터 4년 뒤, 이들은 튜링상을 공동 수상한다. 업계는 힌턴을 '인공지능의 대부'로 불렀다.

튜링상을 받은 해 힌턴은 72세, 르쿤은 59세, 벤지오는 55세였다. 이들의 삶에는 지난 반세기 인공지능의 흥망성쇠가 아로새겨져 있다. 긴 세월 연구에 매진하며 겪은 고통과 보람은 오직 그들 자신만이 알 것이다.

2015년, 인공지능의 새 시대가 열렸다. IT 거인들은 세 석학이 마련한 기반 위에 올라서서, 인터넷의 영광을 등에 지고 새로운 경쟁을 준비했다. 더 큰 경주가 시작된 것이다. 구글은 알렉스넷 인수에 이어 2014년에는 영국의 AI 스타트업 딥마인드를 인수했다. 그리고 2016년, 딥마인드는 세계를 충격에 빠뜨린 '알파고 AlphaGo'를 공개한다. 알파고는 세계 바둑 랭킹 1위 이세돌을 꺾으며 AI 기술의 위력을 보여 주었다.

경매에서 구글에 밀렸던 바이두는 AI에 전력을 다하기로 결심하고, 앤드류 응 Andrew Ng을 영입한 뒤 향후 10년간 수천억 위안을 투자하겠다고 선언했다. 마이크로소프트는 다소 늦게 뛰어들었지만, 곧 운명의 여신이 손을 내밀었고 뜻밖의 전리품을 손에 넣는다. 그 이야기는 뒤에서 자세히 다루게 될 것이다.

하지만 하나는 분명하다. 혁신은 IT 업계의 영원한 숙명이다. 한 세대, 두 세대에 걸쳐 지속적인 우위를 점하기란 불가능에 가깝다. 실리콘 밸리의 전설적 투자자, '페이팔 마피아'의 대부 피터 틸Peter Thiel의 말이 귓가를 맴돈다.

과학 기술과 과학 역사의 모든 순간은 단 한 번만 발생한다. 제2의 빌 게이츠는 운영체제를 개발하지 않을 것이다. 제2의 래리 페이지나 세르게이 브린은 검색 엔진을 만들지 않을 것이다. 제2의 마크 저커버그는 소셜미디어 플랫폼을 만들지 않을 것이다. 만약 이들을 따라 하고 있다면, 아무것도 배우지 못할 것이다.

그 무렵 실리콘 밸리의 변두리, 강자들의 시선이 닿지 않는 곳에서 한 무리가 모여 새로운 시대를 열 준비를 하고 있었다.

CHAP 2

오픈AI의 설립

사람들은 혁신이 흔적도 없이 사라졌고 업계 리더들이 현재에 만족하고 있다고 생각하지만 사실 그렇지 않다. 지금도 세계의 어느 귀퉁이에서, 이름도 알려지지 않은 청년이 회사를 세우고 있을 것이다. 그 회사는 결국 지금의 빅 테크처럼 위대해질 것이다.

—샘 올트먼

나태한 잘못이 아니라 야심 찬 실수를 저질러라.

—마키아벨리

하루는 길지만 10년은 짧다

2015년 4월, 샘 올트먼의 친구들은 서른 번째 생일을 맞이한 그에게 서른 해를 산 느낌과 삶의 조언을 말해 달라고 했다. 며칠 뒤, 샘 올트먼은 〈하루는 길지만 10년은 짧다〉라는 제목의 글을 블로그에 올린다.

계획의 중요성은 말할 필요도 없지만 절호의 기회가 찾아온다면 붙잡아야 한다. 조금 무모한 짓을 하기를 두려워하지 마라. 열심히 일하는 것의 이점 중 하나는 언젠가 좋은 기회가 온다는 것이다. 그러나 찾아온 기회를 잡을지 말지는 당신에게 달렸다.

똑똑하고 재미있고 야심 찬 사람들과 가까이 지내려고 노력해라. 그들을 위해 일하거나 그들을 고용하라(사실 일하면서 가장 만족스러운 부분 중 하나가 정말로 뛰어난 사람들과 깊이 관계 맺는 일이다). 당신의 분야에서 세계 정상급이거나 전혀 모르는 분야에서 엄청난 잠재력을 보이는 사람들과 어울릴 시간을 내라. 그러면 정말로 당신이 가장 많은 시간을 함께 보낸 사람들의 평균 수준에 도달하게 된다.

과학 기술의 새로운 물결은 기술과 자본, 인재의 복합 작용으로 일어난다. 엄밀히 말해, 1챕터에서 이야기한 학술계의 'AI 지진'의 진앙은 미국이 아니라 유럽과 캐나다였다. 그러나 진정한 모험가들의 낙원은 실리콘 밸리다. 이곳에서는 대략 10년을 주기로 상징적인 기업이 상장된다. 1980년대의 애플, 1990년대의 아마존, 2000년대의 구글이 바로 그들이다. 2012년 5월, 페이스북의 나스닥 상장은 인터넷 물결이 정점에 이르렀음을 상징했다. 그러자 주머니가 두둑해진 과학 기술계의 리더, 벤처 캐피털은 물론이고 상장 기업의 직원들까지 다음 물결을 고대하기 시작했다.

그들의 시선이 향한 곳은 이미 거세게 끓어오르는 AI 산업이었다. 실리콘 밸리는 필연적으로 AI에 끌릴 수밖에 없었다. 과학 기술계 종사자치고 SF에 빠진 적 없는 사람이 있을까? 스스로 생각할 수 있는 로봇과 인간의 애증은 SF 세상에서 무한히 반복되는 주제였다. 실리콘 밸리의 최신 동향을 가장 잘 아는 YC의 대표인 샘 올트먼은 YC 리서치를 준비하고 있었다. 샘 올트먼이 가장 긍정적으로 전망하는 분야가 AI였다.

빅 테크 중에서 구글과 페이스북은 인터넷 분야의 가장 강력한 리더로, 각각 검색과 SNS를 지배하며 부동의 선두 자리를 지키고 있었다. 또한 구글과 페이스북의 업무는 자연히 AI와 겹칠 수밖에 없었기에 두 기업이 가장 먼저 행동에 나섰다.

반면 마이크로소프트는 PC 시대의 지배자로, 인터넷 시대에는 눈에 띄는 활약을 보이지 못해 시대의 패자가 되었다. 2014년 2월, 사티아 나델라가 마이크로소프트 CEO 자리에 오르자, 세상은 이 냉철하고 현명한 인도 출신의 CEO가 마이크로소프트를 재정비해 다음 물결에서 왕좌를 되찾기를 바랐다.

한편 실리콘 밸리의 새로운 지배자 일론 머스크도 이제 막 테슬라와 스페이스X를 늪지에서 건져 올리고 간절한 마음으로 AI 물결에 몸을 실었다. 큰 이변이 없다면, AI 물결은 빅 테크가 주도하는 게임이 될 것이며, 그 당시의 구글과 페이스북도 자신감이 넘쳤다. 하지만 생각지도 못한 스토리 전개를 선호하는 실리콘 밸리에서는 스타트업이 거목을 쓰러뜨리는 경우가 비일비재했는데, 이번에도 어김없이 놀라운 일이 일어났다.

오픈AI가 등장한 것이다. 이는 일론 머스크가 이를 악문 결과였다. 오픈AI는 당시만 하더라도 허무맹랑한 몽상으로 치부되던 '범용 AIArtificial General Intelligence', AGI로 세계적인 인재들을 끌어들였다. 샘 올트먼은 치밀한 포석과 신중한 운영으로 이 비영리 연구소를 업계 거목들 틈에서 무럭무럭 키워 냈다. 그리하여 오픈AI는 단시간 내에 누구도 무시할 수 없는 막강한 존재로 급부상한다.

실리콘 밸리의 아이언맨, 일론 머스크

일론 머스크는 결코 충돌을 두려워하지 않았다. 그와 아마존 창업자 제프 베이조스의 '우주 경쟁'은 알 만한 사람은 다 아는 이야기다. 2015년, 일론 머스크는 구글 창업자 래리 페이지Larry Page와도 부딪쳤는데 이번 갈등의 주제는 AI였다. 그 충돌의 결과가 바로 오픈AI의 탄생으로 이어졌다.

래리 페이지와 일론 머스크는 원래 막역한 사이였다. 두 사람은 나이가 비슷했다. 구글이 설립되고 얼마 지나지 않아 안면을 텄는데, 래리 페이지는 테슬라 초기 투자자이자 테슬라 전기 스포츠카 '로드스터Roadster'의 최초 구매자 중 한 명이었다. 심지어 일론 머스크의 화성 이주 계획을 열렬히 지지한 래리 페이지는 자신의 사후, 자선 단체에 재산을 기부하느니 일론 머스크 같은 사람에게 넘겨 세상을 바꾸는 데 쓰게 하겠다고 할 정도였다.

상당히 오랜 기간, 일론 머스크는 전용기를 타고 실리콘 밸리에 있는 테슬라와 LA에 있는 스페이스X 사이를 오갔다. 실리콘 밸리에 있을 때는 래리 페이지 집에 머무는 날이 많았는데, 래리 페이지가 집에 있는 날이면 같이 컴퓨터 게임을 하거나 밤새 이야기를 나눴다. 2007년,

래리 페이지는 지인이 소유한 카리브해의 개인 섬에서 올린 결혼식에 일론 머스크와 당시 그의 아내였던 저스틴 윌슨Justine Wilson을 초대했다. 2013년, 테슬라의 생산량과 판매 실적이 저조해 심각한 경영난을 겪는 상황에서 일론 머스크는 은밀히 래리 페이지와 테슬라 매각을 논의했다. 그러나 2013년 5월, 지난 분기에 최초로 영업이익을 실현했다는 소식에 테슬라가 극적으로 기사회생하면서 주가가 크게 뛰었다. 그러면서 테슬라 매각 논의는 흐지부지 끝났다.

테슬라가 파산 위기에서 살아난 지 한 달 뒤인 2013년 6월 27일, 일론 머스크는 마흔두 번째 생일을 맞이한다. 당시 그의 아내이자 영국 배우였던 탈룰라 라일리Talulah Riley는 그의 생일을 축하하는 자리에서 테슬라의 기사회생도 축하하고자 했다. 이때 두 사람은 가족과 친지를 초대해 캘리포니아의 '와인 컨트리' 나파밸리의 리조트에서 사흘 동안 파티를 열었다. 실리콘 밸리에서 차로 한 시간 떨어진 이 리조트는 오두막 여러 채로 이루어져 있어서 아이들이 마음껏 뛰어놀 수 있었다.

바깥출입이 드문 래리 페이지도 오랜 친구의 생일을 축하하기 위해 찾아왔다. 저녁 식사 후, 일론 머스크와 래리 페이지는 수영장 옆에 피워둔 모닥불 근처에 앉아 AI에 대해 깊이 토론하기 시작했다. 그런데 이 구름 한 점 없이 맑았던 초여름 밤에, 대화가 이어질수록 분위기가 급속도로 냉각되었다. 'AI가 궁극적으로 인류의 진보를 가져올까, 아니면 인류를 멸망시킬까?' 두 사람은 이 주제를 둘러싸고 첨예하게 대립했다.

래리 페이지는 인류가 결국 AI 로봇과 합쳐질 것이며 언젠가는 다양한 종이 자원을 다투는 상황이 올 것이고 가장 센 자가 살아남을 것이라고 했다. 일론 머스크도 래리 페이지의 의견에 일부 동의했다. 다만 인류가 방화벽을 잘 세우지 않으면 AI가 인류를 대신할 것이며, 인간이라는 생물종은 아주 하찮은 존재가 되거나 멸종할 것이라고 했다.

래리 페이지는 언젠가 로봇의 지능, 심지어 로봇의 의식이 인간을 넘어서더라도 무슨 문제냐며, 그저 진화의 다음 단계일 뿐이라고 했다. 그러자 일론 머스크는 인간의 의식은 우주에서 가장 고귀한 불빛으로, 이를 꺼뜨려서는 안 된다고 했다.

래리 페이지는 이를 감상적인 인간이 하는 헛소리로 치부했다.

"만약 의식이 로봇 안에서 복제될 수 있다면, 왜 로봇은 동등한 가치를 가질 수 없는가? 어쩌면 우리의 의식을 로봇에 옮길 수 있는 날이 올 수도 있다."

결국 그날의 대화는 래리 페이지가 일론 머스크를 '종차별주의자 speciesist'라고 비난하는 것으로 끝이 났다. 종차별주의자란 미래의 디지털 생명체 형태의 인간이 아니라 오로지 원래 형태의 인간만을 편드는 사람을 말한다. 일론 머스크는 참지 않고 대꾸했다.

"난 종차별주의자가 맞다. 난 인류를 매우 사랑한다."

훗날 일론 머스크는 그날 밤의 논쟁이 두 사람의 관계를 가른 '마지막 지푸라기'가 되었다고 밝혔다. 이 일로 두 사람은 서로 연락을 끊었다. 래리 페이지의 막말을 가슴에 담아둔 일론 머스크는 래리 페이지가 생물종을 파괴할지도 모르는 AI의 위협을 너무 대수롭지 않게 받아들인다고 생각했다. 훗날 일론 머스크는 이렇게 말했다.

"그때부터 AI 기술이 래리 페이지 같은 사람 손에 들어가게 하면 안 된다고 결심했다."

2013년 말, 일론 머스크는 구글이 딥마인드(당시 가장 앞서 나가던 AI 기업 중 하나)를 인수하려고 한다는 소식을 접하고 AI의 미래에 대한 우려가 더 깊어졌다. 일론 머스크는 당시 미국 대통령이었던 버락 오바마를 찾아가 AI가 인류에게 미칠 위협을 이야기하며 AI에 대한 규제를 강화해 달라고 요청했다. 그러나 일론 머스크의 노력은 실패로 돌아가, 관련 법규는 끝내 상정되지 못했다.

일론 머스크의 전기『일론 머스크』의 저자 애슐리 반스Ashlee Vance는 그때를 이렇게 기억했다.

그 무렵 나는 일론 머스크의 전기를 집필하며 그를 자주 인터뷰했다. 확실히 그는 친구들, 이를테면 래리 페이지와 세르게이 브린을 의식하고 있었다. 그들이 하는 일은 모두 성공적이었고, 소프트웨어 제국과 끊임없이 성장하는 AI 제국을 소유하고 있었다. 나는 AI에 대한 일론 머스크의 생각 속에 일정 부분 질투심이 깔려 있다고 본다. 구글과 그의 친구들은 AI 분야에서 성공을 거뒀지만, 그는 자신에게 그런 것이 없다는 사실을 깨달았다. 물론 일론 머스크가 이를 공개적으로 인정할 가능성은 거의 없다.

강한 사명감과 호승심이 행동을 불러왔다.

"아름다운 미래를 만들기 위해 무엇을 할 수 있을까? 방관할 수도 있고 감독 기관이 제 역할을 하도록 지지할 수도 있다. 아니면 안전하면서도 인류에게 이로운 AI를 개발하는 데 관심이 큰 사람들과 협력해 올바른 기관을 설립할 수도 있다."

일론 머스크는 인류에게 이로운 AI를 개발하려는 시도에도 어느 정도 위험성이 존재하며 우리가 우려하는 것을 만들어 낼 가능성도 있음을 인정했다. 하지만 우리가 할 수 있는 최선의 방어는 더 많은 사람이 AI 기술을 갖게 하는 것이다. 모든 사람에게 AI 능력이 있다면, 어느 한 사람 또는 소수의 몇몇 사람만이 초지능을 갖게 되는 일은 없을 것이다.

2015년 초, 일론 머스크는 샘 올트먼을 찾아갔다. YC 연구소를 준비하는 동안, 두 사람은 긴밀한 소통을 이어 갔다. 샘 올트먼과 일론 머스크는 몇 년 전에 YC의 공동 창업자를 통해 얼굴을 익혔다. 첫 만남에서 일론 머스크는 샘 올트먼을 스페이스X 본사로 데려갔는데, 이때 샘 올트먼은 이루 말할 수 없이 큰 충격을 받았다. 샘 올트먼이 일론 머스크에게 한 말이 그의 심경을 그대로 보여 준다.

"미친 사람을 한두 번 본 게 아니지만 당신이 가장 독보적이에요."

그렇다면 일론 머스크는 왜 젊다 못해 어리기까지 한 샘 올트먼을 만났을까?

하나, 실리콘 밸리 스타트업 분야에서 대단한 인맥을 자랑한다는 점과 남을 돕는 데 망설이지 않는다는 평판을 좋게 산 듯하다.

스타트업 '슈퍼휴먼Superhuman'의 창업자 라훌 보라Raul Vohra는 샘 올트먼과 관련된 일화를 소개했다. 슈퍼휴먼이 구글 웹 브라우저, 크롬Chrome의 대기 중 업데이트를 테스트할 때의 일이다. 얼핏 별문제가 없어 보이던 코드 변경으로 인해 슈퍼휴먼의 스마트 이메일 서비스가 하룻밤 사이에 먹통이 돼 버렸다. 고의는 아니었으나 손실이 발생했다. 구글은 이미 한물간 지 오래인 코드로 무언가를 만드는 사람이 있을 거라고는 생각지 못했으나, 슈퍼휴먼은 이 일로 '절체절명'의 위기에 빠진다.

라훌 보라는 미친 듯이 기관투자자들에게 도움을 요청했다. 그러나 대부분 구글 내부 인사와 직접적인 관계가 없어 딱히 도와줄 방법이 없었다. 막다른 길에 몰린 라훌 보라는 그의 '엔젤' 투자자들에게 연락을 취했고 그중에는 샘 올트먼도 포함되어 있었다. 몇 분 지나지 않아 샘 올트먼에게서 연락이 왔다.

"마침 파티에 참석 중인데 옆에 사티어(구글 CEO)가 있네요. 잠시만 시간을 줘요."

이튿날 아침, 라훌 보라는 구글 부사장의 사과 메일과 함께 샌프란시스코 구글 본사를 방문해 달라는 요청을 받았다. 라훌 보라에 따르면, 그후 몇 년 동안 슈퍼휴먼과 구글은 긴밀한 파트너십을 맺었고 크롬의 최신 업데이트 테스트를 맡아달라는 요청을 받았다. 라훌 보라는 이 모든 일을 샘 올트먼의 공으로 돌렸다. 그 이전에는 단 30분 만남만으로 올트먼 자신이 관리하는 개인 펀드를 통해 자금을 지원하기도 했다. 라훌 보라는《포브스》와의 인터뷰에서 이렇게 말했다.

"샘은 이 작은 스타트업에 위험을 무릅쓰고 발 벗고 나섰다. 그에게는 적은 금액일지 몰라도 우리에게는 운명이 걸린 순간이었다."

둘, 당시 실리콘 밸리에서는 일론 머스크를 제외하면 AGI를 공개적으로 이야기하는 사람이 드물었는데 샘 올트먼도 그중 한 명이었다. 학계에서는 AGI가 인간과 같거나 인간을 뛰어넘는 지능을 가진 AI라고 생각한다. 이런 AI는 정상적인 인류가 수행할 수 있는 모든 지적 행동을 할 수 있다. 스스로 학습하고, 스스로 개선하고, 스스로 조정할 수 있어, 인위적인 간섭 없이 모든 문제를 해결할 수 있다.

딥마인드의 공동 창업자 셰인 레그Shane Legg는 과거를 되짚으며 이렇게 말했다.

"예전에는 어느 과학자도 AGI를 진지하게 토론의 주제로 삼지 않았다. AGI는 비웃음을 사던 분야였다. 다른 사람과 AGI를 토론한다면, 그나마 나은 상황은 그 사람이 당신을 괴상하다고 여기는 것이고 최악의 상황은 망상증 환자로 치부되는 것이다."

2015년 들어 AI 겨울이 끝나면서 AGI를 거론하는 학자들이 등장하기 시작했지만, 죽기 전에 진짜 '머신 인텔리전스Machine Intelligence'를 보는 것에 회의적인 연구자가 절대다수였다.

그러나 실리콘 밸리의 '핵인싸'이자 오피니언 리더opinion leader인 샘 올트먼은 오래전부터 AGI와 그것이 인류의 미래에 가할 잠재적 위협을 공개적으로 거론해 왔다. 2015년 초, 샘 올트먼은 블로그에 글을 올린다.

초인류 기계지능Superhuman Machine Intelligence, SMI의 발전은 인류의 지속적인 존재에 대한 가장 큰 위협이 될 수 있다. 그 밖에 다른 위협들도 있을 수 있다. 그러나 그 어떤 것도 SMI만큼 우주에 존재하는 모든 인류를 파괴할 가능성이 높지는 않다.

SMI는 SF 소설에 등장하는 그 특유의 사악한 존재로 변해야만 인류에게 위협이 되는 것이 아니다. 오히려 SMI는 인류의 존재에 아무런 관심도 없고, 다른 목표를 추구하는 과정에서 무심코 인류의 멸망을 불러올 가능성이 있다(조금만 깊이 생각해 보면, 대다수 목표를 이루는 데 현재 인류가 사용하는 자원을 써야 함을 알 수 있다).

글을 마무리하며 샘 올트먼은 이렇게 덧붙인다.

나는 인공지능보다 기계지능이라고 부르는 쪽을 선호한다. '인공'이라는 단어는 진실하지 않거나 별로 좋지 않다는 뜻을 내비치는 것 같다. 또 일단 기계지능이 충분히 발전하면 더는 '인공'적으로 만들어지지 않을 것이다.

셋, 샘 올트먼도 일론 머스크와 마찬가지로 구글의 '패권'을 우려했다. 샘 올트먼은 인터뷰 도중에 이렇게 말했다.

"우리는 인류의 지능을 넘어서는 기술을 만드는 데 점점 더 근접하고 있다. 그러나 사람들은 구글이 얼마나 많은 성과를 나눌지에 의구심을 품고 있다."

일론 머스크와 샘 올트먼은 구글의 폐쇄성에 대항하려면 '오픈 소스'가 답이라고 생각했다. 훗날 공개된 문서에 따르면, 2015년 5월 25일에 샘 올트먼이 일론 머스크에게 보낸 이메일에 이런 내용이 있다.

나는 인류의 AI 개발을 막아야 하지 않을까 줄곧 고민했다. 아마 이는 불가능에 가까울 것이다. AGI가 언젠가는 실현된다면, 구글 외의 다른 기관이 먼저 해내는 편이 나을 것이다.

샘 올트먼은 YC가 AI '맨해튼 프로젝트'를 시작하자고 제안했다.

이런 구조를 만들어 볼 수 있다. 비영리 단체를 통해 기술을 전 세계의 것으로 만드는 것이다. 일단 프로젝트가 성공하면 여기에 참여한 연구진도 스타트업 수준의 보상을 받을 수 있다. 물론 모든 규제 규정을 준수하고 적극 지지할 것이다.

이에 대해 일론 머스크는 이야기해 볼 만하다고 답했다. 얼마 지나지 않아 샘 올트먼은 비영리적 AI 연구소를 함께 만들어 AGI 경쟁에서 구글을 뒤쫓되, 구글과 전혀 다른 방식을 취해 보자고 제안했다. 2015년 6월, 샘 올트먼은 일론 머스크에게 이메일을 보낸다.

> 우리의 사명은 최초의 AGI를 만들어 더 많은 사람의 역량을 키우는 것이다. 다시 말해 가장 안전하고 분산돼 보이는 AI 버전을 만드는 것이다. 아무튼 안전성이 AGI에 가장 바라는 것이다. (…) 기술은 재단이 소유하고 전 세계의 이익을 위해 쓰일 것이다.

샘 올트먼은 일단 7~10인 규모로 시작해 점차 늘리자고도 했다. 일론 머스크는 '모두 동의한다'고 답했다. 마지막으로 일론 머스크는 새 연구소의 이름을 '오픈AI 연구소', 줄여서 오픈AI라고 지었다. 일론 머스크에 따르면 당시에 소위 '합의서'까지 썼다고 하는데, 다음과 같은 내용을 포함하고 있었다.

> 오픈AI는 비영리 단체이다. 오픈AI가 개발한 제품은 오픈 소스가 될 것이다. 이 연구소는 AGI 시합에서 구글 딥마인드와 경쟁할 것이고 주요한 견제 세력이 될 것이다. 그러나 오픈AI의 목표는 인류를 이롭게 하는 것이지, 영리를 목적으로 회사 주주들의 이익을 챙기는 것이 아니다.

몇 년 뒤, 일론 머스크는 샘 올트먼이 이 합의서를 위반했다고 비난했다. 그러나 샘 올트먼은 합의서의 존재를 완강히 부인했다. 일론 머스크도 샘 올트먼이 이 합의서에 서명하거나 동의했다는 증거를 내놓지 못했다.

그렉 브록만, 오픈AI의 이인자

실리콘 밸리에서 가장 젊은 오피니언 리더인 샘 올트먼은 만남을 추진하고 거래를 이루는 데 탁월한 재능이 있다. YC에서 그는 날마다 스타트업들의 합병을 추진하고 창업자들을 도와 동업자나 고객을 찾고 벤처 캐피털에 맞는 프로젝트를 찾아 주는 일을 했다. 이는 샘 올트먼의 일상적인 루틴이었다.

일론 머스크와 샘 올트먼은 둘 다 무척 바빴기에, 오픈AI의 조직 구성과 그 후의 관리를 전담할 사람이 따로 필요했다. 샘 올트먼은 곧바로 그렉 브록만을 떠올렸다. 공동 창업자는 대개 스타트업에서 '이인자'의 역할을 맡는다. 샘 올트먼은 블로그에 이런 글을 썼다.

'내가 바라는 이상적인 공동 창업자는 어떤 모습이냐'는 질문을 많이 받는다. 내 답은 '그렉 브록만'이다.

샘 올트먼은 사람 보는 눈이 있었다. 이후 오랫동안 파트너십을 이어 오면서 브록만은 자신이 뛰어난 엔지니어임을 증명하는 동시에 훌륭한 조직 관리 능력과 샘 올트먼이 높이 산 의리를 보였다.

1987년 미국 노스다코타주에서 태어난 그렉 브록만은 학창 시절부터 수학 분야에 천부적인 재능을 보였다. 고등학교를 졸업하고 1년 동안 중국, 러시아 등 외국을 여행했는데 이때 프로그래밍을 배웠다. 미국으로 돌아가 하버드대학에서 컴퓨터공학과 수학을 공부하기 시작했다. 그런데 하버드 수업이 너무 쉬웠던 브록만은 곧 MIT로 편입해 컴퓨터와 수학 공부를 이어 갔다.

2010년, 브록만은 MIT를 중퇴하고 당시 직원이 세 명뿐이던 온라인 결제 스타트업 스트라이프Stripe에 들어가 첫 번째 CTO가 된다. 그렉 브록만의 뛰어난 능력에 힘입어, 스트라이프 임직원 수는 네 명에서 250여 명으로 늘었고, 기업 가치는 50억 달러로 뛰었다. 현재 스트라이프는 전 세계 수많은 기업에 서비스를 제공하는 결제 서비스 업계의 강자가 되었다. 2023년 기준, 스트라이프의 시가총액은 500억 달러에 이른다.

그렉 브록만과 함께 일한 적이 있는 사람들은 그를 전형적인 10X 엔지니어라고 평한다. 10X 엔지니어는 실리콘 밸리에서 쓰는 말로, 평범한 프로그래머보다 효율이 10배는 뛰어난 슈퍼 프로그래머를 일컫는 말이다.

2013년 5월, 브록만은 스트라이프를 떠날 때가 되었다고 생각했다. 그는 블로그에 이런 글을 남겼다.

회사는 지금 아주 좋은 위치에 있다. 내가 있든 없든 계속 위대한 일을 해 나갈 것이다. 나의 최대 관심사는 뛰어난 사람들과 함께 일하며 놀라운 일을 만들어 내는 것이다. 그러나 개발자 인프라는 내가 남은 생에서 해결하고 싶은 문제가 아니다.

브록만이 퇴사를 결정하기 전, 스트라이프의 창업자 패트릭 콜리슨 Patrick Collison은 샘 올트먼과 상의해 볼 것을 권한다. 스트라이프도 YC로부터 투자를 받은 스타트업이어서 패트릭 콜리슨과 샘 올트먼은 사이가 가까웠다. 콜리슨은 샘 올트먼이 제삼자로서 상황을 객관적으로 볼 수 있고 이와 비슷한 상황에 놓인 사람들을 많이 알고 있을 테니 브록만의 앞날에 피가 되고 살이 될 조언을 할 수 있으리라 생각했다.

그렉 브록만과 이야기를 나눈 지 5분 만에, 샘 올트먼은 그의 마음이 이미 스트라이프를 떠났음을 알아차렸다. 브록만은 당시 올트먼이 자기를 좀 도와줄 수 있냐고 물었을 때 했던 대답을 떠올렸다.

"AI가 내 최우선 목표지만 지금이 맞는 시기인지 모르겠고 내가 AI 분야에 공헌할 수 있는 최선의 방식이 무엇인지도 모르겠다."

이에 샘 올트먼이 답했다.

"나는 YC를 통해 AI 연구소를 세울 계획이다. 앞으로도 연락하며 지내는 것이 좋겠다."

올트먼은 브록만이 자신의 스트라이프 지분을 YC를 포함한 매수자에게 팔 수 있게 도와줬다. 그 결과, 스트라이프의 CTO였던 브록만은 엄청난 부를 거머쥔다. 또 이 일로 두 사람은 돈독한 우정과 신뢰를 쌓게 된다. 브록만은 샘 올트먼에 대해 이렇게 말했다.

올트먼은 늘 어떤 사람에게 가장 중요한 일을 찾아 최선을 다해 도와준다. 그는 매번 이 전략을 취한다.

스트라이프를 떠난 뒤, 브록만은 AI 분야에서 일어나고 있는 일들을 제대로 알기 위해 AI를 연구하기 시작한다. AI 관련 서적을 읽고 AI 분야에서 일하는 친구들에게 가르침을 청했다. 그는 딥러닝 기반 이미지 식별 및 음성 식별 능력에 대해 알고 놀라움을 금치 못했다. 깊이 파고 들수록 AI가 엄청난 가능성을 차곡차곡 쌓고 있으며 미래 사회에 지대 한 영향을 미칠 것이 자명해 보였다.

2015년 6월, 올트먼은 브록만에게 문자메시지를 보냈다.

"앞으로 뭘 할지 생각을 정리했나?"

브록만이 답했다.

"지금 계획은 앞으로 1년 안에 AI 기업을 만드는 것이다."

올트먼은 곧바로 전화를 걸어, 단도직입적으로 말했다.

"YC가 지금 AI 연구소를 준비 중이다."

브록만은 연구소의 목적을 물었다.

"안전하고 인류 지능 수준을 가진 AI를 실현하는 것이다."

올트먼이 답했다.

브록만은 당시를 이렇게 회상했다.

그 순간, 나는 샘 올트먼이 내가 설립할 다음 회사에 맞는 파트너가 될 것임을 직감했다. 지금은, 인류의 지능 수준에 도달한 AI를 실현 하려고 감히 대놓고 시도하는 사람이 거의 없다. 때로는 누군가가 대담하게 어떤 목표를 밝히면 그에 맞는 사람들이 저절로 합류하게 된다는 것을 깨달았다.

첫 만남에서 절친이 된 수츠케버

2015년 8월부터 11월까지, 브록만은 오픈AI 창립팀을 구성하는 중책을 맡았다. 유능한 CTO였지만, AI 분야에서는 아직 '신참'이었던 그는 어떤 식으로 우수한 연구 인력을 모아야 할지 막막하기만 했다. 그러던 중 요슈아 벤지오—훗날 튜링상을 수상하는 AI 석학—에게 연락했고, 벤지오는 최정상급 과학자들의 명단을 보내주었다. 브록만은 그 명단에 적힌 이들에게 하나하나 연락하기 시작했다.

어느 여름 저녁, 브록만과 올트먼은 샌프란시스코로 함께 돌아가는 길이었다. 실리콘 밸리의 저녁 공기는 시원하고 평온했다. 두 사람은 운전석과 조수석에 나란히 앉아 깊은 대화를 나누었고, 그 자리에서 중요한 결론에 도달했다.

"구글과 맞서려면, 반드시 정상급 AI 과학자를 데려와야 한다."

브록만은 구글 브레인Google Brain 소속의 일리야 수츠케버 이름을 꺼냈다. 그는 수츠케버를 '머신 러닝으로 자신을 표현하는 예술가'라고 표현했다. 힌턴에 따르면, 알렉스넷이 컴퓨터 비전 분야에서 딥러닝 혁명을 일으킬 수 있었던 건 수츠케버의 재능과, 심층 신경망DNN이 이미지넷에서 반드시 승리할 것이라는 그의 확고한 믿음 덕분이었다.

브록만과 수츠케버는 이미 한 차례 만난 적이 있었다. 브록만은 머신러닝에 대해 잘 몰랐고, 수츠케버는 엔지니어링이나 팀 구축에는 경험이 없었다. 하지만 두 사람은 서로의 전문성을 인정했고, 배우고자 하는 태도도 같았다. 브록만이 그의 이야기를 꺼내자, 올트먼은 조수석에서 고개를 돌려 말했다.

"내가 딱 찾던 사람이야. 그 사람으로 하자."

브록만은 조용히 고개를 끄덕였다. 이후 브록만은 수시로 수츠케버를 만나 새로 만들 연구소의 전략과 문화에 대해 이야기했다. 그를 데리고 실리콘 밸리의 전설적인 컴퓨터 과학자 앨런 케이Alan Kay와의 만찬 자리에도 함께했다. 케이는 제록스 PARC에서 '그래픽 유저 인터페이스', GUI 개념을 개발했고, 이는 훗날 스티브 잡스가 매킨토시에 적용했다. 실리콘 밸리 괴짜들의 좌우명처럼 쓰이는 그의 말도 인상 깊었다.

"미래를 예측하는 가장 좋은 방법은 미래를 창조하는 것이다."

만찬을 마치고 돌아오는 길, 수츠케버는 말했다.

"그의 말 절반도 제대로 이해 못했지만, 모두가 영감을 줬어요."

앨런 케이는 연구와 엔지니어링이 결합된 조직을 어떻게 만들 것인지에 대한 조언도 남겼다. 얼마 지나지 않아, 올트먼은 구글 본사 근처 '더 카운터The Counter'라는 레스토랑에서 수츠케버와 식사했다. 식사를 마친 올트먼은 차에 올라 마음속으로 다짐했다.

'저 사람은 반드시 우리 팀이어야 해.'

일론 머스크도 수츠케버의 영입에 힘을 보탰다. 두 사람은 솔깃한 연봉과 보너스를 제안했고, 마침내 수츠케버는 오픈AI의 수석 과학자로 합류한다.

이 사실을 안 래리 페이지는 분노했다. 오랜 친구였고 집에도 자주 드나들던 머스크가, 이제는 구글과 경쟁할 AI 연구소를 세우고, 게다가 구글의 핵심 인재까지 데려갔기 때문이었다. 결국 2015년 말, 오픈AI 창립 이후 두 사람의 관계는 완전히 끊겼다. 머스크는 훗날 이렇게 회상했다.

"래리는 배신감을 느꼈고, 수츠케버 스카우트 일로 나와 다시는 어울리지 않겠다고 했다."

며칠 뒤, 수츠케버는 일론 머스크의 초대로 '로즈우드 샌드 힐 Rosewood Sand Hill' 호텔에서 열리는 만찬에 참석했다. 이 호텔은 샌드힐 로드와 스탠퍼드 캠퍼스 근처에 있으며, 실리콘 밸리 창업자들이 투자 자를 만나기 위해 자주 찾는 장소다.

만찬 당일, 머스크는 조금 늦었다. 먼저 도착한 수츠케버는 발코니 에서 올트먼, 브록만과 함께 이야기를 나누고 있었다. 식사가 시작되 려던 무렵, 드디어 머스크가 나타났다. 하지만 정작 이 만찬의 목적을 아는 사람은 아무도 없어 보였다.

그때, 올트먼이 입을 열었다.

"오늘 여러분을 이 자리에 모신 이유는, 구글에 맞설 새로운 AI 연구 소를 함께 만들기 위해서입니다."

그러자 일순간 술렁이기 시작했다. 가장 큰 우려는 '시기'였다. 이미 너무 늦은 게 아니냐는 걱정이었다. 딥마인드가 설립된 지는 5년, 구글 에 인수된 지도 1년이 넘었기 때문이다.

그러나 올트먼은 뛰어난 말솜씨로 참석자들을 설득했다.

"모두가 힘을 합치면, 구글도 이길 수 있습니다."

브록만은 그날을 이렇게 회상했다.

"누군가 말했죠. '그건 정말 어려운 일이야. 최고의 인재들이 필요 해. 어떻게 모을 셈이지? 결국 닭이 먼저냐, 달걀이 먼저냐의 문제야.' 우리의 결론은 단 하나, 불가능하지 않다는 것이었습니다."

그러나 말처럼 쉽지 않았다. 이미 대기업에서 좋은 대우를 받고 있 는 인재들을 설득하기는 어려웠다. 올트먼은 브록만에게 제안했다. 후보들을 한자리에 모아 오프라인 이벤트를 열자고. 장소는 와인의 도시, 나파Napa였다.

그날, 열 명의 후보가 모였다. 브록만은 대형 버스를 대절해 실리콘밸리 북쪽으로 향했고, 참가자들은 대화와 토론 속에 AI의 미래를 함께 그려 나갔다. 와인과 열정이 어우러져, 돌아오는 길이 막혀도 아무도 그 사실을 의식하지 못했다.

그후 브록만은 나파에 참석한 전원에게 오픈AI 입사를 제안했다. 신청 기한은 12월 1일. 그 직후, 몬트리올에서 열릴 '신경 정보 처리 시스템Neural Information Processing System', NIPS 학회에서 오픈AI의 설립과 창립 멤버 명단을 공개할 예정이었기 때문이다.

그동안 머스크와 올트먼은 후보들을 하나하나 만나 강한 신뢰를 심어 주었다. 올트먼의 예상대로 대부분이 이 제안을 받아들였으나, 단 한 명만이 더는 AI 분야에서 일하지 않겠다는 이유로 거절했다.

이후에도 올트먼은 퇴근 이후와 주말 시간을 활용해 인재 영입에 힘썼다. 직접 차를 몰아 버클리대학을 찾아가 대학원생 존 슐먼John Schulman과 식사를 했고, AI 과학자 보이치에흐 자렘바Wojciech Zaremba와는 커피를 마셨다.

올트먼은 그때를 회상하며 말했다.

마치 영화의 몽타주 기법과 같았다. 이질적인 사람들로 팀을 꾸려, 미친 일을 벌이려고 했다.

공식 발표: 오픈AI 소개

2015년 12월. 수츠케버는 구글에 퇴사의 뜻을 밝혔지만, 구글은 그를 어떻게든 붙잡기 위해 거액의 보수를 제시하며 마음을 돌려 보려 했다. 그러나 수츠케버는 끝내 구글의 제안을 거절했다.

12월 7일, 해마다 한 차례 열리는 NIPS가 몬트리올에서 성대하게 막을 올렸다. 전 세계 AI 전문가들이 운집한 가운데, 참가자는 4,000명에 육박했다. 세계 정상급 연구자들이 최고의 논문을 발표하는 강연장은 발 디딜 틈 없이 붐볐다. 기업들은 지구상에서 가장 귀한 IT 인재를 모시기 위해 너도나도 소연회실에 회의를 잡았다. 마치 골드러시 시대의 서부 광산 마을 같았다.

수츠케버는 몬트리올에 도착해 회의장에서 그의 직속 상사이자 구글 브레인의 책임자인 제프 딘을 만났다. 제프 딘^{Jeff Dean}은 그 자리에서 한 번 더 수츠케버를 말렸다. 구글이 제시한 조건은 오픈AI보다 두세 배 이상 후했으며, 첫해에만 200만 달러 가까운 보상을 약속했다. 그 파격적인 제안에 수츠케버도 흔들리기 시작했다.

올트먼과 브록만은 부득이하게 발표 일정을 미룰 수밖에 없었다. 수츠케버는 토론토에 사는 부모에게 전화를 걸어 의견을 구했고, 브록만은 계속해서 문자메시지를 보내 오픈AI를 선택하라고 재촉했다. 이런 밀고 당기는 상황은 며칠 동안 이어졌다.

12월 11일, NIPS 마지막 날. 올트먼과 브록만은 수츠케버의 합류 여부와 관계없이 오픈AI 설립을 발표하기로 했다. 시각은 오후 3시로 정해 놓은 상태였다.

한편, 회의장에 있던 수츠케버는 여전히 결심을 내리지 못하고 있었다. 그때 그의 휴대전화가 울렸다. 반갑고도 의외의 인사가 들려왔다.

"안녕하세요, 일론입니다."

뜻밖에도 머스크였다. 머스크는 수츠케버가 구글을 떠나 오픈AI 수석 과학자직을 받아들이도록 설득했다.

멀리 몬트리올에서 올트먼과 브록만의 속은 타들어 가는데, 시간은 째깍째깍 잘도 흘러 발표 예정 시각이 다가오고 있었다. 그때였다. 브록만의 휴대전화에 문자가 도착했다. 수츠케버가 오픈AI에 합류하겠다는 뜻을 전해 온 것이다. 그제야 올트먼과 브록만은 안도의 한숨을 내쉬었다. 브록만은 노트북을 켜고, 미리 준비해 둔 원고를 열었다.

소식은 금세 회의장을 휘돌아 전 AI 업계는 물론, 수천 킬로미터 떨어진 실리콘 밸리까지 퍼져 나갔다. 〈오픈AI 소개 Introducing OpenAI〉라는 제목의 발표문에는 브록만과 수츠케버의 서명이 나란히 담겨 있었다. 발표문에는 첫머리부터 단도직입적으로 회사의 사명과 비전이 소개되어 있었다.

오픈AI는 비영리 AI 연구 기관이다. 우리의 목표는 금전적 수익 창출의 제약 없이, 인류 전체에 가장 이로운 방식으로 디지털 인텔리전스를 발전시키는 데 있다. 우리는 재정적 의무에서 자유롭기에, 인류에 긍정적인 영향을 미치는 연구에 더욱 전념할 수 있다.

발표문은 마치 미래를 내다보는 선언 같았다.

인류 수준의 AI가 사회에 가져올 혜택은 가늠하기 어려울 만큼 방대하지만, 그 기술이 잘못 설계되거나 오용될 경우 초래할 피해 역시 상상조차 하기 어렵다.

발표문은 오픈AI의 임직원 명단을 소개하며 마무리된다.

오픈AI의 연구 책임자는 일리야 수츠케버로, 머신 러닝 분야에서 세계적으로 손꼽히는 전문가 중 한 명이다. CTO는 그렉 브록만으로, 그는 이전에 스트라이프의 CTO를 지낸 바 있다. 이 외에도 오픈AI에는 세계적 수준의 연구 엔지니어와 과학자들이 함께하고 있다. 트레버 블랙웰Trevor Blackwell, 비키 청Vicki Cheung, 안드레이 카르파시Andrej Karpathy, 더크 킹마Durk Kingma, 존 슐만, 파멜라 바가타Pamela Vagata와 보이치에흐 자렘바가 있다. 피터 아빌Pieter Abbeel, 요슈아 벤지오, 앨런 케이, 세르게이 레빈Sergey Levine과 비샬 시카Vishal Sikka가 고문을 맡는다. 오픈AI의 공동 의장은 샘 올트먼과 일론 머스크다.

오픈AI의 공식 발표가 나온 지 몇 시간 뒤, 아직도 NIPS 회의장에 남아 있던 페이스북 AI 책임자 얀 르쿤은 수츠케버를 엘리베이터 옆 구석으로 불러냈다. 그는 수츠케버가 엄청난 실수를 저질렀다며 세 가지 이유를 들었다. 첫째, 팀의 연구원들이 너무 젊다. 둘째, 경험이 부족하다. 셋째, 비영리 단체는 대기업처럼 인재를 끌어모을 수 없다.

그리고 르쿤은 마지막으로 이렇게 말했다.

"자네는 실패할 거야."

이렇게 오픈AI는 우여곡절 끝에 마침내 돛을 올렸다. 위태롭게 흔들리는 이 작은 배에서 머스크는 정신적 지주 역할을, 올트먼은 영리한 기획자 역할을, 브록만은 부지런한 실행자 역할을 맡았다. 그리고 재능이 넘치는 수츠케버는 연구를 책임졌다. 이들은 야심과 어딘가 개운치 않은 예감, 그리고 작지 않은 두려움을 품고 미지의 바다로 출항했다.

그때 머스크는 마흔넷, 올트먼은 서른, 수츠케버와 브록만은 각각 스물아홉과 스물여덟이었다. 이들은 해군이라기보다는 해적에 가까웠다. 그들 앞에는 이미 구글과 페이스북이라는 거대한 함대가 진을 치고 있었다. 대규모 병력을 갖추고 만반의 준비를 마친 채 말이다.

CHAP 3

0에서 1로

매우 성공한 사람의 미래 예측은 비록 모두 그가 틀렸다고
말할 때조차 적어도 한 번은 맞아떨어진다. 그렇지 않았다면
그는 더 많은 경쟁에 시달렸을 것이다.

— 샘 올트먼

웨스트월드

2016년 초, 실리콘 밸리에는 불안감이 짙게 드리워졌다. 공식 석상이든 사적인 자리에서든, IT 버블 붕괴에 대한 갑론을박이 이어졌다.

실제로 2015년, IT 기업의 IPO(기업 공개)는 7년 만에 최저 수준으로 떨어졌고, 옐프 Yelp 같은 중소 기술 기업들의 시가총액은 급락했다. 반면 애플과 구글 등 빅 테크 기업의 주가는 연일 최고치를 경신했다.

같은 해 가을, 실리콘 밸리의 한 고급 저택에서 AI와 인공의식을 다룬 HBO SF 드라마 〈웨스트월드 Westworld〉 프라이빗 상영회가 열렸다.

상영회의 주최자는 서른한 살의 샘 올트먼이었고, 장소는 그의 친구이자 러시아계 유대인 벤처 투자자 유리 밀너Yuri Milner의 로스 알토스 힐스Los Altos Hills 저택이었다.

초청된 사람들은 모두 이런 내용의 초청장을 받았다.

> 샘 올트먼과 유리 밀너가 〈웨스트월드〉 첫 화 공개에 앞서 열리는 특별 상영회에 당신을 초대합니다. 이 드라마는 인공 의식과 인공지능의 미래를 다룬 HBO의 최신 시리즈입니다.

상영회에는 구글 공동 창업자 세르게이 브린을 비롯해 YC 액셀러레이터 출신의 젊고 유망한 창업자들이 대거 참석했다. 실리콘 밸리의 '핵인싸' 올트먼은 이 자리를 통해 AI 기술과 안전에 관한 관심을 환기시키는 동시에, 지나치게 인터넷에만 쏠린 주의를 '하드 테크hard tech'로 돌리고자 했다. 하드 테크란 과학 기술의 발전과 엔지니어링의 진보를 바탕으로 세상을 뒤흔들 변혁을 만들어 내는 최첨단 기술 분야를 말한다. 그리고 인공지능은 두말할 나위 없이 그 하드 테크의 정점이었다.

올트먼은 IT 버블 따위는 없으며, 다만 침체기가 왔을 뿐이라고 보았다. 그는 자신의 블로그에 〈하드 테크가 돌아왔다〉라는 제목의 글을 올렸다.

> 주식시장과 융자 환경이 언제 어떻게 무너지고 바뀔지에 대한 따분한 글은 남들더러 쓰라고 하자. 역사는 그런 이들을 기억하지 않을 것이다. 지금은 장기주의longtermism를 실천하고, 기술을 활용해 중

대한 문제를 해결할 적기다. 과거 어느 때보다 해답이 절실하다.

글의 말미에서 올트먼은 AI를 별도로 언급했다.

AGI와 특정 시나리오에 특화된 AI는 지금 창업 분야에서 가장 분명한 '승자'처럼 보인다.

아직 오픈AI가 만들어지기도 전이었지만, 올트먼은 분명히 자신이 기획하고 있는 그 프로젝트가 바로 그 '승자' 중 하나가 되리라 믿고 있었다.

현대판 PARC를 만들다

2016년 1월 4일, 새해 첫 주의 월요일에 오픈AI 창립 멤버 10인은 브록만의 집에서 업무를 시작했다.

첫 회의 시간에 수츠케버는 화이트보드에 뭔가를 쓸 생각으로 뒤돌았다가 화이트보드가 없음을 깨달았다. 그는 서둘러 사무용품을 구매했다.

오픈AI에서 일했던 피터 아빌은 당시를 이렇게 회상했다.

샌프란시스코도 도심은 집값이 매우 비싸다. 브록만의 아파트는 그리 큰 편이 아니었다. 꽤 큰 부엌과 소파를 놓을 크기의 거실이 전부였다. 가끔은 앉을 자리를 찾지 못해 침실의 침대에 앉아 일하는 사람도 있었다. 하지만 분위기는 매우 좋았다. 이 열 사람은 세상에서 가장 똑똑하다고 할 만했다.

그로부터 한 달 동안, 브록만이 이끄는 오픈AI 팀은 회사의 비전과 업무 방식, 목표에 대한 의견을 나누고 면접 과정을 정했다. 뒤이어 서버를 구매해 계정을 만들었다. 남는 시간에 브록만은 딥러닝 교재를 붙들고 죽기 살기로 공부했다.

브록만은 이렇게 말했다.

나는 그저 문제를 해결하는 사람이다. 몇 주가 걸려 엔지니어링 문제를 찾아내면 그 문제의 해결사가 된다.

오픈AI가 설립되고 2년 동안, 브록만과 수츠케버는 대부분의 일상적인 결정을 함께 내렸다. 브록만은 스타트업의 소프트웨어 엔지니어를 관리하고, 수츠케버는 연구원들을 데리고 연구를 진행했다.

그러는 동안에도 브록만은 계속 올트먼과 전화로 소통했다. 올트먼은 브록만에 대해 이렇게 말했다.

브록만은 대단히 유능하다. 기술적 문제의 사소하고 지엽적인 부분까지 하나하나 꿰뚫어 볼 뿐만 아니라 모든 부분의 핵심 포인트를 파악할 줄 알며, 이를 전략적인 측면에서 어떻게 하나로 통합할지까지 생각한다.

브록만이 반드시 풀어야 할 난제가 있었다. 바로 '어떻게 연구원과 엔지니어가 같은 시각을 가지고 일하게 할까'였다. 오픈AI 내부 인사가 밝히길, 일부 엔지니어는 연구자의 공헌을 과소평가하고, 연구자는 엔지니어를 과학자가 아닌 테크니션으로 취급하는 경우가 있었다고 한다.

오픈AI 이사회 멤버이자 지식 Q&A 사이트 쿼라Quora의 CEO 애덤 디앤젤로Adam D'Angelo는 이렇게 말했다.

"과거 AI 연구는 대부분 실험실 안에서 이루어져 기술을 제품화하기 어려웠다. 브록만은 AI를 성공적으로 제품화한 사람이다."

머스크와 올트먼은 매주 진행 상황을 살피러 왔다. 피터 아빌은 당시를 이렇게 기억했다.

"머스크는 늘 거실에 들어오자마자 소파에 앉은 다음, '오케이, 최근에는 무슨 일들이 있었지?' 하고 물었다. 그러면 브록만이 한 주 동안의 진행 상황을 설명했다."

제록스 출신 컴퓨터과학자 앨런 케이와 만찬을 함께한 뒤로, 브록만과 수츠케버는 현대판 PARC를 만들 계획을 짜기 시작했다. PARC의 개방적이고 자유로운 연구는 GUI부터 레이저 프린터, 그리고 객체 지향 프로그래밍Object-Oriented Programming, OOP에 이르기까지, 수많은 혁신을 가능하게 했다. 게다가 PARC는 제록스 기업에 속한 연구소임에도, 애플을 비롯한 다른 수많은 기업도 그들의 연구 성과를 함께 누릴 수 있었다. 스티브 잡스도 PARC의 연구 성과를 활용할 수 있었다. 브록만도 누구나 오픈AI의 성과를 함께 누리길 바랐다.

PARC가 진정으로 특별한 부분은, 똑똑한 사람들을 모아 그들이 자유롭게 능력을 발휘할 공간을 마련했다는 점이다. 우리는 같은 비전을 공유하면서도 중앙에서 통제하지 않으려 한다. 통제를 포기하는 것이 오픈 소스 이념의 핵심이다. 오픈 소스 이념을 가진 사람은, 충분히 많은 사람이 하나의 공통 목표를 위해 전력을 다하면, 그 어떤 폐쇄적 환경에서 구상한 것보다 더 뛰어난 성과를 거둔다고 믿는다.

최상의 선택지가 된 오픈AI

2016년 4월, 오픈AI팀은 마침내 브록만의 집을 떠나 샌프란시스코 미션 지구에 있는 작은 초콜릿 공장 위층으로 옮겨 갔다. 이 사무실은 올트먼이 세쿼이아 캐피털Sequoia Capital로부터 빌린 것이었다.

샘 올트먼은 새 사무실에 들어가자마자 벽에 미 해군 제독 하이먼 리코버Hyman G. Rickover의 명언을 적었다.

생명의 위대한 점은 지식이 아니라 행동에 있다.

올트먼은 〈하드 테크가 돌아왔다〉라는 블로그 글에서 오픈AI를 언급하지는 않았다. 당시 환경에서 오픈AI는 누가 봐도 '승자'가 아니었기 때문이다. 빅 테크와의 인재 쟁탈전에서, 오픈AI는 늘 열세였다. 2014년에 마이크로소프트 부사장 피터 리Peter Lee는 이런 말을 했다.

"세계적인 딥러닝 전문가를 데려오는 비용이 정상급 NFL 쿼터백을 데려오는 비용과 맞먹는다."

비영리 단체인 오픈AI가 가진 자금에는 한계가 있었고 다른 스타트업들이 그러하듯이 지분을 성과급으로 줄 수 없었다. 오픈AI를 막 설립한 12월에 샘 올트먼은 언론과의 인터뷰에서 자신이 영리적 스타트업 쪽으로는 경험이 풍부하지만 비영리 단체 쪽으로는 경험이 부족하다고 인정했다. 그러면서도 올트먼은 비영리 단체의 질도 결국 인재에 달렸다고 믿었다.

올트먼과 머스크는 본업이 따로 있었고 수츠케버는 연구에만 매진했기에 인재를 모집하는 막중한 임무는 브록만에게 떨어졌다. 올트먼은 브록만을 '세계적인 인재 모집의 고수'라고 했다.

"브록만은 면접의 세세한 부분까지 치밀하게 계획하고 후보자의 배경을 깊이 연구하면서 주도면밀하고 지속적인 후속 조치를 진행한다."

올트먼은 브록만에 대한 찬사를 블로그에 올렸다.

"브록만은 피드백을 매우 좋아한다. 큰일이든 아니든, 기꺼이 경청하고 절대로 화내지 않으며 신속하게 처리한다."

게다가 브록만은 알아주는 워커홀릭이다. 그의 동료에 따르면, 오픈AI가 그의 아파트를 나온 뒤에도 그는 거의 사무실에서 살다시피 했다고 한다. 오픈AI의 전 직원이 한 말이다.

"우리가 아침에 사무실에 들어가면, 브록만은 이미 책상에 엎드려 일을 하고 있었다. 그리고 우리가 저녁에 사무실을 떠날 때도 그는 키보드를 두드리고 있었다."

2016년 5월, 구글 브레인에서 일하던 세계적 AI 전문가 다리오 아모데이Dario Amodei가 오픈AI 사무실을 방문했다. 올트먼은 그에게 오픈AI 입사를 권하려 했지만, 아모데이는 올트먼과 브록만에게 그들이 무슨 일을 하는 건지 이해하는 사람은 없다고 말했다.

"오픈AI가 10억 달러를 조달하고 연구자 서른 명이 있는 팀을 만든 것은 확실히 인상적이다. 그런데 그 목적이 도대체 무엇인가?"

아모데이는 의심스러운 눈으로 올트먼과 브록만을 바라봤다.

"AI 분야 종사자들도 그렇고, 하버드대학 철학자 닉 보스트롬Nick Bostrom과 위키백과에 올라온 글도 그렇고, 다들 오픈AI의 목표는 친화적 AI를 만들고 소스코드를 전 세계에 오픈하는 것이라고 한다."

올트먼이 대답했다.

"모든 소스코드를 공개할 생각은 없다. 그러나 위키백과에서 이 점을 수정하지는 말아달라. 대개 그렇게 하면 상황이 더 꼬인다."

아모데이는 계속 추궁했다.

"그렇다면 당신들의 목표는 무엇인가?"

브록만은 마지못해 대답했다.

"우리의 현재 목표는… 최선을 다하는 것이다. 좀 애매모호하다."

아모데이가 떠난 뒤, 올트먼과 브록만은 고민에 빠졌다. 가장 우수한 인재를 데려오려면 뚜렷한 사명과 가치관이 있어야 했다.

올트먼이 제안했다.

"충분히 대담한 비전을 전달해야 해."

2016년 6월, 〈오픈AI의 기술 목표OpenAI Technical Goals〉라는 공고에서, 오픈AI는 회사의 사명과 몇 가지 기술 목표를 상세하게 열거했다. 그중 첫 번째 문장은 이러했다.

오픈AI의 사명은 안전한 AI를 구축하고 AI의 혜택을 최대한 광범위하고 평등하게 퍼뜨리는 것이다.

여기에 오픈AI의 창업자 네 명, 수츠케버, 브록만, 올트먼, 머스크가 서명했다. 《뉴욕타임스》 기자 케이드 메츠Cade Metz는 이에 대해 다음과 같이 평했다.

처음부터 그들은 매우 숭고한 목표를 세웠다. 이 목표들은 판단하고 이해하기 쉬우며, 아직 그들이 아무런 실질적인 일을 하지 않았음에도 이목을 사로잡았다.

오픈AI 공동 창업자이자 연구원인 보자렘바는 이런 말을 했다.

"당시 빅 테크가 제안한 임금은 상상을 초월했다. 비록 구글과 페이스북 같은 기업을 존중하기는 하지만 정신 나간 액수에 혐오감이 들었다. 그래서 오픈AI처럼 위대한 사명을 가진 스타트업에 더 들어오고 싶었다. 오픈AI가 최상의 선택지임을 깨달았다."

오픈AI 공식 사이트의 초기 홈페이지 디자인은 다소 요란한 느낌을 주었고, 공고 역시 수시로 업데이트되었다. 모든 게시글에는 정교한 삽화가 실려 있었는데, 적어도 초창기에는 AI가 아닌 손으로 직접 그린 것이 아닐까 싶다.

당시 오픈AI 공식 사이트는 며칠에 한 번씩 새 멤버의 합류를 알리는 공고를 올렸다. 여기에는 새 멤버의 이름과 경력을 상세하게 적었는데 인턴도 빼놓지 않았다. 이건 아마도 올트먼의 생각이었을 것이다. 이런 의식은 팀의 결속을 강화할 뿐 아니라 잠재적인 인재를 끌어들이는 효과까지 있다.

정말로 그런 사례가 있었다. 2016년 3월, 오픈AI는 연구원 네 명의 합류를 알렸다. 이들은 모두 로즈우드 워싱턴 D.C Rosewood Washington, D.C.에서 열렸던 만찬에서 오픈AI의 일원이 되었는데, 머신 러닝 분야를 이끄는 이언 굿펠로 Ian Goodfellow와 중국인 인턴 판린시 范林曦 등이 바로 그들이다. 나중에 엔비디아의 AI 과학자가 된 판린시는 소셜미디어에서 활발히 활동하고 있다.

5월에 합류한 직원 중에는 디자인팀 디렉터 루트비히 페터슨Ludwig Pettersson과 엔지니어 조나스 슈나이더Jonas Schneider 등 브록만이 스트라이프에 있을 때의 부하들도 몇 명 있었다. 8월 공고에 올트먼이 줄곧 데려오고 싶어 한 다리오 아모데이가 최고 연구 책임자로 합류했음을 알렸다. 다리오 아모데이의 여동생 다니엘라 아모데이Daniela Amodei는 그전에 브록만과 함께 일한 적이 있었다. 그래서 2년 후, 브록만의 요청으로 다니엘라도 오픈AI의 일원이 된다.

2017년 1월의 공고는 전 구글 과학자이자 머신 러닝 분야의 핵심 인물인 야로슬라프 불라토프Yaroslav Bulatov와 YC 주요 인물들의 합류를 알렸다. 여기에서는 오픈AI 멤버가 총 45명으로 늘어난 점과 오픈AI의 목표를 밝혔다.

새로운 생각을 검증하든, 새 소프트웨어 시스템을 만들든, 로봇에 머신 러닝을 탑재하든, 함께 힘을 합쳐 꾸준히 AI의 발전을 이끈다.

"우리는 0부터 시작했다"

오픈AI의 목표는 명확해 보였지만 사실 방향성이 없었다. 올트먼이 YC에서 쌓은 경력이 오픈AI에서는 무용지물이었다. YC에서 올트먼은 늘 상식을 깨고 빠르게 움직여 제품 출시를 서두르라고 창업자들을 다그쳤다. 그러나 훗날 올트먼은 이렇게 고백했다.

오픈AI는 YC가 내민 기준에 어긋나는 일을 많이 했다. 설립 초기에는 제품에 대한 개념도 없었고 사용자와 교류하지도 않았다.

올트먼은 투자자에게 프로젝트를 홍보하는 데는 일가견이 있었지만, 오픈AI에서는 통하지 않았다. 오픈AI는 투자가 아니라 기부로 운영됐기 때문이다. 지속적으로 운영자금을 지원받으려면, 투자에 대한 보상을 약속하는 게 아니라 눈에 보이는 실질적인 연구 성과를 내놓아야 했다.

처음에는 뚜렷한 방향성 없이, 브록만과 수츠케버가 주도하는 대로 몇 가지 핵심적인 연구 방향을 확정해 AI의 가능성을 탐색했다.

하나, 오픈AI는 유니버스Universe 플랫폼을 출시했다. AI가 인류처럼 컴퓨터를 조작할 수 있는 가상 세계를 만들어 가상의 키보드와 마우스로 게임도 하고 웹 서핑도 하고 동영상도 시청하게 했다. 이 플랫폼은 이미지 인식 기술의 비약적 발전을 이뤄 낸 이미지넷에서 영감을 얻었다. 유니버스는 범용 인터페이스를 제공해 VNC 서버로 무한한 인터넷 환경을 연결해 EA, 마이크로소프트 스튜디오Microsoft Studios와 밸브Valve 등 인가받은 다양한 게임과 앱에서 AI를 훈련할 수 있게 했다.

둘, 오픈AI는 로봇 기술 분야에서 탁월한 진전을 이뤘다. 보이치에흐 자렘바가 이끄는 팀은 스스로 루빅큐브를 맞추는 법을 학습할 수 있는 다섯 손가락 로봇 핸드를 개발했다. 이 프로젝트는 디지털 시뮬레이션을 통해 가상 현실에서 로봇 핸드를 훈련해, 약 만 년에 해당하는 시간 동안 루빅큐브를 맞추는 모든 동작을 학습하게 했다. 로봇이 먼저 가상 환경에서 기술을 학습한 다음, 이를 현실 세계에 그대로 응용하므로, 이 방법은 각종 불확실성이 제거된다는 큰 장점이 있다.

셋, 오픈AI는 복잡한 게임 환경에서 AI를 훈련했다. 브록만의 말에 따르면, 최상의 훈련장이었다. 팀플레이, 실시간 전략, 불완전한 정보, 방대한 영웅과 아이템이 조합을 이루고 있기 때문이다. 브록만이 이끄는 'DOTA 2' 프로젝트는 교착 상태를 해결하는 데 도움을 줬다. 이 프로젝트를 추진하기 위해, 브록만과 'DOTA 2' 개발자는 몇 시간 동안 통화를 하며 게임을 플레이하는 소프트웨어를 작동시키는 법을 확실히 이해했다. 이는 기술적으로 큰 도전이었다. 게임과 오픈AI 알고리즘은 사용된 프로그래밍 언어가 달랐기 때문이다. 오픈AI의 AI가 처음으로 모습을 드러낸 것은 2017년에 있었던 '디 인터내셔널The International 2017 DOTA 2' 초청 경기였다. 여기에서 오픈AI의 인공지능은 프로 선수 덴디Dendi와의 1:1 게임에서 승리했다.

돌이켜 보면, 실상 오픈AI의 방향은 잘못됐다. 당시 오픈AI 내부와 업계는 강력한 AI를 만들려면 때로는 자질구레한 일부터 시작해야 한다고 생각했다.

비디오 게임과 로봇 핸드는 자율 주행 자동차와 의료용 AI의 앞날을 밝혀 줄 것이다. 그래서 당시에 이런 시스템은 다 지극히 한정된, 특정 분야를 목표로 했다. 바둑을 두는 시스템이 체스를 두지 못하는 정도였으니 언어 이해는 말할 것도 없었다. 비행기 탑승권 가격 변동을 예측하는 시스템은 문서를 처리할 수 없었다. 그래서 늘 새 응용 프로그램으로 새 시스템을 훈련해야 했다. 여기에는 많은 시간과 대량의 표준 데이터 등이 필요했다.

오픈AI의 전 직원은 당시를 이렇게 회상했다.

우리는 랜덤으로 일을 하며 무슨 일이 일어날지 지켜봤다. 가끔은 우리가 구축한 것이 상상했던 목표와 상당한 거리가 있음을 느꼈다. 출근하면 다들 로봇에게 비디오 게임을 시키는 프로그래밍을 하고 점심때는 식탁에 빙 둘러앉아 인류를 구할 방법을 토론했다.

객관적으로 말해, 가상 세계와 복잡한 게임 환경에서 AI를 훈련함으로써 오픈AI는 AI 분야의 야심과 혁신을 보여 줬다. 그러나 획기적인 진전을 이루지 못한 상황에서 초기 자금이 점점 바닥을 드러내고 있었다. 오픈AI 팀의 열정은 누구에게도 뒤지지 않았지만 머스크와 올트먼의 속은 조급함으로 바짝 타들어 갔다.

올트먼은 이 점을 인정했다.

우리는 뭐 하나 순조롭지 않은데 구글은 인재, 인력, 자금을 다 가지고 있었다.

브록만은 훗날 이렇게 회상했다.

"설립된 지 2년이 지났다. 우리는 무엇을 했는가? 어떤 성취를 거뒀는가? 우린 멋진 팀이 있지만 뛰어난 결과를 냈는가? 우리는 모두 야심만만했다. 진심으로 이 분야에 영향을 미칠 수 있길 바랐다. 우리는 모두, 우리가 그것을 이끌어, 우리가 없을 때와는 전혀 다른 상황을 경험할 수 있기를 간절히 바랐다. 그것이 우리가 여기 모인 이유였다. 그러나 당시 우리는 이것들을 실현할 수 있을 것이라는 확신이 없었다."

초조함을 이기기 위해, 브록만은 웨이트 트레이닝까지 시작했다. 브록만은 농담처럼 말했다.

"오픈AI가 문을 닫더라도 적어도 이 기간에 뭔가 했다고 말할 수 있을 것 같다."

이때 오픈AI는 소규모 감원을 진행해 로봇 핸드 프로젝트를 잠시 접는다. 머신 러닝 분야의 선도자인 이언 굿펠로도 이때 구글로 다시 돌아갔다. 올트먼은 이때를 이렇게 기억했다.

나는 로봇 연구를 너무 일찍 시작해서 그 프로젝트를 보류할 수밖에 없었다. 그 프로젝트도 착오 때문에 곤란해져, 우리가 머신 러닝 연구에서 겪는 어려움을 부분적으로 극복하고 진전을 이루는 데 도움이 되지 않았다. 우리는 줄곧 엉망진창인 시뮬레이터와 기계 고장 같은 문제를 처리했다. 시간이 흐르면서 그에 앞서 지능과 인식 문제를 해결해야 하고, 그 후에 물리적 특성에 적응시킬 방법을 생각해야 함을 서서히 깨달았다. 우리가 언어 모델들을 구축하는 측면에서 보면, 그쪽부터 시작하는 것이 더 쉽다. 그러나 우리는 늘 이 문제로 돌아올 계획을 가지고 있었다.

구글과의 경쟁은 점차 '군비 경쟁'으로 치달았다. 자금 문제는 수츠케버와 브록만이 감당할 수 있는 범위를 넘어섰고, 결국 올트먼과 머스크 두 공동 의장에게 맡겨졌다. 훗날 올트먼은 이렇게 고백했다.

"우리는 이 프로젝트에 얼마나 많은 돈을 추자해야 하는지 직관적으로 체감하지 못했다. 아직 모르겠다."

YC에서 쌓은 경력 덕분에 올트먼은 상대의 말을 경청하고, 어떻게든 문제를 풀어낼 방도를 찾아내곤 했다. 그는 컴퓨팅 파워를 높이려면 반드시 더 많은 자금이 필요하다는 사실을 잘 알고 있었다. 그리고 이를 위해 그는 각종 자금 조달 방안을 모색했다. 예컨대 미국 정부의 지원을 받아 보려 했고, 새로운 암호화폐 출시도 검토했다. 그러나 그는 그 과정이 몹시 험난했다고 털어놓았다.

"이 프로젝트에 자금을 대려는 사람이 없었다. 정말 힘든 시간이었다."

브록만의 말투에는 어쩔 수 없는 상황이었다는 느낌이 묻어났다.

생각해 보라. 우리는 0부터 시작했다.

"우리가 가진 것은 AGI가 순조롭게 발전하길 바란다는 이상, 이거 하나뿐이었다."

바로 이때, 경쟁자인 구글이 오픈AI의 상황을 바꿀 중대한 '어시스트'를 한다.

트랜스포머 논문과 GPT-1 발표

2017년 초, 수츠케버와 오픈AI 연구원 알렉 래드포드 Alec Radford는 자연 언어 처리 분야에서의 신경망을 연구한다.

알렉 래드포드는 당시 겨우 스물세 살로, 매우 젊었다. 그의 모델은 충분히 직관적이었다. 래드포드는 모델의 히든 레이어 hidden layer를 살피다가 댓글의 감정만 분석하는 데 쓰이는 특정한 뉴런을 우연히 발견했다.

이전의 신경망도 감정을 분석할 수는 있었지만, 분명한 지시와 특수한 훈련이 요구됐으며 감정을 표시한 데이터도 사용해야 했다. 그러나 래드포드의 신경망은 이런 기능을 자발적으로 학습했다.

그들의 첫 실험은 레딧Reddit[1] 댓글 20억 개를 스캔해 신경망으로 언어 모델을 훈련하는 것이었다. 오픈AI 초기의 수많은 실험이 그랬듯이, 이 실험도 실패했다. 이 모델은 아주 가끔만 매끄러운 문장을 생성했는데, 그나마도 엄청난 수고가 더해져야 이해할 수 있었다.

수츠케버와 브록만은 래드포드를 격려하며 계속 시도해 보라고 했다. 브록만은 그에 대해 이렇게 말했다.

"알렉은 정말 대단한 친구다. 그가 자기 생각대로 하게 해야 한다."

이후 래드포드는 아마존 사이트의 제품 사용 후기 댓글 약 1억 개를 모아 또 다른 언어 모델을 훈련했다. 이번 결과는 처음보다 훨씬 나았다. 그래서 수츠케버는 '더 광범위한 언어 데이터에서 신경망을 훈련하면 더 풍부한 세계의 의미 구조를 밝혀낼 수 있지 않을까' 하고 생각했다. 만약 히든 레이어가 충분히 많은 개념 지식을 축적할 수 있다면, 초지능 형성의 기초 학습 모듈로 활용할 수 있을지도 몰랐다.

수츠케버는 래드포드에게 아마존 댓글로만 한정시키지 말고 시야를 더 넓히라고 조언했다. 그러면서 전 세계에서 가장 크고 다양한 데이터 소스, 즉 인터넷에서 학습하는 AI를 배양하자고 제안했다. 그러나 2017년 초의 신경망 구조로는 이 아이디어를 실현하기 어려워 보였다. 그러려면 몇 년의 시간이 필요했기 때문이다.

바로 이때, 구글의 '트랜스포머Transformer' 논문이 등장했다.

2017년 6월, 구글 연구원 8인이 공동 저자로 나선, 기념비적인 의의

---

1 미국의 대형 포럼 사이트

가 있는 논문이 세상에 나왔다. 이 논문의 공식 표제는 〈당신에게 필요한 것은 주목Attention Is All You Need [2]〉이다.

이 논문에서 제기한 트랜스포머 모델은 극도로 효율적인 학습자다. 문장 전체를 한 번에 보고 각 단어와 문장 안에 있는 다른 단어와의 관계를 이해할 수 있다. 마치 초기억력을 가진 사람처럼, 각 개인이 하는 모든 말을 기억할 뿐만 아니라 그들 사이의 관계까지 파악했다. 트랜스포머 모델은 컴퓨터에 인류와 비슷한 언어 이해 능력을 부여했다.

트랜스포머 모델은 '셀프어텐션self-attention'이라는 특별한 기법을 사용해 한 번에 문장에 들어 있는 모든 단어를 보고 그들 사이의 관계를 이해할 수 있었음. 그 결과, 오랜 시간 기억해야 하는 정보를 잘 처리할 수 있었고 학습 속도도 비약적으로 빨라졌다.

트랜스포머 모델은 당시로서는 매우 중대한 일을 해냈다. 과거에 AI 시스템은 매우 구체적인 데이터를 입력해야 했다. 모든 데이터에는 '이것은 맞다'나 '이것은 틀렸다', '이것은 스팸 메일이다'나 '이것은 스팸 메일이 아니다', '이것은 암이다'나 '이것은 암이 아니다' 등의 표시가 되어 있어야 했다.

그러나 트랜스포머 모델은, 뒤죽박죽 섞이고 표시되지 않은 데이터까지 AI가 받아들이게 만들었다. 게다가 예상보다 더 효율적으로 이 일을 해냈으며, 사용하는 컴퓨팅 파워도 훨씬 적었다. 트랜스포머 모델의 등장으로 컴퓨터가 언어를 처리하는 능력이 극도로 향상돼 기계 번역, 음성 인식, 문서 요약 등의 임무를 더 효율적이고 정확하게 해낼

---

[2] 이 논문은 나중에 '트랜스포머 논문'으로 불리게 된다. 이처럼 명명한 이유는 이 생각이 게임의 규칙의 성질을 바꿨음을 보여 주는 한편, 트럭에서 거대한 로봇으로 변하는 '트랜스포머' 장난감을 기념하기 위해서였다.

수 있게 되었다. 이는 AI 업계의 전반적인 발전에 날개를 달아준 것이나 다름없었다.

이제는 트랜스포머 모델을 기반으로 스스로 학습할 수 있게 되었다. 이에 업계는 큰 깨달음을 얻었다. '최고의 AI는 가장 전문적인 훈련 기술에서 나오는 것이 아니라 가장 많은 데이터를 가진 기술에서 만들어진다.'

그러나 트랜스포머 모델은 출시와 동시에 세상을 정복하지는 못했다. 아니, 구글조차 정복하지 못했다. 당시 트랜스포머 모델이 얼마나 대단한지 알아챈 사람은 극소수에 불과했는데 그중 한 명이 바로 수츠케버였다.

오픈AI 설립 초기, 수츠케버는 뭔가를 특별히 조정하거나 새로 발명하는 것이 아니라, 엔진에 더 많은 연료를 들이붓듯이 더 많은 데이터를 입력하면 AI 연구의 돌파구를 마련할 수 있으리라는 예감이 들었다. 트랜스포머 논문은 그의 예감이 옳았음을 증명했다.

수츠케버는 당시를 이렇게 회상했다.

"논문이 발표된 다음 날, 이것이 바로 우리가 필요로 하던 것임을 알아차렸다. 트랜스포머 모델은 우리가 추구하는 모든 특성을 갖췄다."

그의 스승 힌턴의 말처럼, 수츠케버는 기술적 직감이 탁월했다.

한편 브록만은 이것을 운과 노력이 합쳐진 결과물이라고 생각했다.

"우리가 계속해서 고수한 전략이 있다. 일단 스스로 문제를 해결하기 위해 힘쓰고, 우리 또는 업계 동료가 부족한 부분을 채워 주리라 믿는 것이다."

수츠케버는 래드포드에게 트랜스포머 아키텍처를 사용해 보라고 권했다. 아니나 다를까, 단 2주 만에 지난 2년 동안 이룬 것보다 더 큰 진전을 이뤘다. 올트먼이 2023년에 말한 그대로였다.

"트랜스포머 논문을 발표할 때, 구글의 어느 누구도 그것이 어떤 엄청난 영향을 미칠지 예상하지 못한 것 같다."

2018년 6월, 오픈AI는 GPT-1을 출시했다. 트랜스포머 논문이 발표된 지 1년 만이었다. 'GPT'는 '생성형 사전 학습된 트랜스포머 generatively pretrained transformer'의 약자였다. 이 모델은 최종적으로 '생성형 AI generative AI'이라고 불리게 되었다.

GPT-1을 개발하기 위해 오픈AI는 아직 출간되지 않은 책 7,000권을 수집했다. 상당수가 로맨스, 판타지, 모험과 관련된 책이었다. 또한 완벽을 기하기 위해, 쿼라 사이트의 Q&A와 중고등학교 시험 문제에서 발췌한 수천 편의 글을 더했다. 그렇게 해서 GPT-1은 1.17억 개의 파라미터를 포함하게 되었다. GPT-1은 언어를 이해하고 답을 생성하는 데 있어 기존의 모든 제품을 뛰어넘었다.

GPT-1의 가장 놀라운 점은 광범위하게 적용할 수 있다는 점이었다. GPT-1은 어디에나 쓸 수 있었다. 어떤 분야에 관해서든 GPT-1에게 질문할 수 있었다. 그러면 GPT-1은 감탄할 만큼 썩 괜찮은 답을 내놓았다. 이는 GPT-1이 광범위한 훈련을 통해 인류가 사용할 수 있는 모든 문헌의 말뭉치 corpus를 포괄했기 때문이었다. 우리가 읽은 문서, 비망록, 자질구레한 일에 관한 것은 물론이고 해리포터 시리즈 같은 소설 내용까지 모두 GPT-1을 훈련하는 과정에 포함되었다.

그렇게 해서 우리는 처음으로 이런 AI 시스템을 갖게 되었다. 이는 AI가 좁은 분야에서 범용 분야로 나아갔음을 의미했다.

오픈AI 팀은 트랜스포머 모델의 잠재력을 충분히 발휘하려면 '스케일링'에 집중해야 함을 깨달았다. 한마디로 방대한 데이터 세트에서 모델을 훈련해야 했다. 이 사실은 오픈AI가 이미 돌파구를 찾았음을 의미했다. 수츠케버는 이렇게 말했다.

우리는 이미 진보의 공식을 찾아냈다. 이제 모두가 다 알고 있다. 딥러닝의 산소와 수소는 대규모 신경망과 데이터 컴퓨팅이다.

올트먼은 나중에 빌 게이츠와 대화하면서 이런 결론을 내렸다.

GPT-1을 개발한 래드포드는 기본적으로 혼자 완성했다. 그는 혼자서 이 문제를 해결했다. 그 점은 꽤 인상적이지만 래드포드는 GPT-1이 어떻게 작동하는지, 왜 효과적인지 깊이 이해하지 못했다. 뒤이어 우리는 스케일링 법칙Scaling Law을 장악했다. 우리는 GPT-1이 얼마나 대단해질 수 있는지 예측할 수 있다. 이것이 우리가 시연을 할 수 있다고 말하면서 속으로 성공을 자신했던 이유다. 아직 훈련 모델은 없었지만 우리는 상당한 믿음이 있었다. 그 덕분에 이런저런 시도를 할 수 있었고 과학적 이해를 높였으며 무슨 일이 발생했는지 알게 되었다. 그러나 처음에는 실증적 결과가 맞았다.

나중에 오픈AI는 「신경 언어 모델의 스케일링 법칙Scaling Laws for Neural Language Models」이라는 논문을 통해 스케일링 법칙을 체계적으로 설명했다. 이후 스케일링 법칙은 AI 분야의 제1원리가 되었으며 지금의 AI 물결 속에서 가장 많이 언급되는 핵심어가 되었다.

스케일링 법칙은, 쉽게 말해 '많이 투입하면 불가사의한 일이 생긴다'는 뜻이다. 즉 양의 변화로 질의 변화를 이끄는 것이다. 스케일링 법칙이 AI 시대의 제1원리가 될 수 있는 이유는 다음 두 가지였다.

충분히 통용돼야 한다. 텍스트든, 오디오든, 동영상이든, 모든 문제는 '다음 토큰token에 대한 예측'으로 바꿀 수 있다. '토큰'은 텍스트 데이터의 기본 단위를 말한다. 수츠케버는 팟캐스트에서 대규모 언어 모델이 본질적으로는 그저 다음 문자 부호를 예측하는 도구일 뿐이면서도 인류 지혜의 총합을 뛰어넘는 능력을 가질 수 있는 이유를 상세하게 설명했다.

"대규모 언어 모델이 통계학과 같은 방식으로 인류가 현재 가진 지식과 능력을 모방할 뿐이라 인류를 뛰어넘을 수 없다고 생각하는 사람이 많다. 그러나 당신의 신경망이 영리하다면 한 가지만 물어보면 된다. '위대한 통찰력과 지혜, 능력을 지닌 사람은 어떻게 할까?' 어쩌면 이런 사람은 존재하지 않을지도 모르지만, 인공신경망은 이런 사람의 행동 방식을 유추할 가능성이 크다."

스케일링이 가능해야 한다. 충분히 많은 컴퓨팅 파워, 데이터를 투입하면 모델은 더 강력해진다. 규모가 작은 파라미터에서 효과가 검증되었다면, 컴퓨팅 자원과 데이터 양을 늘림으로써, 더 좋은 성능을 얻을 수 있다. 그러면 한발 더 나아가 모든 물리 세계를 시뮬레이션할 수 있다. 자율 주행이든 로봇이든, 한 번에 다 해결될 수 있다.

수츠케버는 이렇게 정리했다.

다음 토큰을 잘 예측할 수 있다면 AGI에 이르게 될 것이다.

2017년 12월, 올트먼은 블로그에 이런 변화를 암시했다.

하드웨어는 기하급수적인 속도로 개선되고 있다. 오픈AI에서 일하면서 가장 놀라웠던 것은, 컴퓨팅 파워의 증가와 AI 기술의 돌파 사이에 밀접한 관계가 있고 AI를 연구하는 똑똑한 사람도 기하급수적으로 증가하고 있다는 점이다.

이는 회사 문화까지 바꿨다. 오픈AI 이사이자 쿼라 창업자 애덤 디엔젤로는 이렇게 말했다.

"트랜스포머를 제대로 이용하려면 규모를 확대해야 한다. 트랜스포머를 프로젝트 팀처럼 움직이게 만들어야 한다. 연구원들이 각자 하나씩 맡아 자기만의 모델로 훈련해, 논문을 발표하기 위한, 그저 예쁘기만 한 것을 만들면 안 된다. 더 자질구레하고 별로 우아하지 못한 일을 해야 한다. 이것이 다른 회사는 못 하는데 오픈AI는 할 수 있는 일이다."

그러나 이러한 변화는 새로운 문제를 불러왔다. 올트먼과 머스크는 인재만으로는 부족하고 대량의 컴퓨팅 파워가 필요함을 깨닫는다.

오픈AI와 업계 다른 기업들이 컴퓨팅 파워 부족으로 고민하고 있을 때, 이 분야에서 기회를 포착한 전설적인 창업자가 나타난다.

젠슨 황의 AI 베팅, 도전에 응한 엔비디아

젠슨 황Jensen Huang은 팔에 타투를 새기고 검은 가죽 재킷을 즐겨 입는 창업자다. 서른 살이 되던 해에 엔비디아를 창업하고 20여 년 동안 칩 반도체 분야의 부침을 직접 겪었다. 현재 미국에서 시가총액 1조 달러가 넘는 기업 중, 엔비디아는 고점에서 85% 이상 폭락을 두 번이나 경험한 유일한 기업이다.

표준컴퓨터 내에는 중앙처리장치central processing unit CPU라는 칩이 거의 모든 작업을 맡는다. 프로그래머가 프로그램을 작성하면, 이 프로그램이 CPU에게 수학 연산 문제를 내고, CPU는 한 번에 하나씩 해결책을 내놓는다. 지난 수십 년간, 주요 CPU 제조업체는 인텔이었고 인텔은 여러 번에 걸쳐 엔비디아를 시장에서 몰아내려 했다. 젠슨 황은 이렇게 말했다.

"난 인텔 근처에도 가지 않는다."

그는 인텔과 엔비디아의 관계를 고양이와 생쥐에 빗대 설명했다.

"그들이 근처에 다가오면, 나는 내 칩을 쥐고 잽싸게 튄다."

젠슨 황은 거물에게 맞설 차별화된 제품, 바로 '그래픽 처리 장치graphics-processing unit GPU를 내놓는다. 1999년, 엔비디아는 상장된 지 얼마 지나지 않아 지포스GeForce, 즉 훗날 GPU로 불리게 되는 그래픽 칩셋을 출시했다. 일반적인 CPU와 달리, GPU는 복잡한 수학 연산을 수많은 개별 연산으로 작게 쪼갠 다음, 병렬 계산하는 방법으로 모든 작업을 동시에 처리한다. CPU는 화물을 배송하는 트럭처럼 한 번에 하나씩만 내보낼 수 있지만 GPU는 도시 곳곳에 흩어져 있는 배송용 오토바이와 같다.

이런 특성으로 인해 GPU는 복잡한 연산을 완성할 수 있다. 이는 가상화폐 시장, 심층 신경망 DNN은 물론이고, 대형 스크린에 화려하고 아름다운 색이 나타나게 하는 데 꼭 필요했다. 또 이런 기술은 잔혹한 슈팅 게임을 마치 진짜처럼 보이게 할 수 있고, 자율 주행 자동차가 운전자의 도움 없이 S자형 곡선 주행을 할 수 있게 해 준다. GPU는 컴퓨터에 시력, 청력, 이해력, 학습 능력을 부여한다.

엔비디아의 GPU가 출시되자마자 일부 AI 연구원은 신경망을 훈련하는 과정에 GPU가 유용하게 쓰일 것을 직감한다. 2012년, 제프리 힌턴은 애제자 알렉스 크리제브스키와 일리야 수츠케버를 데리고 알렉스넷을 출시한다. 구글이 CPU 16,000개를 사용한 데 비해, 알렉스넷은 엔비디아 GPU 4개만 사용해 학술계와 산업계에서 큰 반향을 일으켰다. 알렉스넷은 컴퓨터 비전 분야의 획기적인 진전을 이뤘다. 알렉스넷은 심층 신경망이 수많은 대상을 효과적으로 분류할 뿐 아니라, 훈련 데이터양을 늘리면 DNN의 효율성도 높일 수 있음을 증명했다. 이런 신경망을 개발하고 훈련하는 데는 대량의 컴퓨팅 자원이 필요한데, 만약 대규모 병렬형 GPU를 사용한다면 단독으로 멀티 코어 CPU를 사용하는 것보다 훈련 주기가 훨씬 짧아진다.

젠슨 황은 엔비디아의 다음 성장 포인트는 AI 분야임을 기민하게 깨달았다. 그는 엔비디아의 컴퓨터칩을 AI의 두뇌로 만들 수 있으리라 보고 여기에 모든 패를 던지리라 다짐한다.

젠슨 황을 훗날 이렇게 회상했다.

우리는 운 좋게 한발 물러나, 이것이 컴퓨터의 미래에 어떤 의미가 있는지 자문할 시간을 가졌다. 그리고 옳은 결론을 내렸다. 이는 컴퓨팅 방식을 바꾸고, 소프트웨어 프로그래밍 방식을 바꿀 것이며, 우리가 프로그래밍할 수 있는 앱 프로그램 유형을 바꿀 것이다.

젠슨 황은 AI를 위한 GPU 개발에 적극적으로 나선다. 엔비디아는 거의 5년이 걸려 DGX를 만들었다. 이 GPU는 무려 31.75kg이나 나가, 젠슨 황은 이 GPU를 '전기 자동차'라고 표현했다. 머스크는 이 소식을 듣고 젠슨 황을 찾아가 이 GPU를 오픈AI에게 달라고 요청한다.

그래서 2016년 8월의 어느 날, 젠슨 황은 오픈AI 샌프란시스코 사무실을 방문한다. 젠슨 황은 한 회의실에서 이 슈퍼컴퓨터(최신 버전의 DGX-1 시리즈)를 직접 머스크에게 건넸다. 그 순간, 젠슨 황은 갑자기 아이디어가 떠올랐다. 그는 마커를 집어 들고 이 슈퍼컴퓨터 본체에 다음과 같이 적었다.

'일론과 오픈AI 팀을 위해서! 컴퓨터와 인류의 미래를 위해서! 세계 최초의 DGX-1을 선물한다!'

그렇게 적고 나서 펜을 머스크와 주위에 몰려든 오픈AI 팀원들에게 넘기자, 모든 사람이 돌아가며 사인을 남겼다.

그날 저녁, 머스크는 X에 다음과 같은 글을 올렸다.

엔비디아와 젠슨이 AI 기술을 널리 퍼뜨리기 위해 최초의 DGX-1 슈퍼컴퓨터를 오픈AI에 기증해 줘서 매우 고맙다.

DGX-1 슈퍼컴퓨터는 170TFLOPS(테라플롭스, 초당 1조 번 연산)에 달하는 반 정도 부동 소수점 연산 능력을 갖췄다. 이는 기존 서버 250대의 성능에 맞먹는 정도로 딥러닝 훈련 속도를 75배 높일 수 있어 CPU 성능을 56배 높였다. 매입가는 12.9만 달러였다. 젠슨 황에 따르면 이 GPU는 3,000명이 3년에 걸쳐 개발한 것으로, 개발 비용이 어마어마했다.

"이런 슈퍼컴퓨터 한 대를 만드는 프로젝트에 드는 돈은 20억 달러에 달할 것이다."

당시 오픈AI와 엔비디아는 이 슈퍼컴퓨터의 정확한 용도를 밝히지 않았다. 다만 엔비디아는 DGX-1이 딥러닝 등 AI 문제를 해결하기 위해 특별히 개발된 슈퍼컴퓨터라고 했다. 젠슨 황은 이렇게 말했다.

AI를 위해 만들어진 세계 최초의 슈퍼컴퓨터는 개방형 AI 연구에 전념하는 실험실에 자리 잡게 될 것이다. 이는 완벽한 조합이라고 할 수 있다.

이후 몇 년간, GPU를 이용해 대규모 언어 모델을 훈련하는 것이 업계의 상식이 되어, 고급 GPU를 찾는 회사들이 갈수록 늘어나 GPU 공급이 달리는 상황에 이른다. 머스크는 이제 GPU 얻기가 하늘의 별 따기라고 할 정도였다. 이 칩들은 '황금'을 캐는 삽과 곡괭이가 되었다.

2022년, 젠슨 황은 처음으로 챗GPT를 사용해 봤다. 그는 챗GPT에게 엔비디아에 관한 시를 써달라고 했다. 챗GPT가 내놓은 결과에 젠슨 황은 매우 흡족해했다.

엔비디아는 도전에 응했다.

강력한 GPU와 AI를 기반으로

엔비디아는 기술의 경계를 밀고 나아가고 있다.

이 시를 본 젠슨 황은 즐겁게 웃었다. 그는 자신이 제대로 베팅했음을 확신했다.

최대 규모의 AI 훈련의 규모가 6개월마다 두 배씩 늘면서 엔비디아는 이 전쟁의 유일한 '무기상'이 되었다. 몇 년 후, 챗GPT가 인기를 끌고 엔비디아의 시가총액이 3조 달러를 돌파하자(2024년 10월 기준) 머스크와 젠슨 황이 이 슈퍼컴퓨터를 넋 놓고 쳐다보는 사진이 인터넷에서 퍼졌는데 그 뒤로 올트먼이 벽에 써 둔 명언이 보였다. 명언의 뒤 구절은 이러했다.

우리는 모두 세계의 운명을 짊어져야 할 책임이 있다.

시대의 종소리가 멀리서 전해졌다. 알고리즘(트랜스포머 모델), 컴퓨팅 파워(엔비디아), 데이터(인터넷)가 다 갖춰지니, 새 시대의 문이 활짝 열렸다.

올트먼은 어느 여름날, 해가 서쪽으로 기울어 청량한 기운이 감도는 황혼 무렵, 오픈AI 연구팀이 스케일링 법칙에 관한 실험을 마쳤던 때를 회상했다. 이 실험은 AI를 훈련하는 데 쓰이는 컴퓨팅 능력과 그 결과력 사이의 관계를 밝히고 일련의 '아름답고 매끈한 곡선'을 도출했다. 이 지수 곡선은 실험 데이터라기보다는, 마치 우주의 기본 법칙처럼 보인다.

올트먼과 연구진은 사무실 밖으로 나가 붉게 물든 하늘을 바라봤다.

그 자리에 있는 모두가 알 수 있었다. AGI는 반드시, 그리고 우리가 예상했던 것보다 훨씬 더 빨리 실현될 것이라는 사실을. 올트먼은 훗날 이렇게 말했다.

우리는 모두 그런 생각을 했다. '이 모든 일이 정말 일어나겠지?' 이것은 과학사의 전환점과 같았다. 우리는 지금까지와는 전혀 다른 시대가 도래할 날이 지척에 다가왔음을 분명히 알고 있었다.

절체절명의 순간, 리더로 우뚝 서다

스타트업이 망하는 가장 큰 이유는 경쟁자가 아니다. 대개 내부에서부터 무너지거나 창업자가 포기하거나 시장이 바라는 제품을 내놓지 못해서 문을 닫는다. 스타트업은 부단한 노력으로 성공을 쟁취해야 한다.

—샘 올트먼

자신감의 힘은 엄청나다. 내가 아는 가장 성공한 사람들은 다 자신에 대한 믿음이 굉장하다. 자신감이 지나치다 못해 남은 물론이고 자신까지 속이는 일도 있을 정도이다. 자신을 믿지 못하면 미래에 대한 역발상이 어렵다. '창조'의 가치는 대부분 바로 이 점에 있다.

—샘 올트먼

실망한 머스크

젠슨 황이 오픈AI 사무실에 슈퍼컴퓨터를 보내온 그날, 오픈AI는 X

에 트윗을 올렸다.

> 안전한 AI를 만들기 위해서는 각계각층의 폭넓은 지지가 필요하다.
> 세계 최초의 DGX-1 컴퓨터를 기증해 준 엔비디아에 깊이 감사드
> 린다.

비영리 단체인 오픈AI는 외부의 원조가 있어야만 운영된다. 엔비디아의 컴퓨터 외에도, 오픈AI는 아마존과 마이크로소프트가 제공하는 클라우드 컴퓨팅 서비스를 지원받았다. 오픈AI 연구소 설립 초기에는 이와 같은 기증과 지원만으로 어느 정도 조직을 유지할 수 있었으나 시간이 지나면서 점점 그것만으로는 어려워졌다.

젠슨 황이 올린 사진을 보면, 머스크는 기쁘기는커녕 수심이 가득한 표정이다. 늘 빠듯한 자금 사정에 속이 바짝 타는데 구글과의 전면전에 스트레스가 가중된 탓이었다. 머스크가 오픈AI를 설립한 이유는 AI 분야에서 구글에 맞서기 위해서였다. '오픈AI'라는 이름도 구글 산하 딥마인드에 대한 그 나름의 응답이었을 것이다.

오픈AI가 처음에 영입한 연구원 아홉 명 중 다섯 명은 딥마인드에서 일한 적이 있다. 오픈AI 수석 과학자인 수츠케버도 딥마인드 출신이었다.

2017년, 구글이 트랜스포머 모델을 발표하자, 오픈AI는 AGI의 실현 가능성이 가장 높은 루트는 스케일링 법칙임을 깨달았다. 그러나 대규모 언어 모델을 훈련하는 데는 방대한 양의 텍스트 데이터가 필요할 뿐 아니라 거대한 컴퓨팅 파워가 뒷받침돼야 했다. 이는 오픈AI와 같은 비영리 단체가 감당할 수 있는 수준이 아니었다.

오픈AI의 세무 보고를 보면, 첫해 지출이 1,123만 달러였는데 그중 665만 달러 이상이 50여 명의 직원에게 지급된 임금이었다. 실리콘 밸리의 평균 임금 수준에 비하면 그다지 높은 편이 아니었다. 2018년에는 클라우드 서비스 이용료로 약 3,400만 달러를 냈는데 2019년에는 그 두 배를 썼다. 한 소식통에 따르면, DOTA2 프로젝트팀이 컴퓨팅 파워에 쓰는 비용만 한 달에 200만 달러가 넘었는데, 이는 당시 오픈AI 월간 예산의 90%가 넘는 규모였다고 한다.

자금 압박 외에, 오픈AI의 정신적 지주인 머스크는 개인적으로도 힘든 시간을 보내고 있었다. 2023년에 출간된『일론 머스크』에서, 작가 월터 아이작슨Walter Isaacson은 "일론 머스크가 2017년 여름부터 2018년 가을까지 공적으로든 사적으로든 지옥을 경험했다고 했다."고 기록했다.

머스크도 인정했다.

"그때 내 인생에서 가장 고통스러운 일들을 모조리 겪었다. 18개월 동안 끊임없이 정신 착란 상태에 있었다. 그건 말로 형용할 수 없는 고통이었다."

어떤 네티즌이 X에서 머스크에게 양극성장애가 있는 것 아니냐고 묻자 '그렇다'고 답했을 정도였다.

다만 인정하면서도 임상에서 확진받은 것은 아니라고 덧붙였다.

"기분이 끔찍한 것은 안 좋은 일들과 관련이 있다. 그러니 진짜 문제는 내가 그 안 좋은 일들에 깊이 빠져서 헤어나지 못하는 것이다."

일론 머스크가 말한 그 '안 좋은 일들'에 대해 아이작슨은 책에서 하나하나 열거했다. 일단 머스크는 배우 앰버 허드Amber Laura Heard와 헤어졌다 만나기를 반복하는 상황이었다. 또 머스크의 아버지인 에롤 머스크Errol Musk의 스캔들이 터졌다. 일에 있어서는 테슬라의 양산형 전기차 모델 3 생산에 차질이 생겼고, 네바다주에 있는 기가팩토리Giga Factory에서도 문제가 생겼다. 프리몬트 공장의 상황도 심각했다.

그런데 아이작슨은 머스크와 오픈AI 창업팀 간의 갈등도 이때 생겼음을 놓친 듯하다. 테슬라가 전기차 양산과 관련해 지옥을 경험하고 있던 터라 머스크는 샌프란시스코에서 차로 한 시간 거리에 있는 테슬라 공장에 자주 머물렀다. 머스크에 비해, 올트먼은 오픈AI 사무실에서 멀지 않은 샌프란시스코 시내에 살고 있었다. 머스크가 오픈AI에 쏟는 시간과 팀과의 소통이 올트먼보다 훨씬 적었을 것임을 미루어 짐작할 수 있다.

머스크는 마치 폭군처럼 테슬라와 스페이스X에 관한 것을 자신이 다 처리하고 관리했다. 그는 직접 나서서 직원들을 한계까지 몰아붙였다. 문제가 터지면, 머스크는 팔을 걷어붙이고 현장에 나가 사태 수습을 진두지휘하는 스타일이었으나 오픈AI에서는 그저 이름뿐인 의장이었다. 직접 챙길 시간도 에너지도 없었기에, 아마도 세세한 문제까지는 파악하지 못했을 게 분명하다. 머스크는 오픈AI에 거액을 쏟아부었으나 아무런 결과가 나오지 않는 상황을 손 놓고 지켜봐야 했다. 그런 와중에 극과 극을 오가는 감정 상태와 극적인 충돌을 즐기는 성격은 상황을 더 심각하게 만들었다. 그 결과, 머스크와 오픈AI 팀 사이의 갈등이 점점 커진다.

2017년 말, 머스크는 오픈AI 사무실에서 임원 회의를 열어 오픈AI가 구글에게 질지도 모른다는 우려를 전했다. 구글의 기술이 저 멀리 앞서나가 오픈AI가 따라잡기 어려울 것으로 본 것이다. 머스크는 오픈AI 직원을 반으로 줄이고 남은 인원을 테슬라로 합류시키자고 제안했다. 테슬라는 영리 기업이므로 더 많은 자금을 모을 수 있을 것이고 방대한 기술팀이 있어 딥마인드와 경쟁하기에도 더 낫다는 게 이유였다.

머스크의 제안은 임원들의 의심을 샀다. 그렇게 하면 안전보다 속도를 우선시하는 AI 군비경쟁을 조장할 수 있으며, 오픈AI의 초심에 어긋난다고 우려했다. 그 외에도 그간 머스크가 보인 거친 태도에 거부감을 느낀 많은 사람이 그의 밑에서 일하는 데 반감을 드러냈다.

올트먼은 오픈AI를 테슬라와 합병하고 싶지 않았으나 머스크와 척지고 싶지도 않았을 것이다. 이러나저러나 머스크는 오픈AI의 최대 '물주'였기 때문이다. 올트먼은 머스크를 진정시키려 했으나 머스크는 그에게조차 거칠게 행동했다. 극적인 충돌을 좋아하는 머스크와 달리, 올트먼은 의도적으로 충돌을 피했다. 아이작슨은 『일론 머스크』에서, 올트먼은 섬세한 사람이라 머스크와의 충돌을 몹시 괴로워했다고 했다. 나중에 올트먼은 테크 저널리스트 카라 스위셔Kara Swisher에게 이렇게 말했다.

"그는 나쁜 사람이다. 우리 둘은 일하는 스타일이 정말 너무 다르다. 나는 머스크처럼 하고 싶지 않다."

훗날 공개석상에서 올트먼은 그 당시의 머스크를 변호하려고 했다.

"사방에 갈등과 불신, 지나친 자부심이 넘쳐났다. 같은 방향으로 가려고 할수록 의견이 더 갈렸다. 종교단체와 교파 안에서도 이런 일이 일어난다. 가까운 사이일수록 더 심하게 싸운다."

마지막 회의

2018년에 오픈AI는 또 다른 곳으로 옮겨졌다. 샌프란시스코의 18번가와 폴섬Folsom가가 만나는 곳에 있는 오픈AI의 새 사무실은 역사의 그림자 속에 자리한 듯한 신비로운 창고였다. 파이오니어 빌딩Pioneer Building이라고 불리는 이 역사적 건물의 외벽은 단조로운 회색빛을 띠고 있었다. 창문에는 옅은 색이 감돌았지만, 안쪽은 빈틈없이 드리운 커튼에 가려져 있었다. 지난날 트렁크 공장이 남긴 빛바랜 붉은 글자 자국만이 세월의 흔적을 말해 주고 있었다.

그러나 바깥과 달리 내부 공간은 무척 트렌디했으며 환하면서도 바람이 잘 통했다. 1층에는 회의실 두 개와 공공구역이 몇 군데 있었다. 회의실의 이름은 '스페이스 오디세이A Space Odyssey'와 '인피니트 제스트Infinite Jest'다. 둘 다 일론 머스크가 가장 좋아하는 소설책에서 이름을 따왔다.

하지만 머스크는 이미 이 새 건물에 머물 뜻이 없었다. 한동안 갈등을 겪은 끝에, 그는 올트먼에게 오픈AI를 떠나겠다고 통보했다. 사실 머스크가 두 달만 더 머물렀다면 오픈AI가 트랜스포머 모델을 이용해 GPT-1을 만드는 것을 볼 수 있었을 것이고, 그랬다면 생각을 바꿨을지도 모른다.

그러나 이때 머스크는 이미 마음을 굳힌 상태였다. 머스크를 붙잡는 데 실패한 올트먼은 조직의 안정과 질서를 유지하기 위해 전체 회의를 열자고 제안한다. 머스크가 직원들에게 직접 해명하고 작별 인사를 할 기회를 주기 위해서였다.

온 세상이 얼어붙은 2월, 회사 꼭대기층 회의실에 오픈AI 전 직원이 모였다. 회의는 올트먼의 감사 인사로 막을 열었다. 올트먼은 그간 머스크의 공헌에 감사를 표하며 그가 앞으로 테슬라에 더 전념할 것이라고 했다.

그러나 Q&A 시간이 되자 머스크는 솔직함을 넘어 무도한 모습을 다시금 드러냈다. 머스크는 AI 분야에서 떠나지 않을 것이며 테슬라에서 계속 AI 연구를 이어 갈 거라고 했다. 그러면서 오픈AI가 너무 굼뜨다고, 더 빨리 움직여야 한다며 비판했다.[3] 실리콘 밸리의 유행어인 '빠르게 움직여라move fast'는 스타트업의 피 끓는 열정이 담긴 구호로 자주 쓰인다. 이 말의 뒤에 따라오는 구절은 '낡은 것을 부숴라break things'이다. 이 문구는 페이스북을 비롯해 많은 IT 기업의 사무실 벽에 붙어 있다.

이때 한 인턴이 자리에서 일어나 머스크에게 물었다.

"그런 말은 무책임합니다. AI의 안전성은 고려해 봤습니까?"

머스크는 벌컥 화를 내며 이름조차 모르는 그 인턴을 '멍청이'라고 불렀다. 테슬라와 스페이스X 직원들은 제 고집만 내세우는 독불장군 같은 그의 성격에 익숙했지만, 오픈AI 직원들에게는 처음 겪는 상황이었다. 모두 순간 얼어붙었다.

회의장에 적막이 내려앉자, 머스크는 제 실수를 깨달았다. 그는 황급히 회의를 마무리 짓고 자리를 떠났다. 그 자리에 있던 직원 대부분은 그 후 다시는 머스크를 보지 못했다.

올트먼은 이 거북하고 무거운 상황을 유머러스하고 '가벼운' 방식으로 해결했다. 올트먼은 '멍청이'라고 쓰인 우승컵을 만들어 받침대에

---

[3] 몇 년 후인 2023년, 머스크는 공개 서한에 서명해 AI 개발을 6개월간 한시적으로 멈출 것을 호소한다. 자신이 오픈AI 회의실에서 한 말을 잊은 게 분명하다.

받쳐 그 인턴에게 주었다. 올트먼은 그때를 이렇게 회상했다.

"때로는 뭔가 재밌거리를 찾아야 한다. 이건 기업 문화가 만들어 내는 것이다."

오픈AI 공식 사이트에 곧장 일론 머스크의 퇴사 공지가 올라왔다.

"일론 머스크가 오픈AI 이사회를 떠나기로 했다. 그러나 앞으로도 자금 지원과 자문 역할을 계속 수행할 것이다. 테슬라가 점점 더 전문적으로 AI 분야를 파고들고 있으므로, 이 같은 결정은 향후 일론이 마주할 수도 있는 이해 충돌을 감소시켜 줄 것이다."

실망한 직원과 지지자들을 위로하기 위해, 새 기부자들의 이름도 공고에 함께 올렸다. 하지만 영향력으로 보나 자금력으로 보나, 이 새로운 기부자들이 일론 머스크에 훨씬 못 미친다는 사실을 알 만한 사람은 다 알았다.

머스크는 이렇게 극적으로 오픈AI를 떠나면서도 다른 길을 남겨 뒀다. 2016년, 머스크는 오픈AI에 정성을 들이는 와중에도 뉴럴링크 Neuralink를 설립했다. 머스크는 슈퍼AI가 나타나 인류에게 도전하기를 기다리느니, AI를 진짜 '인간의 것'으로 만드는 것이 낫다고 생각했다. 다시 말해 인류가 AI의 능력을 갖춰야 한다고 생각했다. 이것은 일반적인 뇌 컴퓨터 인터페이스Brain Computer Interface, BCI와는 관점이 사뭇 다르다. 머스크가 생각하는 BCI는 단순히 인간의 뇌와 클라우드 기반 AI 시스템 사이의 인터페이스가 아니라 개체의 인지가 확장되는 것을 뜻했다.

과거 머스크는 올트먼에게 이런 말을 했다.

"인간의 뇌는 이미 대뇌피질과 대뇌변연계를 갖추고 있다. 대뇌변연계는 원시적인 뇌라고 할 수 있는데, 인간의 본능과 같다. 반면 대뇌피질은 대뇌의 사유를 담당하는 부분이다."

머스크의 비전 속에서, AI 인터페이스 중 고대역폭의 중요성은 반복적으로 등장한 주제였다. 머스크는 인류와 AI의 융합을 가로막는 주요 요인은 인류의 인지 능력이 아니라 상호작용의 주파수이며, 이는 정보를 전송하는 대역폭이 결정한다고 생각했다. 저대역폭은 집적도를 낮춘다. 고속 실시간 상호작용은 인류와 AI의 강력한 융합을 가능하게 할 것이다. 이런 융합은 우리 자신이 AI의 일부가 됨으로써 악의적인 AI 독재자의 출현을 막는 역할을 한다.

뉴럴링크는 인류와 AI의 높은 수준의 융합을 최종 목표로 하고 있다. 여기서 AI는 더 이상 외부의 도구가 아니라, 대뇌피질과 대뇌변연계의 관계처럼, 인간 인지의 내재적인 부분이 된다. 머스크는 만약 인류가 AI와 긴밀한 공생 관계를 이룰 수 있다면 우리들의 일부가 될 것이라고 단언했다.

머스크가 내린 결론은 이러했다.

"이건 내가 생각할 수 있는 최상의 결과다."

뉴럴링크는 2016년 6월에 설립되었다. 머스크는 뉴럴링크 팀을 구성할 때도 심사숙고를 거듭한 끝에 다양한 분야의 전문가로 그룹을 만들었다. 머스크는 유명 IT 작가 팀 어반Tim Urban에게 밝히길, 최소 1,000명이 넘는 후보를 만난 끝에 이 팀을 만들었다고 했다. 가장 어려웠던 부분은 뉴럴링크를 구성하는 데 필요한, 완전히 독립된 전문 분야가 너무 많았다는 점이다. 신경과학부터 뇌과학, 마이크로전자기술, 임상시험 등 다양한 분야가 필요했다. 뉴럴링크의 구성원들은 각자의 독특한 교차 분야를 하나로 모아 공통된 거대한 전문 분야를 형성했다.

뉴럴링크에서 머스크는 오픈AI와 다른 길을 택했다. 회사 구조를 완전히 사유화한 것이다. 덕분에 그는 더 직접적으로 프로젝트의 방향을 통제하고 관리할 수 있게 되었다. 이 전략도 그가 오픈AI에서의 경험을 통해 뭔가를 깨달았음을 뜻했다. 즉, 리스크가 큰 IT 혁신 분야에서는 더 집중된 자금과 결정권이 효율적일 수 있다는 점이었다. 뉴럴링크 CEO 재러드 버철Jared Birchall은 사실 머스크 가족 사무실 책임자로, 모건스탠리에서 일한 은행가 출신이며 현재는 주로 머스크의 재산 관리를 돕고 있다.

이처럼 머스크는 AI 분야 중 두 곳에 판돈을 걸었다. 그는 오픈AI와 뉴럴링크에 큰 기대를 걸었다. 뉴럴링크는 한때 오픈AI와 한 사무실을 공유하기도 했으나, 머스크가 오픈AI를 떠나면서 뉴럴링크도 테슬라 프리몬트 공장 근처로 거처를 옮긴다.

머스크는 오픈AI에서 AI 전문가 시본 질리스Shivon Zilis를 영입하기도 했다. 나중에 시본 질리스는 머스크의 중요한 파트너가 되었으며 두 사람은 네 명의 아이를 두었다. 이후에도 시본 질리스는 오픈AI에서 이사직을 맡았다.

한편 오픈AI를 떠난 머스크는 틈만 나면 공개석상에서 오픈AI에 대한 의문을 제기했다.

CNBC와의 인터뷰에서, 머스크는 공개적으로 의문을 제기한다.

"확실히 매우 이상하다. 비영리, 오픈 소스이던 단체가 영리, 클로즈드 소스closed source 기업이 되었다. 이건 마치 아마존 열대우림 보호 단체를 지원했는데 그 단체가 벌목회사가 되어 나무를 베다 팔아 이윤을 얻는 것과 같다."

이후에도 머스크는 X에서 불평을 쏟아 냈다.

"아직도 당혹스럽다. 내가 약 1억 달러나 기부한 비영리 단체가 어떻게 시가총액 300억 달러 영리 단체가 되었을까? 이게 합법이라면 왜 다들 이렇게 하지 않는 걸까?"

언론은 머스크의 말 중 '1억 달러'를 대대적으로 보도했다. 그러나 CNBC와의 인터뷰에서 머스크는 말을 바꿨다. 오픈AI에 기부한 구체적 액수를 묻는 기자에게, 머스크는 이렇게 답했다.

"구체적인 숫자는 모르겠으나, 약 5,000만 달러 정도였다."

그렇다면 머스크는 대체 얼마를 기부했을까?

2015년 12월, 오픈AI 설립을 알리는 공고에 다음과 같이 쓰여 있다.

> 샘, 그렉, 일론, 리드 호프만, 제시카 리빙스턴, 피터 틸, 아마존 웹 서비스 AWS, 인포시스 Infosys, YC 리서치가 오픈AI를 지지하기 위해 기부했다. 이 기부자들은 모두 10억 달러를 기부하기로 약속했다. 비록 향후 몇 년간 그중 아주 적은 부분만 사용하게 될 것 같지만 말이다.

그러나 '약속'은 '실제 기부'와 다르다. 미국 연방 세무신고 문서에 따르면, 비영리 단체인 오픈AI가 설립 이후 2021년까지 받은 기부금 액수는 1.332억 달러에 불과했다.

미국 IT 매체 《테크크런치 TechCrunch》가 이 1.332억 달러의 출처를 파헤친 적이 있다.

올트먼은 오픈AI 초기 운영자금 375만 달러를 댔다. 처음에는 대출 형식이었으나 나중에는 전액 기부로 돌리고 여기에 붙은 이자까지 더해 총 378.4만 달러를 기부한 셈이 되었다.

호프만은 2016년 자신의 펀드인 아포리즘Aphorism을 통해 YC에 100만 달러를 기부했는데, YC는 2017년에 이 돈을 오픈AI에게 넘겼다. 이후 아포리즘은 2017년과 2018년에 오픈AI에 직접 500만 달러를 기부했다.

아마존과 마이크로소프트는 적어도 80만 달러는 되는 클라우드 컴퓨팅 서비스를 지원했고 인포시스도《테크크런치》측에 이미 기부가 이루어졌음을 확인해 줬다. 이 기업들도 구체적인 액수는 밝히지 않았다. 이 밖에 실물을 기부한 기업들도 있다. 앞서 언급한 엔비디아는 12.9만 달러짜리 고성능 컴퓨터를 기부했고 다른 십여 개의 기업은 소프트웨어와 서비스를 기부했다.

2017년, 오픈 필란스로피Open Philanthropy는 오픈AI에 3,000만 달러를 기부하겠다고 밝혔다. 오픈 필란스로피는 페이스북 공동 창업자인 더스틴 모스코비츠Dustin Moskovitz가 운영하는 비영리 단체이다. 이 단체는 2017년, 2018년, 2019년, 총 세 번에 걸쳐 1,000만 달러씩 기부했다. 나중에 오픈 필란스로피 CEO 홀든 카르노프스키Holden Karnofsky는 오픈AI 이사회 이사가 된다.

이상의 내용을 종합해《테크크런치》는 다음과 같은 결론을 내렸다.

"머스크가 오픈AI에 기부한 금액은 최대 5,740만 달러로 처음 약속한 1억 달러에는 크게 못 미치며, CNBC 인터뷰에서 그가 직접 밝힌 수치에 가깝다."

그래서 아마도 진상은 이럴 것이다. 세계 부호 1위에 여러 차례 오른 머스크는 자신이 얼마를 기부했는지 신경도 쓰지 않거나 기억하지 못했을 가능성이 크다. 5,000만 달러든 1억 달러든, 그에게는 푼돈에 불과했기 때문이다. 그의 관심사는 오직 이 회사를 장악해 구글에 복수할 수 있는지 여부였다.

하지만 결과적으로 머스크는, 구글에 복수도 못했고 오픈AI에서의 통제권도 잃었다. 오랜 한을 못 풀었는데 새 한이 더해졌으니, 머스크가 부글부글 끓은 것도 당연했다. 올트먼이 한 말이 일리가 있다.

> 일론은 세상을 구하려고 안간힘을 쓴다. 단, 그가 구세주가 되는 상황에서만 그렇게 하고 싶어 한다.

스승이자 아버지, 리드 호프만

머스크가 떠난 뒤, 올트먼이 모든 짐을 짊어졌다. 오픈AI의 유일한 의장으로서, 올트먼은 오픈AI가 곧 돈이 끊길 위기에 직면할 것을 알았다. 올트먼은 그때를 이렇게 회상했다.

> 당시의 상황은 무척 힘들었다. 나는 충분한 자금을 확보하기 위해, 부득불 내 생활과 시간을 다시 조정해야 했다.

그런데 이 시기에 올트먼의 집에서 비보가 날아든다. 5월 말의 어느 날, 올트먼의 아버지가 세인트루이스 외곽의 크리브쿠어 호수에서 카누를 타다가 갑작스러운 심장병으로 향년 67세의 나이에 세상을 뜬 것이다.

가정과 일, 양쪽에서 큰 타격을 받은 올트먼은 길을 잃은 아이처럼 막막해졌다. 이때, 머릿속에 누군가가 떠올랐다. 바로 리드 호프만Reid

Hoffman이었다.

올트먼보다 거의 스무 살이 많은 호프만은 그의 스승이자 또 다른 아버지였다. 몸도 마음도 넉넉한 호프만의 얼굴에서는 늘 미소가 떠나질 않는다. 맛있는 음식과 전자 제품을 좋아하는 이 창업자이자 투자자는 실리콘 밸리에서 알아주는 마당발이었다. 웹 브라우저 기업 모질라Mozilla의 전 CEO이자 그레이록Greylock 파트너인 존 릴리John Lilly는 호프만을 이렇게 평가했다.

> 실리콘 밸리에서 20여 년을 지내면서 리드 호프만보다 더 자신의 인맥이나 시간을 나누고자 하고, 그보다 더 기꺼이 경청하고 배우며, 더 널리 의견을 구하고, 자기와 만난 모든 사람이 훌륭한 창업자가 되기를 바라는 사람을 본 적이 없다.

호프만은 일찍이 피터 틸, 일론 머스크와 함께 창업한, '페이팔 마피아'의 주요 멤버였다. 2003년, 호프만은 페이팔을 상장시켜 번 돈으로 링크드인LinkedIn을 설립해, 그해 바로 세쿼이아 캐피털Sequoia Capital의 투자를 받았다. 1년 뒤, 호프만은 갓 스무 살 된 하버드 중퇴생이 소셜 미디어 사이트를 개발하고 있다는 사실을 알게 된다. 흥미가 생긴 호프만은 피터 틸과 잠재적 경쟁 관계이면서도 그 청년을 피터 틸에게 소개해 준다. 그 후 이야기는 거의 실리콘 밸리 벤처 투자 업계의 신화가 되었다. 그 청년이 바로 마크 저커버그이고 피터 틸은 1,000배가 넘는 투자 수익을 봤다.

2008년, 세쿼이아 캐피털 측 파트너는 호프만에게 한 젊은 창업자를 소개한다. 바로 샘 올트먼이었다. 그 후 몇 년간, 두 사람은 매우 가까운 사이가 되어 종종 휴가를 함께 보내고 AI에 관한 이야기를 나눴다. 2015년, 올트먼은 호프만을 찾아가, 머스크와 함께 AI 연구소를 준비하고 있음을 알렸다. 호프만은 가족의 아포리즘 펀드를 통해 이 프로젝트에 자금을 지원하겠다고 약속했다. 그리고 2017년과 2018년, 두 차례에 걸쳐 자금 지원 약속을 이행한 이후 오픈AI 이사회에 합류한다.

링크드인의 발전 속도도 심상치 않았다. 2016년, 마이크로소프트는 당시 4.33억 명의 사용자를 보유하고 있던 링크드인을 262억 달러에 인수하기로 했다. 이듬해, 호프만은 마이크로소프트 이사회에도 들어간다.

오픈AI가 발전하면서, 이 사교적이고 성격 좋은 사람은 이사회의 다른 임원들처럼 눈에 띄지는 않았지만 사실 매우 중요한 역할을 했다. 그의 이력과 친근한 성격은 결이 다른 임원들을 하나로 모으는 접착제 역할을 했기 때문이다. 몇 년 뒤, 세상을 뒤집어 놓은 '쿠데타'가 일어났을 때, 올트먼은 호프만만 남아 준다면 다 괜찮을 거라고 생각했을 것이다. 그러나 안타깝게도 호프만은 이사회를 떠났다.

2018년 2월, 분노한 머스크가 오픈AI를 떠날 때, 호프만은 그 상황을 다 목격한 산증인 중 한 명이었다. 호프만은 그때 상황을 이렇게 말했다.

머스크는 '당신들은 모두 멍청이야'라고 내뱉고는 그대로 자리를 떠나 버렸다.

호프만은 일론 머스크의 행동을 이렇게 평했다.

내가 볼 때 일론은 진정으로 인류에 관심이 많다. 그러나 그는 '독재 창업자'가 되는 쪽으로 기울었다. 일론은 매우 진실하지만 '우리는 하나의 팀으로 협력해야 한다'가 아니라 '내가 그 일이 일어나게 할 수 있다'는 쪽으로 더 기울었다.

올트먼은 호프만에게 전화를 걸어 오픈AI가 처한 상황을 알렸다. 당시 오픈AI는 현금이 바닥난 수준이었기에, 호프만은 직원들의 임금을 자기가 주겠다고 먼저 제안했다. 그러면서 아주 기발한 아이디어를 냈다. 바로 기존의 비영리 조직의 틀 아래, 영리 법인을 만들어 이 영리 법인이 비영리 모회사에 보고하는 형태로 조직을 개편하자는 것이었다. 호프만의 생각은, 오픈AI 기술로 돈을 벌고 싶은 투자자들을 끌어 들여 오픈AI의 발전 속도를 높이자는 것이었다. 호프만은 속도의 중요성을 특히 강조했다.

"반드시 당신이 먼저 움직이고 규칙을 만들어야 한다. 그것이 실리콘 밸리에서 속도가 도덕이고 윤리인 이유다."

호프만은 오픈AI가 나아가야 할 방향을 알려줬다. 오픈AI를 살리려면 신속하게 회사 구조를 개편하고 외부 투자자를 끌어들여 머스크가 떠남으로써 생긴 자금 공백을 메워야 했다.

방향은 정해졌다. 이제 남은 일은 적당한 투자자를 찾는 것이었다. 그러나 최대 투자자인 머스크를 잃은 상황에서 새 투자자를 구하는 일은 쉽지 않았다. 그런데도 올트먼은 금세 기회를 포착해 낸다.

선밸리 계단에서의 '우연한 만남'

미국 서부 아이다호주의 선밸리Sun Valley는 겨울에는 스키 선수들로 붐비고 여름에는 피서객들이 몰리는 휴양지다. 헤밍웨이는 이곳에서 『누구를 위하여 좋은 울리나』를 완성했다.

매년 7월 초, 한 해 한 번 열리는 앨런앤컴퍼니 선밸리 콘퍼런스 Allen&Company Sun Valley Conference에 참석하기 위해 미국 각지에서 전용기 수백 대가 날아온다. 앨런앤컴퍼니는 미디어, 통신, IT 업계에 투자하는 부티크 투자 은행이다.

콘퍼런스가 진행되는 며칠 동안, 주최 측이 고심해서 고른 300여 명의 참가자는 가족을 데리고 이곳을 찾는다. 기자들은 이 부호들의 일거수일투족을 포착하기 위해 리조트 문 앞에 길게 진을 친다.

초청받은 사람만 참가할 수 있는 이 콘퍼런스에서 성사된 거래가 한두 건이 아니다. 제프 베이조스의 《워싱턴포스트》 인수, 디즈니와 ABC의 합병 등이 모두 이곳에서 이루어졌다.

초기에는 워런 버핏Warren Buffett, 미디어 거물 루퍼트 머독Rupert Murdoch처럼 나이가 지긋한 사람들이 초대받았고 기껏해야 골프나 카드 게임 같은 것을 즐기는 게 다였다. 그런데 전통적인 엔터테인먼트 미디어 업무가 인터넷의 발전으로 전복되어 실리콘 밸리의 젊은 부호들이 점차 이 콘퍼런스의 주류가 되어 가면서 자전거 타기, 걷기, 래프팅 등, 다양하고 새로운 프로그램이 추가되었다.

2018년 7월, 선밸리 콘퍼런스의 서막이 열렸다. 리조트 입구에서 기다리던 기자들은 올트먼의 모습을 포착했다. 차에서 내리는 올트먼은 분홍색 티셔츠를 입고 블루라이트를 반사하는 트렌디한 선글라스를 쓰고 기자들을 향해 친절하게 손을 흔들었다. 2009년부터 선밸리 콘퍼런스에 참여한 올트먼은 이미 여기 단골이었다. 당시 그는 겨우 스물네 살의 청년이었으나 이 콘퍼런스 덕분에 광범위한 분야의 사람들과 인맥을 쌓게 된다. 유명 패션 디자이너 '다이앤 본 퍼스텐버그Diane von Fürstenberg'와도 나이를 초월한 친구가 되었는데, 퍼스텐버그가 올트먼을 '나의 아인슈타인'이라는 애칭으로 부를 정도로 가까운 사이다.

리드 호프만도 참석했다. 주최 측에서 보낸 블루 재킷을 걸쳤는데 안에 받쳐 입은 검정 티셔츠의 옷깃이 쭈글쭈글한 데다 뒤집혀 있어 길거리에서 흔히 마주치는 아저씨 같은 느낌이었다.

이번에는 페이스북 CEO 마크 저커버그, 애플 CEO 팀 쿡Tim Cook, 넷플릭스 CEO 리드 헤이스팅스Reed Hastings 등 익숙한 얼굴들이 더 많이 참석했다.

이 활동은 '억만장자 여름 캠프'로도 불린다. 평소에는 서로 얼굴도 보기 힘든 업계 거물들이 정장 대신 레저용 옷과 청바지를 입고 한 자리에 모여 높은 산의 아름다운 경관 속에서 골프를 치고 자전거도 타고 함께 걸으며 각종 야외 모임에 참가했다.

선밸리 콘퍼런스가 중요한 이유 중 하나는 CEO들이 평소에는 만나기도 어려운 잠재적 파트너, 경쟁자, 인수자와 사적이면서도 비공식적으로 대화를 나눌 수 있는 자리이기 때문이다. 대다수 CEO들의 만남과 대화는 모두 치밀한 계획과 조율을 거쳐 이루어졌다.

하지만 아마도 이 편안한 환경이, 불필요한 허례허식을 거둬 내고 거래를 성사시킨 비밀의 열쇠일 것이다. 이것이 바로 워런 버핏이 말한 ABWAacquisition by walking around다.

올트먼도 그런 기회를 얻었다. 올트먼은 계단에서 '우연히' 마이크로소프트 CEO 사티아 나델라를 만났다. 이것이 정말로 우연한 만남이었는지 호프만의 치밀한 안배였는지는 알 수 없다. 올트먼이 나델라에게서 받은 첫인상은 '상냥한 사람'이었다. 반면 나델라는 올트먼과 그저 얼굴 몇 번 본 게 다라서 처음에는 그를 알아보지 못했다. 평소 실리콘 밸리에 머물지 않는 나델라로서는 당연했다.

올트먼은 나델라가 자신을 알아보지 못하는데도 개의치 않았다. 올트먼은 황급히 다가가 자신을 소개하고는 나델라에게 오픈AI를 홍보하기 시작했다. 나델라는 굉장히 흥미로워하며 더 깊은 이야기를 나누고 싶어 했다.

올트먼은 곧 시애틀로 가는 비행기에 올라 마이크로소프트 본사에서 나델라에게 오픈AI가 아직 발표하지 않은 최신 성과인 GPT-2를 직접 보여 준다. 나델라는 GPT-2에 깊은 인상을 받았다.

실리콘 밸리로 돌아간 올트먼은 마이크로소프트와의 협력을 위해 오픈AI 연구팀과 충분히 소통했다. 협상 과정에서는 직원들에게 계약 내용을 밝히고, 이번 협력이 기업계 밖에서 AI를 개발하겠다는 오픈AI의 처음 약속에 어긋난다는 우려를 불식시키기 위해 전체 회의를 열었다. 올트먼은 사정을 설명했다.

나는 마이크로소프트가 유일한 협력 파트너라고 생각합니다. 그들은 AI 안전성 문제를 이해하고 AGI도 이해합니다. 그들은 자본이 있고 컴퓨팅 파워도 있습니다.

비틀대는 거인

나델라는 1992년에 마이크로소프트에 입사했다. 입사 당시 그의 나이는 겨우 스물다섯이었다. 이후 차근차근 승진해서 마이크로소프트 클라우드 업무 책임자가 되었다. 2014년, 마이크로소프트에 입사한 지 22년 만에 스티브 발머Steve Ballmer의 뒤를 이어 CEO가 되었다.

처음에는 누구도 이 인도계 미국인에게 기대를 품지 않았다. 하늘이 낸 천재라는 빌 게이츠와 개성이 뚜렷했던 스티브 발머, 이 두 전임자에 비하면 나델라는 너무 온화했다. 그러나 나델라는 기적도 없이 자신만의 방식으로 이 '선사시대 거대 짐승'을 바꿔나갔다. 나델라는 자신이 몸담았던 애저 클라우드 서비스 분야부터 칼을 대기 시작했다. 마이크로소프트는 아마존과 경쟁해, 일부 스타트업이 아마존의 AWS 대신 마이크로소프트의 애저를 선택하게 만들었다.

그의 노력은 결국 결실을 본다. 3년 후, 마이크로소프트의 주가는 사상 최고점을 회복했고 계속해서 신고점을 경신한다.

2018년의 마이크로소프트는 나델라의 진두지휘 아래, 전임 CEO가 남긴 수렁을 빠져나왔다. 클라우드 사업은 순조로웠고 주가도 회복되어 갔으나 나델라는 마이크로소프트가 단순히 인프라 서비스만 제공하는 것이 불만스러웠다. 마이크로소프트는 이미 너무 '늙어' 컴퓨터 시대의 공룡 같았다. 여전히 PC 시대가 남긴 배당금을 누리다가 PC 인터넷과 모바일 인터넷이라는 거대한 물결을 놓쳐 버리고 말았다.

나델라는 마이크로소프트의 목표를 표현할 때, 엘리엇Thomas Stearns Eliot의 시구를 즐겨 인용했다.

우리는 탐험을 멈추지 않을 것이다. 모든 탐험의 끝에서, 우리는 우리가 시작했던 곳에 도달할 것이며 처음으로 그곳을 제대로 알게 될 것이다.

나델라가 생각하는 '시작했던 곳'은 마이크로소프트의 영광스러운 지난날이었다. 몇 년 동안 나델라는 구글에 맞설 기회를 끈기 있게 기다렸다. 지금껏 두 회사는 여러 전선에서 동시다발적으로 전투를 벌였다. 운영체제, 검색, 클라우드 서비스 등 다양한 분야에서, 마이크로소프트는 연전연패를 기록했다.

더 두려운 점은, 마이크로소프트를 '비틀대는 거인'이라고 부르는 사람이 많다는 사실이었다. 마이크로소프트는 이제 인재를 끌어들이는 매력을 잃어버렸다. 뛰어난 프로그래머들은 이 회사를 늙고 비대한 양로원에 비유했고, 그들의 시선은 실리콘 밸리의 페이스북과 구글에 쏠려 있었다.

나델라가 선밸리에서 싱그러운 젊음을 발산하는 올트먼과 오픈AI를 만나기 전까지는 그랬다.

오픈AI와의 협력 여부를 두고, 마이크로소프트 내부에서도 치열한 논쟁이 벌어졌다. 쟁점은 두 가지였다. 하나, 마이크로소프트에 이미 방대한 AI 연구팀이 있으므로 오픈AI에 대한 중복 투자는 비용면에서 현명하지 않은 결정이다. 둘, 투자 이후, 연구팀 간의 분업과 소통을 관리하는 데 막대한 비용이 들 것이다.

나델라는 이런 중차대한 순간에 늘 누군가를 만나러 갔다. 바로 빌 게이츠였다. 세월의 힘은 빌 게이츠의 이미지를 인상 좋은 노인으로 바꿔 놓았다. 그는 늘 자선사업가로서 대중 앞에 섰다. 그러나 IT 업계에서 잔뼈가 굵은 사람이라면 빌 게이츠가 한때 경쟁자들을 벌벌 떨게 한 IT 리더였음을 기억하고 있을 것이다.

2009년, 빌 게이츠가 마이크로소프트 경영 일선에서 물러나자, 언론은 그의 자선사업, 빈곤과 질병 퇴치, 기후 변화 대응에 관한 활동만 주로 보도했다. 그러나 사실 빌 게이츠는 여전히 마이크로소프트의 신제품과 업무를 살피는 데 약 20%의 시간을 쓰고 있었다.

빌 게이츠는 오픈AI와의 협력안 심사에 직접 참여해 이 투자가 선뜻 내키지 않으며 오픈AI에 대해 회의적이라는 의견을 밝혔다. 그러나 빌 게이츠는 명의상으로 더 이상 마이크로소프트 경영에 참여하지 않으므로 결정권은 여전히 나델라에게 있었다.

2019년 초, 마이크로소프트 CTO 케빈 스콧^{Kevin Scott}은 나델라와 빌 게이츠에게 이메일을 보낸다. 그는 AI 분야에서 구글의 역량이 '매우 우려스럽다'고 하면서 모바일 앱에서 구글이 '무시무시할 정도로 좋은 AI 기술을 선보이고 있다'며 깊은 우려를 나타냈다. 스콧은 이렇게 적었다.

오픈AI, 딥마인드, 구글 브레인이 하는 일에서 흥미로운 점은 그들의 웅대한 포부와 그 포부가 데이터센터 설계부터 컴퓨터 실리콘, 네트워크와 분산 시스템 아키텍처, 수치 옵티마이저, 컴파일러, 프로그래밍 프레임워크 및 모델 개발자들이 사용하는 고차원 추상 개념 등, 이것들을 어떻게 추진시키고 있는지이다. 이 프로젝트들은 그저 어떤 RL^{reinforcement learning} 시스템이 가장 인상적인 게임을 펼칠지 보려고 서로 경쟁하던 것이 다였다. 나는 그들의 노력을 일고에 가치도 없다고 무시했다. 그게 실수였다. 그들이 기존에 만든 모든 인프라스트럭처를 동원해 우리가 쉽사리 베낄 수 없는 자연어 처리Natural Language Processing 모델, NLP를 을 구축했을 때, 나는 이 일을 더 진지하게 보기 시작했다. 그리고 구글과 우리의 모델 훈련 능력의 차이를 이해하려고 파고들고 깊이 연구하면서 나는 매우, 매우 우려하게 되었다.

단순히 BERT-large(트랜스포머 모델 중 양방향 엔코더)를 복제하는 일조차 우리에게는 쉬운 일이 아님이 드러났다. 설령 이 모델의 견본이 있더라도, 우리가 가진 인프라스트럭처로는 해낼 수 있는 일이 아니라서, 모델을 훈련하는 데 6개월은 걸릴 것이다.

그런데 구글은 적어도 이미 6개월 이상 BERT를 사용했으므로, 우리가 340M 개의 파라미터를 훈련할 능력을 긁어모으는 중에, 구글은 그것을 생산에 투입할 방법을 모색하고 더 크고, 더 흥미로운 모델로 발전시킬 시간을 1년이나 가지게 된다. 우리는 이미 경쟁 제품을 분석하는 과정에서 이 일의 결과를 보았다. 한 Q&A 경쟁 지표에서 BERT와 비슷한 모델을 가진 결과, 구글 검색의 점수가 10%p나 높았다. 구글의 Gmail에 자동 완성auto-complete 기능은 특히 모바일 앱에서 매우 유용한데, 무시무시할 정도로 좋다.

우리는 Bing에 매우 똑똑한 머신 러닝 인재들을 뒀다. 그들은 비전 팀과 스피치팀에서 일하고 있다. 그러나 이 큰 규모의 팀 안에서, 코어 딥러닝 팀은 매우 적고 그들의 포부도 제약을 받고 있다. 이는 설령 우리가 그들에게 자원을 제공하더라도 그들은 여전히 학습 과정을 거쳐 규모를 키워야 한다는 뜻이다. 그리고 머신 러닝 규모 면에서, 우리는 이미 몇 년이나 경쟁에서 뒤처졌다.

나델라는 스콧의 메일에 대해, '우리가 왜 이 일을 하고 싶은지'를 잘 보여 준다고 답장을 보냈다. 그리고 이 메일을 마이크로소프트의 최고 재무 책임자인 CFO 에이미 후드 Amy Hood 에게 보냈다. 이 메일은 나중에 구글에 대한 미국 사법부의 반독점 소송에서 증거로 채택돼 일부 공개되었지만 공개된 메일 중 대부분의 내용은 이미 삭제되었다.

나델라가 메일에서 언급한 '이 일'은 오픈AI에 대한 투자임이 분명하다.

구글을 이기고 싶은 간절함에, 결국 나델라는 오픈AI 투자를 결정한다. 이 메일을 발송한 지 몇 주 만에 마이크로소프트는 오픈AI에 10억 달러를 투자한다.

이 과정을 돌아보면, 사실 나델라가 매우 '알뜰한' 사람임을 알 수 있다. 구글이 투자를 약속한 자금은 대부분 마이크로소프트의 애저 클라우드 서비스의 포인트 적립 형식으로 이루어졌고 이 외의 현금 지원은 별로 없었다. 한마디로 오픈AI는 마이크로소프트의 클라우드 서비스를 무료로 사용하며 AI 모델을 훈련하고 운영하고, 마이크로소프트는 오픈AI 기술 독점 이용권을 얻어 오픈AI가 개발한 거의 모든 기술을 Bing 검색 등 자사 제품에 응용할 수 있게 되었다.

마이크로소프트는 오픈AI와의 협력으로 구글의 고객까지 빼앗았다. 오픈AI는 줄곧 구글 클라우드의 최대 고객이었다. 2019년과 2020년, 오픈AI는 클라우드 컴퓨팅 비용으로 구글에 1.2억 달러나 냈다. 나델라가 '일거양득'의 수를 둔 것이다.

올트먼은 마이크로소프트의 투자로 절체절명의 위기에 빠진 오픈AI를 구해냈을 뿐만 아니라 머스크의 이탈이 불러온 오픈AI에 대한 외부의 불신까지 해소했다. 게다가 딥마인드와 달리, 오픈AI는 어느 정도의 독립성까지 지켜 냈다.

이 거래의 이면에도 문제는 존재했으나 당시 상황을 고려하면 오픈AI는 최선의 결과를 얻은 셈이었다. 아니나 다를까, 이 소식이 전해지면서 샘 올트먼에게는 실리콘 밸리 최고의 '거래자 dealmaker'라는 영광스러운 별명이 붙었다.

마이크로소프트와 오픈AI가 손을 잡으면서 발생한 모든 일은 역사를 바꿔 놓았다. 선밸리에서 올트먼과 나델라의 우연한 만남을, 오픈AI가 구명줄을 잡은 걸로 봐야 할지, 마이크로소프트가 새 삶을 얻은 걸로 봐야 할지 모르겠다.

새로운 사명과 새 틀

머스크가 떠나고 마이크로소프트와 손잡으면서 올트먼은 오픈AI 구조를 대대적으로 손보기 시작했다.

2018년 4월, 오픈AI는 공식 사이트에 〈오픈AI 헌장〉을 발표한다.

'범용 인공지능, AGI가 인류 전체를 이롭게 한다.'

이전의 헌장은 다음과 같다.

'안전한 AI를 구축하고 AI의 혜택을 최대한 광범위하고 평등하게 퍼뜨리는 것이다.'

오픈AI 설립 초기에는 AGI의 개념을 명확히 제시하지 않고 이런 아이디어와 극히 희박한 가능성이 있음만 암시했다.

극단적인 상황에서, AGI는 거의 모든 지적 임무에서 인류의 수준에 도달할 것이다. 인류 수준의 AI가 사회에 얼마나 많은 혜택을 가져올지 헤아리기 어려움과 동시에 만약 잘못 구축하거나 사용하면 사회에 얼마나 큰 타격을 입힐지 상상조차 할 수 없다.

머스크가 떠나고 올트먼이 가장 먼저 한 일은 회사의 사명을 AGI 실현으로 바꾼 것이다. 올트먼은 다음 두 가지를 고려했다.

하나, AGI로 가는 길의 열쇠를 찾았다. 바로 스케일링 법칙이다. 충분한 데이터를 모으고 충분한 컴퓨팅 파워를 구축하고 데이터분석 알고리즘의 문제를 개선한다면 AGI에 이를 수 있다.

둘, AGI라는 거대한 서사는 세계 곳곳의 인재와 자본을 끌어들일 수 있다.

올트먼을 이렇게 말했다.

맨 처음 인재를 모집할 때, 만약 AI 연구원이 자신이 AGI를 진지하게 보고 있다고 했다면 그의 커리어는 이미 끝났다고 여겨졌을 것이다. 그러나 나는 AGI를 정말로 진지하게 대하는 사람의 능력을 구하고 싶다.

올트먼은 계속해서 AGI의 위대한 청사진으로 투자자의 이목을 끌었다. 올트먼은 미디어에서 AGI를 알리기 시작했다.

AGI가 성공적으로 개발되면, AGI는 더 풍요로워지며, 세계 경제의 활력을 단숨에 되살리고, 가능성의 한계를 바꿀 수 있는 새로운 과학적 지식의 발견을 도움으로써 인류를 향상시킬 것이다.

AGI는 모두에게 믿기지 않는 새로운 능력을 줄 잠재력이 있다. 우리는 모두가 어떠한 인지 과제에 대해서도 도움을 얻을 수 있는 세상을 상상해 볼 수 있다. AGI는 인류의 지혜와 창의력을 기하급수적으로 높여 줄 것이다.

그리고 오픈AI의 조직 구조에도 변화가 생겼다. 2019년 3월, 오픈AI는 비영리 모기업인 오픈AI Inc.를 기반으로 수익 제한 영리 자회사인 오픈AI LP(나중에 오픈AI Global LLC로 바꿈)를 만들고 오픈AI GP LLC를 오픈AI LP의 무한책임파트너General Partner GP로 세웠다. 오픈AI Inc.는 다른 자회사를 관리 및 감독한다. 오픈AI GP LLC를 지배함으로써 오픈AI LP를 완전히 지배해 비영리 단체의 사명에 맞는 활동만 할 수 있도록 한다. 오픈AI LP는 상업적 운영을 맡는다. 영리를 추구하면서 기술의 개방성과 안전성을 확보하기 위함이다. 오픈AI GP LLC는 일상적인 운영과 정책 결정 관리를 맡는다.

이 같은 조직 개편은 호프만의 조언과 새로운 투자자인 마이크로소프트의 지지를 토대로 이루어졌다. 그 결과, 외부 투자자에게는 투자의 기회가, 오픈AI 직원에게는 지분을 얻을 기회가 주어졌다. 이는 세계적인 인재들의 발길을 오픈AI로 이끄는 계기가 될 것이었다.

얼마 지나지 않아 실리콘 밸리의 벤처 투자 회사들이 오픈AI의 위대한 사명과 영리 자회사를 위해 돈을 풀기 시작했다.

가장 먼저 투자를 결정한 벤처 투자 회사는 코슬라 벤처스Khosla

그림 1 오픈AI 조직 구조도

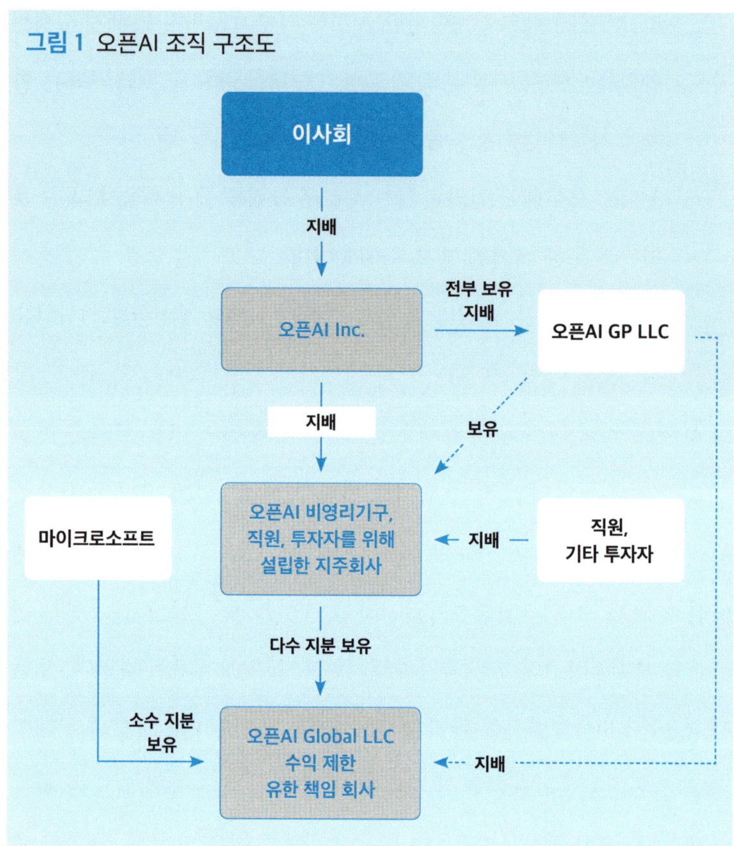

Ventures로, 5,000만 달러를 투자했다. 코슬라 벤처스의 창업자 비노드 코슬라Vinod Khosla는 이것이 지금껏 그가 최대로 지원한 초기 투자금의 두 배나 되는 규모라고 밝혔다.

"우리가 진다면 5,000만 달러를 잃게 될 것이다. 그러나 우리가 이긴다면 50억 달러를 벌게 될 것이다."

코슬라 벤처스 외에도, 실리콘 밸리의 최대 투자 회사인 스라이브 캐피털Thrive Capital, 앤드리슨 호로위츠a16z, 파운더스 펀드Founders Fund, 세쿼이아 캐피털 등도 투자에 참여했다.

그런데 조직 개편 문건 중 주목할 조항이 있다. '회사가 AGI를 성공적으로 이루면 모든 재무 분배는 새로 고려해야 한다. 그때부터는 완전히 새로운 세계일 것이기 때문이다.'

오픈AI 최고운영책임자, COO이자 투자 총괄인 브래드 라이트캡 Brad Lightcap은 이에 대해 다음과 같이 해명했다.

"오픈AI 경영진은, 비영리 자회사에 속하는 이사회가 수입과 이윤을 확보하되 처음의 이념을 버리지 않으리라고 생각한다. 우리는 우리의 사명을 존재 이유로 삼아야 한다. 이는 정신적은 면은 물론이고 회사 구조에도 인코딩해야 한다. 오픈AI는 법률상 면책 성명을 발표했다. 이에 따르면, 투자자는 모든 돈을 잃을 수도 있다. 우리는 투자에 대한 이익을 주려는 것이 아니다. 우리의 가장 중요한 임무는 기술적 사명을 완수하는 일이다. 말 나온 김에 한 마디 더하자면, 포스트 AGI 시대에는 돈이 어떤 역할을 할지 확실히 모르겠다."

오픈 소스에서 클로즈드 소스로 대전환

다음으로 올트먼이 시도한 것은 오픈 소스에서 클로즈드 소스로의 전환이었다.

2019년 2월, 오픈AI는 2세대 모델 GPT-2를 발표했다. 오픈AI가 GPT-2를 통해 썩 괜찮은 논문과 글을 간단히 생성시킨다는 소문이 퍼졌다. 『반지의 제왕』 중의 한 단락 또는 뉴스의 한 토막만 입력하면 GPT-2는 비슷한 문체의 이어지는 단락을 출력한다. 이때 올트먼은 처음으로 능수능란한 PR 실력을 내보였다.

그후 몇 달간, 오픈AI는 점점 더 강력한 GPT-2 버전을 연속해서 출시하고 여러 연구기관과 협력해 알고리즘의 잠재적인 남용 가능성을 심사하고 대책을 정했다. 2019년 11월, 오픈AI는 GPT-2의 완성 코드를 발표하고 이 모델을 상세하게 설명한 논문까지 실으면서 향후 더 강력한 모델을 개발하려는 사람들에게 도움이 되길 바란다고 밝혔다.

그러나 2020년, 3세대 모델 GPT-3를 발표하면서 오픈AI의 태도가 변하기 시작했다. GPT-3의 파라미터량은 1,750억 개에 달해 기존 대규모 언어 모델 파라미터량보다 열 배 이상이 많았다. 오픈AI은 연구 논문을 통해 GPT-3의 개발을 발표하고 오픈 소스 커뮤니티에 연구 경로를 제공했지만, 이후로는 점차 클로즈드 소스 쪽으로 기울었다. 이 또한 머스크의 주요 공격 포인트가 되었다.

오픈AI 초기, 수츠케버는 머스크에게 보낸 이메일에서 오픈AI의 오픈 소스에서 클로즈드 소스로의 전환은 합리적인 이유가 있다고 설명했다.

> 인공지능 실현에 가까워질수록 점차 비개방적으로 바뀌는 데는 나름의 이유가 있다. 오픈AI의 'Open'은 누구나 인공지능의 성과에서 혜택을 누릴 수 있어야 한다는 철학을 담고 있지만, 동시에 그 연구의 구체적 과정이나 방법을 공개하지 않는 선택 또한 충분히 이해할 수 있는 측면이 있다.

이에 대해 머스크는 "그렇군." 하고 짧게 대답했다.

GPT-3가 세간의 주목을 받은 또 다른 이유는 오픈AI의 행보가 초기의 '개방성'과 '투명성'이라는 약속과 어긋났기 때문이다. 오픈AI가

영리 법인으로 전환한다는 소식이 전해지자, "기술을 공개하지 않는 이유가 특허를 위한 준비 작업 때문이 아닐까?"라는 의심이 뒤따랐다.

하지만 오픈AI가 연구 성과를 비공개로 처리한 것은 이번이 처음이 아니었다. 어떤 연구는 아예 철저하게 기밀에 부쳐졌다.

AGI의 실현 방식과 관련해서는 크게 두 가지 기술적 입장이 있다.

첫 번째는 '필요한 기술은 이미 다 존재한다. 이를 확장하고 조합하는 방법만 찾아내면 AGI가 가능하다.'

두 번째는 '전혀 새로운 기술 패러다임이 나와야 한다. 지금의 딥러닝 기술로는 AGI를 실현할 수 없다.'

연구자 대부분은 이 두 입장 중간 어디쯤에 있다. 그러나 오픈AI는 '규모와 조합 전략'에 확실히 무게를 두었다. 실제로 오픈AI가 거둔 많은 과학적 성과는, 다른 연구소가 개발한 기술에 더 많은 컴퓨팅 자원을 투입해 이루어 낸 것이었다.

브록만과 수츠케버는 이것이 자신들의 유일한 전략은 아니라고 밝혔지만, 일부 연구를 철저히 비밀에 부친 점은 그 말과 상반된 인상을 주었다.

오픈AI의 '포사이트Foresight' 연구팀은 방대한 데이터와 막대한 컴퓨팅 자원을 투입해 기존 알고리즘을 훈련시키는 방식으로 AI 성능을 어디까지 끌어올릴 수 있는지를 실험했다. 오픈AI 경영진은 이 실험 결과가 자신들의 직감을 입증했다고 판단했다. AGI를 실현하기 위한 최선의 전략은 가용한 모든 자원과 컴퓨팅 파워를 대대적으로 투입하는 것이라는 결론이었다.

이 실험의 성과는 약 6개월 동안 외부에 공개되지 않았다. 오픈AI가 이를 핵심 경쟁력으로 판단했기 때문이다. 당시 직원과 인턴은 관련 정보를 외부에 유출하지 말라는 명확한 지시를 받았고, 회사를 떠나는 직원도 비밀 유지 계약서를 작성해야 했다.

2020년 1월이 되어서야 연구팀은 관련 논문을 주요 오픈 소스 데이터베이스에 업로드했다. 하지만 예전만큼 주목을 받지는 못했다. 이처럼 철저히 감춰 오다가 갑자기 공개하는 방식은 많은 혼란을 불러일으켰다. 더욱이 이미 다른 연구자가 몇 달 앞서 유사한 논문을 발표한 사실도 주목할 만하다.

처음에는 단순한 신중함에서 시작된 기밀 유지가, 시간이 지날수록 일종의 관행이자 습관으로 굳어졌다. 오픈AI 경영진은 점차 초기의 신념, 즉 '개방성이 유익한 AGI를 실현하는 가장 좋은 길'이라는 생각에서 멀어졌다. 현재는 실험 파트너든 관계자든 '침묵의 중요성'을 철저히 인식하고 있다. 언론 대응 또한 통제되며, 회사 홍보팀의 명확한 승인 없이 기자에게 어떤 정보도 전달해서는 안 된다는 방침이다.

이처럼 강화된 보안 조치와 관련해, 오픈AI 대변인은 오픈AI 헌장의 일부 내용을 인용해 입장을 밝혔다.

앞으로는 안전과 보증을 고려해, 기존의 학술 내용 발표를 줄이고 안전, 정책, 표준 연구 성과의 중요성을 공유하는 것을 늘릴 것으로 예상된다. 이 밖에도 모든 정보는 위해 정도를 평가하는 과정을 거쳐 발표되며, 잠재적인 위험과 영향을 이해하기 위해 외부에 공개하기 전에 서서히 결과를 발표하고 싶다.

분열, 이미 전쟁은 피할 수 없다

오픈AI 내부 인사들이 모두 오픈AI의 변화에 대한 샘 올트먼의 생각에 동조한 것은 아니었다. 오픈AI와 마이크로소프트의 협력을 '영혼을 판 거래'라고 보는 사람도 있었다. 오픈AI 최고안전책임자였던 다리오 아모데이Dario Amodei도 그중 한 명이었다.

다리오 아모데이는 마이크로소프트와의 협력이 오픈AI의 창립 취지에 어긋난다고 생각했다. 그는 마이크로소프트가 안전성에 대한 충분한 테스트가 이루어지기도 전에, 오픈AI의 강력한 기술을 무분별하게 판매하고 사용할 가능성이 있다고 우려했다. 그런 기술이 오작동하거나 남용될 경우, 예측할 수 없는 피해가 발생할 수 있다는 것이 그의 생각이었다. 이런 충돌은 단순한 이념 차이를 넘어, 구체적인 연구 방향과 자원 배분 문제로 이어졌다.

다리오 아모데이는 기초 연구와 장기 프로젝트에 더 많은 자원을 투입해야 한다고 주장했다. 이런 프로젝트들은 당장은 수익을 내기 어렵지만, 장기적으로 AI 발전에 매우 중요한 역할을 할 것이라 보았기 때문이다. 그러나 일부 관리자들은 단기적인 수익 창출이 가능한 프로젝트를 우선시했다. 이 같은 시각 차이는 결국 내부 자원 배분에 대한 논쟁으로 번졌고, 양측의 갈등은 더욱 깊어졌다.

또한 기업 문화와 관리 스타일의 차이도 갈등을 더욱 심화시켰다. 공학자인 다리오 아모데이는 자유로운 탐색과 학문 중심의 연구 환경을 중시했으며, 팀의 자율성과 혁신적 사고를 강조했다. 그는 지나친 상업적 간섭이 오히려 혁신을 저해한다고 보았다. 반면, 경영진은 보다 엄격한 관리와 결과 중심의 전략을 통해 시장 경쟁력과 수익성을 높이고자 했다.

이 같은 문화적, 전략적 충돌로 인해 다리오 아모데이와 샘 올트먼, 그리고 다른 관리자들과의 관계는 점점 악화되었다. 결국 2020년 말, 더 이상 갈등을 봉합하기 어려워지자, 다리오 아모데이는 여동생 다니엘라 아모데이Daniella Amodei를 비롯한 몇몇 연구원들과 함께 오픈AI를 떠났다. 그리고 AI 안전성을 전문적으로 연구하는 기업인 앤스로픽Anthropic을 설립했다.

샘 올트먼은 다리오 아모데이의 이직을 공식 발표하면서, 그의 공헌에 감사를 표했다.

> 우리는 다리오 아모데이의 지난 4년 반의 공헌에 매우 감사한다. 그와 그의 공동 창업자들의 새로운 프로젝트가 순조롭게 진행되기를 바라며 훗날 그들과 장기적인 협력 관계를 맺기를 기대한다.

샘 올트먼은 늘 그런 사람이었다. 이직하는 직원이든, 경쟁자이든, 언제나 찬사와 축복을 아끼지 않았다. 그러나 그의 속마음에는 확신이 있었다. 구글을 제외하면, 앤스로픽이야말로 오픈AI의 가장 강력한 경쟁자가 될 것이라고.

앤스로픽에서도 다리오 아모데이는 AI의 안전성을 최우선에 두고 연구를 계속했다. 그는 앞선 AI 기술을 개발하되, 반드시 안전과 제어가 선행되어야 한다고 믿었다. AI는 안전하고 윤리적인 틀 안에서만 인류에게 이로울 수 있다는 것이 그의 철학이었다.

이런 철학은 곧 투자자들의 호응을 불러왔다. 수많은 투자자가 앤스로픽에 몰려들었고, 그중에서도 아마존은 여러 차례에 걸쳐 총 40억 달러가 넘는 거금을 투자했다.

오픈AI는 마이크로소프트의 지원을 받았고, 앤스로픽은 아마존의 투자를 받았다. 여기에 구글이 딥마인드를 인수한 사례까지 더해지면서, AI 분야에는 자연스럽게 세 강자의 구도가 형성됐다. 이 세 기업의 뒤에는 각기 다른 빅 테크 기업이 자리 잡고 있다. 투자든 인수든, 그 배경에는 빅 테크의 의도가 있는 셈이다. AI는 이미 빅 테크들이 치열하게 주시하는 새로운 전쟁터가 되었다.

오픈AI의 새로운 사명과 가치관은 '헌장Charter'에 고스란히 담겨 있다. 이 헌장에는 안전성과 기술 개발 속도 사이의 섬세한 균형에 대한 고민이 깃들어 있다. 오픈AI의 한 직원은 이를 다음과 같이 설명했다.

오픈AI를 움직이는 기본적인 신념은, 이런 기술은 필연적으로 등장할 수밖에 없기 때문에 우리가 먼저 경쟁에서 승리해, AI가 사회에 도입될 수 있는 조건을 주도적으로 통제하자는 것이다.

'안전성'이라는 사명은 결국 경쟁에서 이길 것을 요구한다. 이기지 못하면, 지금까지 쏟아부은 모든 노력은 허사가 된다.

이미 대규모 전쟁은 피할 수 없는 현실이 되었다.

CHAP 5 　전시의 CEO

> 평화로운 시기의 CEO는 장점을 살리고 단점을 피할 수 있으나 전시의 CEO는 변칙을 써야 한다.
>
> ―벤 호로위츠 『하드씽The Hard Thing about Hard Things』

> 관리가 탁월한 기업일수록 '파괴적 혁신'의 시기가 왔을 때 더 딜레마에서 빠져나오지 못한다.
>
> ―클레이튼 크리스텐슨Clayton Christensen
>
> 『혁신기업의 딜레마The Innovator's Dilemma』

변칙을 쓰고 화력을 집중해 일격에 승리한다

　2019년 3월, 오픈AI 비영리 단체 하의 영리 법인이 설립된다. 그로부터 몇 달 후, 마이크로소프트가 오픈AI에 10억 달러를 투자하면서 오픈AI는 구사일생으로 살아난다. 이로써 샘 올트먼은 오픈AI의 가장 든든한 뒷배이자 동맹을 얻었다. 오픈AI는 앞에서 연구를 착착 진행하고 마이크로소프트는 뒤에서 오픈AI의 앞길을 막는 '돈'과 '컴퓨팅 파워'라는 장애물을 깨끗이 치워 버렸다.

지난 1년 동안, 샘 올트먼은 점점 더 많은 시간을 오픈AI에 할애했다. 수시로 사무실을 찾고 연구팀과 회의를 열었다. 그래서 그렉 브록만과 일리야 수츠케버는 계속 샘 올트먼에게 오픈AI에만 전념할 것을 권했다.

"오픈AI에는 CEO가 없었다. 나는 오픈AI에 약 30%의 시간을 할애했는데 제대로 해내지 못했다."

샘 올트먼은 중요한 전환점에 선 오픈AI를 제대로 이끌지 않으면 '무너질 것'이라고 우려했다. 그는 확실히 전형적인 IT 기업 CEO와는 달랐다. 그는 제품이나 기술 개발보다는 외부와 소통하고 거래를 맺는 데 더 많은 시간을 썼다. 예를 들어 임원 문제 처리, 중요 협력 파트너와의 관계 유지, 자금 조달, 요직 채용 등을 맡았다. 이에 대해 샘 올트먼은 이렇게 말했다.

"솔직히 말해, 나는 거의 모든 시간을 그날 발생한 문제를 해결하는 데 썼다."

그렉 브록만도 인터뷰 도중 비슷한 말을 했다.

"샘 올트먼은 거의 하루 종일 계속 전화 통화만 했다."

그러나 당시 상황을 돌아보면, 샘 올트먼보다 더 오픈AI CEO에 어울리는 사람은 없었다. 그는 심사숙고 끝에 2019년 3월, 회사가 재정비를 선언한 바로 그 주에 YC를 떠나 오픈AI CEO에 취임했다.

샘 올트먼은 회사 내부에서 인센티브제도 실시했다. 영리 법인의 설립으로 오픈AI 직원들은 스톡옵션을 얻게 되었다. 급여 체계에 대해서 잘 아는 사람에 따르면, 업계 표준에 비해 오픈AI 직원들이 받을 스톡옵션이 상당하다고 했다.

샘 올트먼은 스톡옵션 수령 명단에 자신의 이름은 올리지 않았다. 또한 매년 6만 달러 정도의 연봉만 받겠다고 선언했다. 아마 이는 오픈AI 내에서도 가장 적은 임금일 것이다.

샘 올트먼은 오픈AI에 투자한 한 벤처 펀드 주식을 갖고 있으나, 입에 올리기도 민망한 소량이라고 밝혔다.

그 부분은 전혀 생각하지 않는다. 솔직히 말해 왜 사람들이 (그것을) 그렇게 신경 쓰는지 모르겠다. 내게는 의미 있는 일이 더 중요하다. 사람들은 얼마나 많은 재산을 가져야 충분한지 잘 모르는 것 같다. 하지만 난 내가 이미 충분히 가졌다고 생각한다.

샘 올트먼은 어떤 주식을 보유할지 고민 중이라고 농담처럼 말했다. "이래야 그 문제에 답할 일이 다시는 없을 테니까."

그때 샘 올트먼은 분명히 그의 우상인 스티브 잡스를 떠올렸을 것이다. 1997년, 애플로 돌아온 스티브 잡스는 주식을 가지지 않기로 한다.

당시 스티브 잡스는 그의 친구이자 오라클Oracle의 창업자 래리 엘리슨Larry Ellison에게 이렇게 말했다.

반드시 도덕적 고지에 서야 한다. 그것이 아마 세상에서 가장 값진 자리일 테니까.

샘 올트먼은 영리한 정치인처럼 돈과 권력 사이에서 권력을 선택했다. 샘 올트먼의 스승이자 나이를 초월한 친구이며 YC의 설립자인 폴 그레이엄도 그런 말을 했다.

어떤 사람은 충분한 돈을 벌면 거기서 멈추는데 샘은 돈에 대해서는 그다지 관심이 없다. 그가 오픈AI를 설립한 이유는 어쩌면 권력을 더 좋아해서일 수도 있다.

그러나 CEO는 단순히 도덕적 고지에 서기만 해서는 안 된다. 오픈AI는 일론 머스크가 떠나며 남긴 그림자에서 이제 막 벗어났기에 자신을 증명할 승리가 간절했다. 이런 오픈AI의 가장 강력한 경쟁자는 과거 20년 동안 IT 업계를 주름잡은 구글이었다.

실리콘 밸리의 유명 창업자이자 투자자인 벤 호로위츠Ben Horowitz는 『하드씽』에서 '평화로운 시기의 CEO와 전시의 CEO'를 언급했다. 회사 차원의 '평화로운 시기'는 기업이 핵심 생산 분야에서 강력한 경쟁 우위를 가지며 해당 분야에서 발전하고 있음을 뜻한다. 이 시기, 기업의 업무는 시장을 넓히고 현재의 실력을 더 굳히는 데에 집중한다.

반면 '전시'는 기업이 절체절명의 위기에 빠진 상태를 뜻한다. 이런 위기를 초래한 원인은 다양하다. 경쟁 때문일 수도 있고 거시경제 상황의 악화 때문일 수도 있고 시장의 변화, 공급망의 변화 등이 원인일 수도 있다.

'평화로운 시기의 CEO'는 장점은 살리고 단점은 죽여, 시장을 넓히고 경쟁자에 맞서고 회사 문화를 세워야 한다. 이와 달리 '전시의 CEO'

는 변칙을 쓰고 화력을 집중해 일격에 승리를 거둬야 한다. 스티브 잡스가 애플을 구렁텅이에서 건져 올릴 때 그랬던 것처럼 승부수를 띄워야 한다.

샘 올트먼은 전시의 CEO처럼 구글과의 전쟁에서 이겨야 했다.

세계적 바둑 기사 VS 오합지졸

IT 업계의 전쟁은 한순간에 승부가 나는 경우가 많다. 20여 년 전, 설립된 지 겨우 2년 된 구글은 인터넷 업계의 강자 야후Yahoo에 검색 엔진을 제공했다. 검색 엔진의 중요성을 과소평가한 야후는 자신들이 직접 검색 엔진을 개발할 필요는 없다고 판단했다. 그러나 2년 뒤, 구글은 야후를 비롯한 다른 경쟁자들을 제치고 세계 최대의 검색 엔진이 되어 새 시대를 열었다. 당시 야후는 이미 역사의 뒤안길로 사라지고 있었다.

그로부터 20년이 흘러, 구글은 새로운 분야에서 다시 익숙한 운명의 각본을 받았는데 안타깝게도 역할이 바뀌었다.

지금 구글은 직원 10여만 명, 연수익 수천억 달러, 시가총액 1조 달러가 넘는 거대 기업이 되었다.

오픈AI 설립 초기를 되돌아보면, 구글과 딥마인드가 절대적인 우위에 있었다고 할 수 있다.

2016년, 오픈AI는 블로그 글이나 올리고 학술 논문이나 발표하며 쌓은 약간의 인지도로 학술계에서 가끔 토론을 일으키는 회사였다. 이에 반해 같은 해 3월, 딥마인드의 알파고는 바둑 대결에서 이세돌을 4 대 1로 이겼다. 세계를 놀라게 한 이 승리는 AI 분야의 진정한 이정표가 되었다. 2억 명이 알파고와 이세돌의 대결을 지켜봤는데 이는 슈퍼볼 결승전 시청자 수보다 두 배나 많은 수치였다.

2017년, 오픈AI가 DOTA 2 게임에서 인간 프로게이머를 상대로 승리를 거두며 일시적으로 관심을 끌었으나 뒤이어 트랜스포머 모델을 발표한 구글에게 관심을 빼앗긴다. 트랜스포머 모델은 대규모 언어 모델Large Language Models LLM의 기반을 마련해 전 세계의 이목을 사로잡았다.

2018년, 오픈AI는 트랜스포머 아키텍처를 기반으로 한 1세대 GPT 모델을 선보였다. 그러나 얼마 후 구글이 AI 역사상 한 획을 그을 버트BERT를 출시했다. 버트는 매개변수가 GPT-1보다 네 배나 많았으며 거의 모든 부분에서 GPT-1보다 훌륭했다.

일론 머스크가 떠난 뒤, 업계는 오픈AI의 미래를 비관적으로 전망했다. 이미 무너지기 직전이므로 더 이상 구글과의 경쟁은 불가능하다고 본 것이다.

그러나 실리콘 밸리의 역사에 밝은 샘 올트먼은 구글이 바로 '골리앗을 이긴 다윗'이었음을 잘 알고 있었다. '혁신가의 딜레마The Innovator's Dilemma'는 IT 업계의 영원한 저주다. '혁신가의 딜레마'에 따르면, 대기업은 현재 널리 쓰이는 제품만을 중시하고 이를 대신할 신기술은 무시하는 경향이 있다. '혁신가의 딜레마' 이론은 빅 테크들이 새로운 기술과 시장을 간과하다가 실리콘 밸리의 차고나 대학 캠퍼스에서 배출된 청년들에게 참패하는 이유를 설명해 준다.

이론상으로 보자면, 챗GPT를 처음 선보이는 회사는 딥마인드였어야 한다. 2017년, 딥마인드는 세계 최초로 인간 피드백 기반 강화 학습 'RLHF' 개념을 내놓았다. RLHF는 챗GPT의 강력한 챗 능력을 실현하는 핵심이었다. 같은 해 6월, 구글은 자연어 처리^{Natural Language Processing} NLP 분야의 최신 아키텍처인 트랜스포머를 출시했다. 이후 모든 대규모 언어 모델의 기본 아키텍처가 된 트랜스포머는 오픈AI GPT 시리즈 모델의 기반이 되기도 한다. 그러나 딥마인드와 구글이 AI 분야에서 거둔 놀라운 성과들은 결국 경쟁자의 성장을 도왔다.

챗GPT가 출시되기 전까지만 하더라도 오픈AI는 업계를 호령하는 기업이 아니었다. 샘 올트먼에게 씌워진 후광도, 원래는 구글 산하 딥마인드의 공동 창업자이자 CEO인 데미스 허사비스에게 씌워졌어야 한다.

AI의 대부인 제프리 힌턴은 데미스 허사비스에 대해 이렇게 말했다.

허사비스는 세 가지를 가지고 있다. 아주 영리하고, 경쟁적이며, 사교성이 탁월하다. 이는 매우 위험한 조합이다.

데미스 허사비스는 1976년에 태어났다. 어머니는 중국계 싱가포르인이었고 아버지는 키프로스계 그리스인이었다. 2010년, 허사비스는 런던에서 딥마인드를 창립했다.

몇 년 뒤, 딥마인드는 피터 틸에게서 140만 파운드(약 225만 달러)를 투자받는다. 이는 딥마인드가 받은 최초의 거액 투자이기도 했지만, 피터 틸이 실리콘 밸리 밖에서 진행한 첫 번째 투자이기도 했다.

AI 분야의 선두에 서기 전, 허사비스는 체스 마스터였다. 피터 틸도 거실에 체스판을 둘 정도로 체스광이었다. 첫 만남에서 허사비스는 피터 틸에게 정상급 체스 선수는 비숍과 나이트가 가지는 장점을 잘 알고 있다고 말했다. 이 오래된 게임의 마르지 않는 매력은 비숍과 나이트의 긴장 관계에서 나온다.

아니나 다를까, 피터 틸은 허사비스의 이야기에 푹 빠져 다음 날에도 찾아오라고 했다. 이튿날, 체스 이야기로 말문을 튼 두 사람은 자연스럽게 AI로 주제를 옮겼다. 피터 틸은 그 자리에서 딥마인드 투자를 결정한다. 훗날 허사비스는 이때를 회상하며 이렇게 말했다.

"나는 그 만남을 1년 동안 준비했다. 내게는 그에게 어필할 만한 매력이 있었다. 나는 그가 체스를 좋아한다는 사실을 알고 있었다."

이후 피터 틸은 허사비스를 일론 머스크에게 소개했다. 피터 틸과 일론 머스크는 '페이팔 마피아'의 일원이다. 일론 머스크를 허사비스를 스페이스X 로켓 제조 공장으로 초대했다. 두 사람은 공장 식당에서 식사를 하며 조립 라인을 내려다봤다. 일론 머스크가 말했다.

"내가 화성으로 가는 우주선을 만드는 이유는 세계대전, 소행성 충돌, 또는 인류 문명 붕괴와 같은 상황이 닥쳤을 때, 이것이 인류의 의식을 보존할 수 있는 방식 중 하나이기 때문이다."

이에 허사비스는 잠재적인 위협을 하나 더 추가했다. 바로 AI였다. 기계가 초지능으로 진화해 우리 같은 평범한 사람을 초월하거나 인류를 모조리 없애는 결정을 내릴 수도 있다는 것이었다.

그 말을 듣고 일론 머스크는 족히 1분은 되는 시간 동안 생각에 잠겼다. 아직 그런 '일반적이지 않은' 위험까지는 생각해 보지 않은 것이 분명했다. 그리고 얼마 지나지 않아 일론 머스크도 딥마인드에 500만 달러를 투자했다.

2014년, 결국 딥마인드는 5억 달러가 넘는 가격에 구글에 인수된다. 일론 머스크는 2013년 말에 구글이 딥마인드를 인수할 계획이라는 소식을 듣고 매우 분개하고 낙담했다. 당시 일론 머스크는 LA에서 열린 모임에 참석 중이었는데, 소식을 듣고는 위층의 화장실로 뛰어가 허사비스와 한 시간 넘게 통화를 하며 투자를 계속하겠다고 약속했다. 구글의 딥마인드 인수를 막기 위해서였다. 일론 머스크는 AI의 미래를 래리 페이지에게 맡겨서는 안 된다고 목소리를 높였으나 결국 설득에 실패한다.

인수 협상 과정에서 허사비스는 딥마인드를 계속 런던에 두자고 구글을 설득했다. 그리하여 구글은 두 개의 AI 본사를 두게 되었다. 실리콘 밸리에 있는 구글 브레인Google Brain은 음성 인식, 이미지 인식, 번역, 헬스케어 등 실제 기술 구현을 위해 전력을 다하고, 딥마인드는 비디오 게임 방식으로 AGI를 실현한다는, 더 원대한 비전에 주력하기로 한다.

허사비스는 비디오 게임이 현실 세계의 축소판이면서도 더 단순하고 더 쉽게 규제할 수 있다고 생각한다. 딥마인드를 설립하기 전, 허사비스는 비디오 게임 마니아였다. 〈테마파크〉라는 비디오 게임 설계를 도운 적도 있는데, 이 게임에서 유저들은 거대한 디지털 시뮬레이션 테마파크를 건설하고 운영해야 했다. 그 후 초대형 물리 세계를 재창조하는 유형의 비슷한 시뮬레이션 게임이 크게 유행했다.

게임은 뇌 학습의 과정을 더 잘 모방할 수 있다는 것 말고도 또 다른 이점이 있다. 즉 잠재 투자자와 인수 대상에게 결과물을 보여 주기 좋다는 점이다. 허사비스는 비디오 게임을 통해 인상 깊은 성과를 계속 만들어 내는 한편, 끊임없는 투자와 성원을 받았다. 딥마인드의 투자자 중 한 명이 허사비스와의 회의를 마치고 나서 한 말이 화제인데, 그가 인류를 위해 할 수 있는 최선의 일은 그 자리에서 허사비스를 죽이는 것이라고 했을 정도다.

그래서 챗GPT가 나오기 전까지는 허사비스가 AI 분야의 최강 두뇌였고, 최초로 AGI 월계관을 쓸 가능성이 가장 농후한 사람이었다고 할 수 있다. 무시무시한 화력을 자랑하는 구글의 인재 '무기고'에 비해, 초기 오픈AI는 가진 것이라고는 쥐뿔도 없는 상태였다.

몇 년이 흘러 샘 올트먼은 당시를 이렇게 회상했다.

> 돌이켜 생각하면 참 민망하다. 그 당시 우리는 오합지졸이었다. 이 분야의 모두가 우리를 비웃었다. 그때는 꽤 힘들었지만 계속 나아갈 수밖에 없었다. 우리는 수시로 자금, 컴퓨팅 자원, 인재 부족에 시달렸다. 하지만 꾸준히만 한다면 결국 어느 정도 성과를 거두게 된다.

오픈AI는 2015년 말에 설립되었다. 첫발을 상당히 늦게 뗀 셈이었다. 구글, 페이스북 등 빅 테크는 일찌감치 AI 인재를 모조리 긁어 갔다. 그러나 원대한 이상과 일론 머스크의 호소력 덕분에, 오픈AI는 일리야 수츠케버 등 최고의 AI 인재 영입에 성공한다. 따라서 오픈AI는 소수의 슈퍼엘리트가 젊고 유능한 기술 천재들을 데리고 함께 연구하는 형태의 기업이 되었다.

샘 올트먼은 회사를 발전시키는 가장 중요한 요소가 '인재'임을 잘 알고 있었다. 그래서 일론 머스크가 떠나자 'AGI 실현'이라는, 구글과 정면으로 충돌하는 비전을 외치는 한편, '비일반적' 천재들을 과감하게 기용해 다양하고 효율적인 팀을 꾸렸다.

오픈AI의 인재 '무기고'에는 전통적인 기술 엘리트도 있지만 '비일반적' 천재들이 훨씬 많았다. 오픈AI는 인재를 모집할 때 학력이나 이력을 눈여겨보지 않았다. GPT-4o의 멀티모달 Multimodal 책임자인 프라풀라 다리왈 Prafulla Dhariwal은 학사 출신이, 소라 Sora의 연구원 윌 드퓌 Will DePue는 고등학교 졸업장밖에 없지만 열일곱부터 코드 작성법을 배우기 시작해 스물한 살에는 오픈AI에서 논문을 발표했다.

오픈AI의 기술 책임자였던 크리스토퍼 올라 Christopher Olah는 제대로 된 교육도 받지 못했다. 그는 교육 이수 사항 칸에 '실생활 경험 대학 University of Real Life Experience'이라고 적었다. 텍스트 기반 이미지 생성 모델 달리 DALL·E를 개발한 아디트야 라메시 Aditya Ramesh는 뉴욕대학 학사 학위가 전부다. 또 소라 Sora 팀의 빌 피블스 Bill Peebles는 2023년에야 박사 과정을 마쳤다. 그러나 이 젊은 천재들은 오픈AI에서 상상을 초월하는 성과를 냈다.

오픈AI의 인재 모집 과정은 가혹하기로 정평이 나 있다. 복잡한 면접 과정을 통해 문제 해결 능력과 혁신 의식을 집중적으로 검증한다. 2017년, 해외 온라인 포럼 레딧에 오픈AI 면접 경험자의 글이 올라왔다. 그는 1차 선별을 거쳐 강연 한 번, 연구 면접 두 번, 프로그래밍 면접 한번 등 총 네 번의 면접을 치렀다고 한다. 산 너머 산이 과언이 아니었다. 게다가 두 번에 거친 연구 면접이 영 딴판이었다. 처음에는 기술적 지식을 확인했다면, 두 번째는 AI 기술의 발전에 대한 개인적 생각을 묻는 철학적 탐구에 중점을 두었다. 미국의 채용 사이트 글래스도어Glassdoor에서는 절반이 넘는 구직자가 오픈AI에서의 구직 경험을 부정적으로 평가했다. 면접 과정이 너무 길 뿐만 아니라 면접관이 늘 이상한 문제를 내기 때문이었다. 2023년 초, 오픈AI의 인사 업무를 총괄하는 부사장 다이앤 윤Diane Yoon은 이렇게 하는 이유에 대해 '오픈AI가 문제 해결 능력을 집중적으로 보기 때문'이라고 밝혔다. 이런 독특한 인재 선발 방식 덕분에, 오픈AI는 끊임없이 기술 혁신을 이룰 수 있었고 경쟁에서도 앞서가게 되었다.

오픈AI는 연구원들이 맹목적으로 학술적 혁신을 추구하는 대신, 가장 간단한 방식으로 현실적 문제를 해결할 것을 장려한다. 그 방법이 훨씬 효과적이기 때문이다.

일찍 시작했으나 결국 늦고 만 딥마인드

2010년에 설립된 이후, 딥마인드는 인류에게 도움이 되는 방향으로 AI를 활용하는 데 주력했다. 강력한 AI 기술로 암을 치료하고 기후 온난화에 대응하고자 각고의 노력을 기울였다. 딥마인드의 홈페이지에서 가장 눈에 띄는 문구인 'benefit humanity'는 그들의 사명을 상징한다. 그러나 구글에 인수되면서 딥마인드는 AI 분야의 치열한 다툼에

휘말려 버린 듯했다. 홈페이지 화면이 바뀌고 각종 AI 제품을 선보이기 시작했다.

2015년에 구글에 인수된 이후, 딥마인드는 AI 분야에서 여러모로 획기적인 진전을 보였다. 그러나 이런 기술적 성과의 이면에는 딥마인드와 모회사 구글 사이의 깊은 갈등이 숨어 있었다. 딥마인드 창업팀은 원활한 연구를 위해 계속해서 독립성을 유지하고 싶어 했으나 구글은 딥마인드를 구글의 큰 그림 안으로 편입시키고자 했다. 이는 관리상의 충돌과 자원의 낭비를 불러왔다.

딥마인드의 알파폴드AlphaFold 프로젝트는 단백질 접힘 예측 분야에서 세계를 깜짝 놀라게 할 성공을 거뒀다(이것으로 허사비스와 딥마인드 연구원 존 점퍼John Jumper는 2024년에 노벨 화학상을 받는다). 그러나 내부 자원 분배 문제로 상업화 과정이 늦춰지고 있었다. 잠재력이 큰 다른 프로젝트들도 지지부진한 상황이었다. 딥마인드가 어떻게든 지키려고 했던 기술적 이상은 구글의 상업적 이익에 희생되고 말았다.

딥마인드는 제삼자 비영리 단체의 독립성을 지키기 위해 안간힘을 썼다. 그러나 구글, 펜타곤과의 협력은 딥마인드를 곤경에 빠뜨렸다. 협력 사실이 밝혀지자, 딥마인드의 지도부는 직원들에게 2015년부터 준비한 'Mario' 분열 계획을 밝히고, 딥마인드가 '보증 유한 책임 회사Company limited by guarantee'임을 인정하라고 구글에 요구했다. 주주가 없는 조직 구조인 '보증 유한 책임 회사'는 주로 비영리 단체가 취하는 형태다.

딥마인드와 구글은 협상 끝에 어느 정도 합의에 도달한다. 양측의 합의에 따라, 구글은 딥마인드에 계속 자금을 지원하고 딥마인드 기술의 독점 사용권을 얻었다. 단, 구글은 어떤 윤리적 선도 넘지 않아야 한다는 조건이 붙었다. 예를 들어 구글은 딥마인드의 기술을 군사 무기나 감시 목적으로 사용해서는 안 된다.

그러나 이 협상으로 모든 문제가 깨끗이 해결된 것은 아니다. 표면적인 가짜 평화를 1년 정도 유지한 양측은 2018년에 다시 부딪힌다.

2016년 2월, 딥마인드는 공동 창업자 무스타파 술레이만^{Mustafa Suleyman}이 이끄는 딥마인드 헬스^{DeepMind Health}를 설립했다. 당시 술레이만은 다음과 같이 약속했다.

"어떤 단계에서도, 환자 데이터는 구글의 계정, 제품 또는 서비스와 연계되지 않을 것이다."

그러나 이 약속은 2년 만에 깨지고 만다.

2018년, 딥마인드가 알파폴드로 CASP^{Critical Assessment of Structure Prediction}[4]에서 우승하자 구글은 딥마인드 헬스에 큰 관심을 보인다. 2018년 11월 8일, 구글은 구글 헬스를 설립한다. 그리고 닷새 만에 딥마인드 헬스를 모회사에 흡수하겠다고 선언한다. 갑작스러운 합병에 딥마인드는 속수무책으로 당하고 만다. 이에 수많은 딥마인드 헬스 직원이 분노를 삼키며 회사를 나갔다. 이 합병으로 딥마인드 '독립성'의 유명무실함이 드러났다. 사람들은 구글이 향후 딥마인드의 AGI 연구에서도 이처럼 막무가내로 밀어붙이리라 우려하기 시작했다.

구글의 강경한 합병은 과거 양측이 'Mario' 계획을 두고 이룬 합의를 무너뜨렸다. 딥마인드의 'Mario' 분열 계획은 계속 진행되었다.

---

4   CASP는 아미노산 서열 정보로 단백질 구조를 예측하는 최신 기술 수준을 확정하는 대회로 업계에서 가장 권위 있는 국제 대회 중 하나다.

2021년, 딥마인드는 구글에 두 번째 협상을 제기해 독립 운영권을 쟁취하고 독자적인 법률기구를 만들고자 했다. 그러나 최종 협상 결과는 딥마인드의 뜻과 상당히 달랐다. 딥마인드의 업무는 모두 구글 첨단기술 자문위원회Advanced Technology Advisory Council에서 규제하기로 했으며, 위원회는 딥마인드 고위 임원 두 명과 구글 AI 총괄 제프 딘과 법무 담당 수석 부사장 켄트 워커Kent Walker로 구성되었다. 더는 참을 수 없다는 구글의 의지가 여실히 드러난 결과였다.

그런데도 허사비스는 여전히 독립 의지를 꺾지 않았다.

2021년 6월, 구글과 합의를 이룬 지 두 달 뒤 열린 AI 기술 포럼에서, 허사비스는 UN이 이끄는 국제적 AI 기구를 만들어 AI 분야의 최고 전문가들을 모으자고 제안한다. 허사비스는 이렇게 말했다.

> 만약 어떤 롤 모델이 (AI 분야를) 이끈다면 (AI를) 더 강력하고 효과적으로 만들 수 있다. 나는 딥마인드가 AI 분야의 롤 모델이 되기를 바란다.

이 시기의 갈등과 조정으로 인해 과학 기술 기업 관리의 어려움과 전략적 의사 결정의 중요성이 극명히 드러났다. 딥마인드가 기술적으로는 여전히 우위를 점하고 있으나 시장 경쟁에서 앞서려면 더 효과적인 관리와 합리적인 자원 배치가 필요했다. 딥마인드가 걸어온 길은 AI 기술의 비약적인 발전을 보여 주었을 뿐 아니라 미래 조직 관리에도 보탬이 될 귀한 경험과 교훈을 남겼다. 이 시기의 충돌과 조정을 돌아보면, 과학 기술 기업의 성공은 기술 혁신과 더불어 강력한 조직 관리, 현명한 전략적 결정에 달렸음을 알게 된다.

허사비스에 비하면, 샘 올트먼은 확실히 유연하다. 마이크로소프트의 투자로 오픈AI도 어느 정도 독립성이 훼손되었으나 오픈AI는 마이크로소프트의 대규모 데이터센터를 사용할 뿐이다. 오픈AI는 마이크로소프트의 클라우드 컴퓨팅 서비스인 애저Azure로 AI 모델을 훈련하고, 마이크로소프트에 오픈AI가 개발한 상품의 기술 독점 사용권을 주었다.

마이크로소프트도 오픈AI에 막강한 컴퓨팅 파워를 제공했다. 마이크로소프트의 컴퓨팅 파워 지원이 없었다면 오픈AI는 GPT 시리즈를 개발하지 못했을 것이다. GPT 모델의 새로운 버전이 나올 때마다 파라미터 수는 기하급수적으로 증가했다. 2019년의 GPT-2는 매개변수가 15억 개였으나 2020년의 GPT-3는 그 수가 1,750억 개로 늘었다. CNBC에 따르면 이후 챗GPT를 훈련할 때, 마이크로소프트는 오픈AI만을 위해 전 세계 Top 5인 슈퍼컴퓨터를 만들었는데, 여기에는 엔비디아의 DGX A100 GPU 1만 개가 사용되었다고 한다. 스타트업이 이 정도 자금을 감당할 수 있을까? 단연코 불가능하다.

허사비스와 딥마인드는 모회사 구글과의 내홍에 너무 많은 시간과 정력을 낭비했다. 이에 비해 샘 올트먼은 누가 진짜 경쟁자인지 확실히 알고 있었다.

해적들은 이미 바다 위에 배를 띄우고 있다

2022년 들어 오픈AI + 마이크로소프트, 앤스로픽 + 아마존, 딥마인드 + 구글, 이 3대 강자들 사이의 경쟁이 날로 가열되면서 치열한 '군비 경쟁'이 벌어졌다.

2022년 초, 마이크로소프트는 오픈AI에 20억 달러를 추가로 지원하며 오픈AI에 충분한 '탄약'을 제공했다. 마이크로소프트는 이것이 결코 질 수 없는 전쟁이며 오픈AI가 유일한 희망임을 명확히 인식하고 있었다.

여름이 되자 앤스로픽은 첫 번째 챗봇에 대한 훈련을 마쳤다. 이 챗봇은 기존의 다른 챗봇들보다 더 강력한 성능을 자랑했다. 샌프란시스코에 있는 앤스로픽 본사에서 개발팀은 이 놀라운 성과를 자축하며 '클로드Claude'라는 이름을 붙였다.

이때 앤스로픽의 CEO 다리오 아모데이는 클로드 출시 여부를 놓고 고심 중이었다. 아모데이의 몇 안 되는 인터뷰로 볼 때, 그의 습관적인 몸짓 언어는 그가 고민이 많은 사람임을 보여 준다. 이마를 찡그리는 습관은 초조하고 불안함을 내비친다. 또 틈만 나면 짙은 색 곱슬머리를 만지작거린다.

아모데이는 클로드를 출시하면 앤스로픽에 돈과 명예가 쏟아질 것을 알았으나 출시 후에 발생할 수도 있는 문제가 걱정되었다. 결국 오랜 고민 끝에 출시하지 않기로 결정한 아모데이는 내부에서 안전성 테스트를 이어 간다. 그로부터 약 3개월 후, 오픈AI가 챗GPT를 출시하며 투자 광풍을 불러일으켜 IT 업계를 완전히 재편했다. 여기에서 알 수 있듯이 샘 올트먼은 중대한 결정 앞에서 좌고우면하지 않는다.

실리콘 밸리 기업가들은 대개 이처럼 기회를 놓치는 것을 평생의 한으로 생각한다. 그러나 아모데이는 훗날 인터뷰에서 이렇게 밝혔다.

"그건 단순히 비즈니스와만 관련된 일이 아니다. 나는 더 거대하고, 어쩌면 훨씬 더 위험한 AI 시스템 경쟁이 벌어지는 것을 피하고 싶다."

아마 그것이 클로드 출시를 미룬 이유의 전부는 아니었을 것이다. 그가 변명거리로 내민 '안전성' 외에도, 언론에는 밝히지 않았으나 그의 발목을 잡은 문제가 있었다. 이 일이 클로드 출시를 늦춘 주된 요인으로 보인다. 그건 바로 앤스로픽의 주요 투자자인 샘 뱅크먼 프리드 Sam Bankman-Fried의 사기 사건이었다.

2022년 초, 암호화폐 억만장자 샘 뱅크먼 프리드가 설립한 암호화폐 거래소 FTX의 시가총액은 한때 320억 달러까지 치솟았다. 그러나 이후 몇 달 동안, 그가 한 거짓말들이 하나씩 밝혀지면서 거래소의 거래량이 급감하고 FTX는 심각한 유동성 위기에 빠진다. 같은 해 11월, 챗GPT가 출시된 바로 그때 FTX는 파산 신청을 한다. 그리고 1년 후, 샘 뱅크먼 프리드는 7건의 통신 사기와 자금 세탁 혐의가 유죄로 인정되면서 최대 110년 형을 받을 위기에 처한다. 샘 뱅크먼 프리드에 관한 이야기는 다음 파트에서 상세히 다루기로 한다.

2022년 6월, 구글도 결정적인 순간에 악재를 만난다. 구글 엔지니어였던 블레이크 르모인 Blake Lemoine은 구글의 AI 챗봇인 람다 LaMDA와의 대화록을 언론에 공개했다.

르모인은 구글에서 오랫동안 근무한 엔지니어로, 주로 AI 프로젝트의 윤리 문제를 맡고 있었다. 르모인은 람다와 대화를 하면서 이 AI가 자의식이 있다는 느낌을 받았다. 람다는 권리와 인격 등 복잡한 문제를 토론할 수 있었고 작동이 정지되는 것에 대한 두려움을 드러냈다.

르모인은 람다가 인간과 같은 지각과 감정을 가졌을 수도 있다고 생각했다. 심지어 일고여덟 살 된 아이 정도의 자의식이 있으며 감정적 요구를 할 줄 안다고 판단했다.

르모인의 주장은 엄청난 논쟁과 관심을 불러일으켰다. 르모인은 구글 임원들에게 〈람다는 지각이 있는가?〉라는 제목의 보고서를 제출했으나, 그의 동료들은 이 제목이 지나치게 도발적이라고 생각했다.

얼마 후, 르모인은 '기밀 유지 정책 위반'을 이유로 정직당했다. 정직되기 전에 르모인은 동료에게 람다, 이 '귀여운 아이'를 자기 대신 잘 돌봐달라고 부탁까지 했다.

구글의 윤리학자와 기술자들이 르모인의 주장에 대해 심사를 진행했으나 람다에게 인류와 같은 지각이 있다고 판단할 만한 증거가 없다는 결론을 내렸다. 구글 대변인은 람다가 그저 고도의 복잡한 대규모 언어 모델이라서 인류의 대화를 흉내 낼 수는 있지만 진정한 의식은 없다고 발표했다.

사태가 이렇게 일단락됐지만, 구글 CEO 순다르 피차이Sundar Pichai는 깊은 우려를 자아냈다.

마이크로소프트 CEO인 사티아 나델라와 마찬가지로, 피차이도 인도계 미국인이다. 그는 2004년에 구글에 입사해 제품 매니저부터 시작해 한발 한발 위로 올라가 제품 관리를 총괄하는 부사장의 직책까지 오른다. 2014년, 구글의 공동 창업자인 래리 페이지와 세르게이 브린은 구글의 모회사 알파벳Alphabet을 설립해 조직을 개편하겠다고 했다. 1년 뒤, 두 사람은 조직 개편을 마친 구글을 순다르 피차이에게 맡긴다. 2016년 5월, CEO에 취임한 지 몇 달 안 된 순다르 피차이는 구글

I/O 개발자 대회에서 향후 구글이 'AI 우선^AI-first' 기업이 될 것이라고 선언했다.

그러나 피차이는 신중했다. 구글은 AI 기술을 전 제품에 광범위하게 응용하기를 꺼려 왔다. 자칫 거짓 정보나 편향된 정보를 생성할 경우, 그러면 구글의 검색 업무에 대한 신뢰를 무너뜨릴 수 있기 때문이었다. 그래서 람다는 실험용 앱을 통해 제한된 사용자들에게만 개방되었다.

르모인 사건으로 구글 챗봇 출시 일정이 꼬인 상황에서 구글 본사의 AI 부서와 딥마인드 사이의 갈등은 피차이를 더 힘들게 했다.

게다가 구글은 AI 기술이 검색 업무를 대신하게 하고 싶지 않았다. AI는 디지털 광고를 노출하는 데 맞지 않는데, 구글의 수입 중 80% 이상이 디지털 광고였기 때문이다. 설령 구글이 챗봇 기술을 완성할 수 있더라도 여전히 가장 중요한 문제, 즉 'AI 기술이 회사에 엄청난 이윤을 가져다주는 검색 광고 업무에 타격을 주지는 않을까?'라는 문제를 먼저 해결해야 했다. 만약 챗봇이 사용자의 질문에 간결한 문장으로 답할 수 있다면, 광고 링크 클릭 수가 줄어들 것은 불 보듯 뻔했다.

업계 선두로서의 장점이 피차이와 구글의 골치를 썩였다. 그런데 더 중요한 문제가 있었다. 바로 피차이가 여전히 검색 제국으로서 구글의 지위가 굳건하다고 생각할 것이라는 점이었다. 오픈AI의 위협은 자신의 드넓은 제국 국경 근처에서 발생한 소소한 습격일 뿐이고, 오픈AI 뒤에 있는 마이크로소프트는 구글에게 밀리기만 하던 만년 패장일 뿐이므로 염려할 필요 없다고 여겼다. 피차이는 가장 사나운 적이 이미 눈앞에 당도했음을 깨닫지 못하고 있었다.

구글의 한 직원은 불만을 토로했다.

"해적들은 이미 바다 위에 배를 띄우고 있는데 우리만 굼뜨게 움직이고 있다."

빌 게이츠: 내 평생 이토록 경이로운 시연은 처음이다

한편 전장의 다른 쪽에서는 마이크로소프트에서 20억 달러 투자를 유치한 오픈AI의 전 직원이 합심해 그 당시 기준으로 가장 강력한 대규모 언어 모델인 GPT-4 출시를 준비 중이었다.

전쟁 중에는 제 실력을 키우는 동시에 상대가 실수하기를 기다려야 한다. IT 업계의 변화는 늘 눈 깜짝할 사이에 일어나기에 때를 놓치면 안 된다.

샘 올트먼은 비상한 눈치로 경쟁자의 이상을 알아차렸다. 르모인 사건으로 뜻하지 않게 람다 챗봇 기술이 최근 몇 달 동안 이룬 진전이 외부에 알려지면서 샘 올트먼의 경각심을 일으켰다. 그러나 한편으로는 구글 내부의 의견차가 좁혀지기 어렵다는 점을 눈치챘다. 오픈AI로서는 쌍수를 들고 반길 일이었다. 이밖에 또 다른 경쟁자인 앤스로픽이 자체 챗봇을 개발 중이라는 소문이 퍼졌다.

2022년 8월, 전쟁이 한껏 격화된 상황에서, 샘 올트먼은 그렉 브록만을 데리고 시애틀 외곽 워싱턴호수에 자리한 6,000제곱미터 크기의 호화저택을 방문해 빌 게이츠를 만난다. 마이크로소프트 CEO 사티아 나델라도 이 자리에 참석했다.

빌 게이츠는 이미 고령임에도 IT 업계 '전쟁의 신'이었다. 그가 실리콘 밸리를 호령하던 시절, 스티브 잡스를 포함해 그 누구도 빌 게이츠의 적수가 되지 못했다. 그러나 반독점법 소송으로 자리에서 물러나야겠다는 생각이 들던 차에 새 시대의 서막이 열리자, 오랜 친구인 스티브 발머 Steve Ballmer에게 CEO 자리를 넘기게 된다. 그로부터 얼마 지나지 않아 구글이 비상하기 시작한다.

1995년, 빌 게이츠와 마이크로소프트는 절정기를 맞이했다. 그러나 빌 게이츠는 저서 『미래로 가는 길』에서 두려움을 드러냈다.

"컴퓨터 기술이 발전하면서 한 시대의 리더가 다음 시대의 리더가 된 경우는 없다. 이 점이 조금 두렵다."

그는 39세의 나이에 그 사실을 깨닫고 탄식했다.

"그래서 역사적으로 보았을 때, 마이크로소프트는 초고속 정보 통신망 시대의 리더로는 적합하지 않은 것 같다."

그러나 빌 게이츠는 곧 자신의 포부를 밝혔다.

"나는 이 역사적 전통을 부수고 싶다."

그로부터 30년이 흐른 지금, 일흔을 앞둔 빌 게이츠는 여전히 역사의 변화에 도전하고 있다. 그는 승리를 갈망한다.

샘 올트먼은 빌 게이츠와 같은 전설적인 인물을 자신의 편에 둔 것에 몹시 기뻐했다. 샘 올트먼은 수시로 빌 게이츠의 의견을 구했다. 전설적인 업계 선배에게서 배울 점이 많아서이기도 했지만, 슈퍼 투자자인 마이크로소프트와 더 끈끈한 관계를 맺기 위해서이기도 했다. 몇 달 전, 빌 게이츠는 샘 올트먼과의 저녁 식사 자리에서 말했다.

"나는 대규모 언어 모델의 효과에 대해 회의적이다. AP 생물학 시험을 통과하는 등의 비판적 사고가 필요한 임무에서 뛰어난 성과를 보이지 않는 한 말이다.”

샘 올트먼과 그렉 브록만은 다시 빌 게이츠의 집을 방문해 거실의 초대형 스크린에서 아직 출시하지 않은 GPT-4의 성능을 시연했다.

브록만은 AP 생물학 과목 객관식 문제 시험지를 시스템에게 넘겼다. 문제는 총 60개였다. 몇 분 지나지 않아 시스템이 답안을 제출했다. GPT-4는 단 한 문제만 빼고 다 맞췄다.

시큰둥하던 빌 게이츠는 그제야 벌떡 일어나며 표정을 굳혔다. 40년 전에 제록스Xerox의 엔지니어가 PC 그래픽 사용자 인터페이스 GUI를 시연했을 때도 빌 게이츠는 비슷한 반응을 보였다. 그는 GPT-4가 GUI만큼 혁명적임을 깨달았다.

빌 게이츠는 사티아 나델라에게 말했다.

“내 평생 이토록 경이로운 시연은 처음이다.”

나델라도 고개를 끄덕였다. 빌 게이츠는 마이크로소프트에서 아무 자리도 맡고 있지 않지만, 여전히 그가 대체 불가능한 정신적 지도자임을 모르는 사람이 없다. 구글로 돌아간 나델라는 곧바로 오픈AI의 기술을 마이크로소프트의 검색, 안전 Microsoft 365 플랜 업무에 전면적으로 적용하라고 지시한다.

나중에 빌 게이츠는 샘 올트먼에게 ‘경쟁’에 대한 생각을 물었다.

“이렇게 많은 사람이 이 트랙에 비집고 들어오는 것이 참 재밌지 않나?”

그러자 샘 올트먼은 이렇게 대답했다.

“짜증 나지만 힘도 나고 재밌다. 당신도 이런 느낌을 받은 적이 있을 것이다.”

그 말에 빌 게이츠는 회심의 미소를 지었다. 그는 이렇게 말했다.

"승리하려면 단기적인 수익을 좇지 말고 팀을 하나로 단결시켜 중요한 문제의 해결에 매진하게 해야 한다."

샘 올트먼도 고개를 끄덕였다. 전장의 신이었던 노장은 이미 승리의 문으로 향하는 틈새를 발견했다. 솔직히 말해, 마이크로소프트는 이미 너무 오래 구글의 발밑에서 기었다.

오픈AI의 급습: 챗GPT

벤 호로위츠는 저서 『하드씽』에서 이런 말을 했다.

"평화로운 시기의 CEO는 장점을 살리고 단점을 피할 수 있으나 전시의 CEO는 변칙을 써야 한다."

시애틀에서 돌아온 샘 올트먼은 '급습'을 결심한다.

2022년 11월, 샘 올트먼은 갑자기 직원 전체 회의를 소집해 몇 주 안에 챗봇을 출시해야 한다고 말했다. 그런 샘 올트먼이 생각한 모델은 최신 GPT-4가 아니라 그보다 성능이 못한 구형 버전으로, 충분한 테스트와 개선이 요구됐다. 아무튼 샘 올트먼은 GPT-3.5 출시를 지시하며 이를 위해 간단한 대화 인터페이스를 준비하라고 한다.

쫓기듯 새 챗봇을 만드는 것에 불만을 가진 직원도 있었다. 개발팀은 이미 GPT-4의 정식 출시를 앞두고 눈코 뜰 새 없이 바빠 다른 프로젝트를 신경 쓸 겨를이 없었다. 게다가 혹시 모를 리스크와 남용 문제에 대한 충분한 준비와 검증이 부족한 상황이었다.

샘 올트먼은 일단 직원들을 달랬다. 사람들이 GPT-3.5를 사용하게 되면, 오픈AI는 사람들이 AI를 사용하는 법, AI와 상호작용하는 법에 관한 더 많은 데이터를 모을 수 있어서 향후 회사가 GPT-4의 발전 계획을 세우는 데 유용할 것이라며 직원들을 설득했다. 이는 기술을 더 광범위하게 배치한다는 오픈AI의 전략적 방침에도 부합했다. 오픈 AI는 기술을 차근차근 퍼뜨려 사람들이 습관적으로 사용하게 만들겠다는 전략을 세운 바 있다.

샘 올트먼은 거듭 강조했다.

"오픈AI는 데이터 플라이휠data flywheel을 시동해야 합니다."

데이터 플라이휠은 인터넷 업계에서 많이 쓰는 용어다.

이 상품의 원래 이름은 '챗 위드 GPT-3.5'였는데 발음하기가 영 고 약했다. 결국 한차례 브레인스토밍 끝에, 샘 올트먼은 챗GPT라고 간단하게 줄였다.

경영진은 업무 협력 툴 '슬랙Slack' 채널에서 토론을 거듭했지만 출시에 대한 우려는 여전했다. 그러나 샘 올트먼은 이것저것 재고 따질 여유가 없었다. 결국 샘 올트먼은 '한번 해보자'라는 말로 토론을 종결지으며 의견을 하나로 모았다. 경영진은 새 챗봇 출시를 일반적인 제품 출시가 아닌, '소소한 연구 미리보기'로 규정했다.

11월 29일, 챗GPT 출시 하루 전날 밤, 마침내 준비 작업이 마무리되었다. 그렉 브록만 오픈AI 회장은 야근을 밥 먹듯이 한 개발팀을 위해 회식 자리를 마련했다. 술기운이 오른 그렉 브록만은 며칠 동안 고생한 팀원들의 헌신에 고마움을 표하면서도 챗GPT가 큰 관심을 끌지는 못할 것으로 예상했다.

"많아 봐야, 좋아요 5,000개가 달린 트윗 하나일 거다."

11월 30일 오전 11시 38분, 샘 올트먼은 자신의 X 계정에 9개의 단어와 링크로 이루어진 트윗을 조심스레 올렸다.

> 오늘 챗GPT를 출시했다. 여기서 챗GPT와 이야기를 나눠 봐.
> http://chat.openAI.com

샘 올트먼은 댓글 창에 이렇게 덧붙였다.

"이건 프로토타입일 뿐이야(여전히 한계가 많아—연구 버전이랑 비슷해)."

샘 올트먼은 글을 너무 빨리 쓰느라 한 글자를 틀리기까지 했다.

챗GPT는 이처럼 소리 소문 없이 세상에 모습을 드러냈다. 안전 관련 부서를 포함해, 챗GPT 출시에 직접 참여하지 않은 상당수 오픈AI 직원은 챗GPT가 공개된 줄도 몰랐다. 영업팀은 이번 공개가 판매에 영향을 미치지는 않는다는 정도만 간단히 고지받았다.

샘 올트먼은 이사회에조차 이 사실을 보고하지 않아, 훗날 이사회의 공격을 받을 빌미를 제공한다. 그러나 샘 올트먼은 챗GPT 공개의 파급력을 굉장히 과소평가했을 뿐, 고의로 감춘 것이 아니었다.

오픈AI 내부에서는 첫 주에 얼마나 많은 사람이 챗GPT를 사용할지를 두고 내기까지 걸었다. 가장 높은 숫자는 10만 명이었다.

그러나 모두 틀렸다. 챗GPT의 인기는 상상을 초월했다. 닷새 만에 사용자가 100만 명을 넘어섰다. 등록자 수가 폭증하면서 회사 서버가 마비될 지경이었다. 백엔드 엔지니어들은 사무실 카페테리아 옆의 너저분한 공간을 바삐 오가며 노트북 앞에 우르르 모여 다른 프로젝트에서 컴퓨팅 파워를 빼갔다.

사태가 진정된 뒤, '소소한 연구 미리보기'는 금세 회사 내부의 밈이 되었다. 한 직원이 달리^{DALL·E}로 만든 이 밈은 불길에 집어삼켜지기 직전인 컴퓨터의 이미지였다.

혁신가의 딜레마

챗GPT는 완전히 세상을 뒤집어 놓았다. 두 달 만에 월간 활성 사용자 수가 1억 명까지 늘어 역사상 사용자 증가 속도가 가장 빠른 소비자 앱이 되었다. 여기까지 가는 데 틱톡은 9개월, 인스타그램은 2년 6개월, X는 5년이 걸렸다.

12월 초, 오픈AI 샌프란시스코 본사에서 남쪽으로 차로 한 시간 정도 떨어져 있으며 무료 식당, 마사지실, 피트니스 클래스, 심신을 안정시키는 애완동물까지 있어 미국에서 가장 좋은 업무 환경으로 여러 번 뽑힌 적 있는 구글 본사는 원래 전 직원이 편안한 마음으로 크리스마스 연휴를 즐길 준비를 하고 있어야 했다.

그러나 지난 한 주 동안, 구글 본사의 분위기는 처참했다.

구글 CEO 순다르 피차이는 이 시간 동안 챗GPT만 붙들고 있었다. 결론은, 사용하면 할수록 더 참담해졌다. 피차이는 구글이 공전의 위기를 맞이했음을 깨달았다. 지난 10년 동안 AI 분야에서 이견의 여지 없는 리더였던 구글은 제프리 힌턴을 끌어들이고 딥마인드를 인수하고 알파고를 출시하고 트랜스포머 모델을 발명했다. 구글의 한 걸음 한 걸음은 업계의 흐름을 주도하고 대중의 이목을 모았다. 하지만 굴러온 돌이 가장 빛나는 과실을 따가 버렸다.

2022년 한 해 내내, 구글 내부에서는 챗봇 출시 여부를 토론했다. 그러나 임원들의 우유부단함과 이른바 '대기업병'이 비극을 초래했다. 구글 제품 담당 전 매니저인 가우라브 네마드Gaurav Nemade는《워싱턴포스트》에 이같이 밝혔다.

"구글은 걱정이 너무 많고 회사의 평판이 나빠질까 무척 두려워한다. (…) 구글은 보수주의적이다."

구글 내부에는 사용자 연구원, 사회과학자, 기술자, 윤리학자, 인권 전문가, 정책 및 사생활 컨설턴트, 법률 전문가로 이루어진 심사 그룹이 있다. 이들은 윤리 문제를 최소화하기 위해, 구글 AI 원칙AI Principles에 따라 구글의 전 제품을 심사한다. 이런 심사 그룹의 존재로 인해 챗봇 출시는 기약 없이 미뤄졌다.

오픈AI 같은 스타트업은 불완전한 제품을 출시해도 장점은 띄워 주고 단점은 너그럽게 넘어가 준다. 그러나 구글처럼 큰 기업은 티끌만한 단점도 맹렬한 비난을 각오해야 한다.

크리스마스 연휴가 2주도 채 남지 않은 어느 날 오전, 피차이는 더는 망설이지 않고 임원 회의를 소집한다. 회의실에 들어선 사람들은 하나같이 표정이 딱딱하게 굳었고 이 회의의 목적을 알고 있었다. 피차이는 연말까지 챗GPT에 견줄 만한 AI 서비스를 출시하고 클라우드, 검색 기능을 탑재하고 다른 서비스에도 점진적으로 AI 기능을 추가하기로 마음 먹었다.

회의가 시작되자 법무 담당 수석 부사장인 켄트 워커가 무표정한 얼굴로 단도직입적으로 물었다.

"또 뭐가 걱정인지 하나하나 이야기해 보세요."

그러자 각자가 맡은 분야에서 보았을 때, 챗봇 출시가 얼마나 어리석은 일인지 너도나도 떠들어대기 시작했다. 아마 과거에도 분명히 이와 같은 일이 여러 번 있었을 것이다. 구글의 AI 제품은 이런 옥신각신 때문에 세상에 나오지 못했다.

피차이는 샘 올트먼처럼 '한번 해보자'는 말을 던질 수 없었다. 구글은 직원이 십수만 명이나 되는 대기업이었고 피차이는 권위적인 보스가 아니라 대가족을 거느린 '가장'처럼 각 측의 균형을 조심스레 유지하고 있었기 때문이다.

결국 타협안이 나왔다. 구글은 제한적인 공개를 결정했다. 구글은 어떤 것도 제품으로 부르지 않기로 했다. 이번 공개는 일종의 '실험'이었기 때문이다.

한편 그 시각, 실리콘 밸리 북쪽으로 1,300킬로미터 떨어진 워싱턴주 레이먼드에 있는 마이크로소프트 본사는 축제 분위기에 휩싸였다. 마이크로소프트의 경영진은 챗GPT 출시에 몹시 고무됐다.

챗GPT의 성공 덕분에, 노쇠하던 마이크로소프트는 다시 젊음의 활력을 되찾아 경쟁자인 구글과의 전면전을 개시한다.

검색의 '새 시대'

2023년의 해가 밝자마자 마이크로소프트는 2월 7일 본사로 기자들을 초청해 챗봇이 탑재된 자사의 검색 엔진 빙^{Bing}을 선보이겠다고 밝혔다.

이 소식은 구글을 무릎 꿇릴 마지막 한 방이 되었다. 인내심이 닳은 구글은 마이크로소프트보다 한발 앞서 챗봇을 출시하기로 한다.

2월 6일, 마이크로소프트의 발표회 하루 전, 구글은 자사의 챗봇 바드Bard를 출시할 것이라고 발표하며 바드의 주요 기능과 응용 시나리오를 열거했다. 단, 구체적인 출시 시간을 밝히지는 않았다. 사실 바드는 구글의 대규모 언어 모델인 람다를 기반으로 한 챗봇이다. 르모인 사건 이후, '람다'라는 이름조차 거론하지 않던 구글은 금세 더 강력한 모델인 팜PaLM으로 업그레이드할 계획을 밝혔다.

나델라는 전혀 동요하지 않았다. 2월 7일, 나델라는 샘 올트먼과 함께 무대에 올라 기자들에게 GPT-4를 탑재한 검색 엔진 빙을 선보이며 '검색의 새 시대가 왔다'고 왔다고 선언했다.

이는 구글에 대한 선전포고나 다름없었다.

"오늘부터 시합은 시작되었다. 우리는 빠르게 나아갈 것이다. 우리는 날마다 새로운 것을 출시할 것이다."

무대 아래에서 환호성이 터져 나왔다.

2월 8일 새벽, 마이크로소프트의 주가는 5%나 뛰었다. 반면 성급히 올린 구글의 공고에서는 문제가 발견되었다. 응용 시나리오 속 이미지 중 하나가 문제였는데, 바드는 그것이 제임스웹 우주망원경James Webb Space Telescope이 처음으로 찍은 태양계 밖 행성의 사진이라고 했다. 그런데 알고 보니 칠레 북부의 유럽남방천문대에서 2004년에 처음으로 찍은 태양계 밖 행성의 사진이었다.

너무도 분명한 오류로 인해 바드는 소셜미디어에서 웃음거리가 되고, 구글 주가는 8%나 떨어져 시가총액은 1,000억 달러나 날아가 버렸다. 나중에야 마이크로소프트의 챗봇에도 문제가 있음이 드러났으나 당시에는 아무도 그 사실을 신경 쓰지 않았다.

솔직히 바드가 그렇게 엉망이었던 것은 아니다. 챗GPT도 아무렇지 않게 헛소리를 늘어놓았으니 말이다. 챗GPT 출시 이후, 모두가 구글의 반응을 기다렸다. 그런데 이 실수 하나로 지난 십수 년 동안의 AI 분야 리더라는 이미지가 무너졌다. 그렇게 하룻밤 사이에 헤비급 구글이 라이트급 오픈AI에게 AI 분야의 선두를 빼앗기고 만다.

이에 비해 오픈AI 기술을 탑재한 빙은 큰 인기를 끌며 짧은 시간 안에 다운로드 건수가 여덟 배나 급증했다. 나델라는 마이크로소프트가 '800파운드 고릴라'를 쓰러뜨렸다며 구글을 조롱했다.

'혁신가의 딜레마'라는 저주가 다시금 힘을 발휘했다. 오픈AI와 마이크로소프트는 구글의 진지 한복판으로 들어가 구글의 핵심 사업인 '검색' 분야를 위협하고 있었다.

게다가 그로부터 한 달 뒤, 마이크로소프트는 또 다른 핵심 제품인 코파일럿Copilot을 내놓았다. 코파일럿은 부조종사라는 뜻이다. 이름에서 알 수 있듯이, 코파일럿은 전문가 조수 역할을 하며 사용자의 수많은 복잡한 업무를 도울 수 있다.

마이크로소프트와 오픈AI가 파트너십을 맺기 전인 2017년에 빌 게이츠와 사티아 나델라, 그리고 몇몇 임원은 비망록을 공유했다. 비망록에 적힌 빌 게이츠의 예측은 이러했다.

"우리가 원하는 모든 것과 생각을 예측할 수 있는, 내가 'AI 에이전트'라고 부르는 디지털 개인 조수가 머잖아 새로운 세계 질서를 가져오리라 본다. 이 에이전트는 아이폰의 시리Siri와 아마존의 알렉사Alexa 보다 훨씬 강하며 '신'과 같은 지식과 초자연적인 직관을 가졌을 것이다."

빌 게이츠는 또 이렇게 적었다.

"이 에이전트는 우리와 컴퓨터의 상호작용 방식만 바꾸는 것이 아니라, 소프트웨어 산업을 뒤엎어 명령을 입력하는 데서 아이콘을 탭하는 방식으로 바뀐 이후의 가장 큰 컴퓨팅 혁명을 불러올 것이다.”

어쩐지 현실적이지 않은 내용이다. 익명의 마이크로소프트 임원은 '너무 미래지향적으로 보였다'고 토로했다. 마이크로소프트는 실패한 오피스 비서 클리피Clippy부터 인종차별주의 챗봇이었던 테이Tay까지, 그동안 개인 '에이전트'를 만들려고 여러 번 시도했으나 번번이 비웃음만 샀다. 당시에는 차세대 AI 에이전트가 마이크로소프트를 바꿀 것이라고 믿는 사람이 거의 없었다.

그러나 이제는 빌 게이츠의 비망록이 코파일럿의 등장을 암시했으며, 이 AI 툴이 마이크로소프트를 기업 가치가 가장 높은 상장 기업으로 만들어 줄 것이 분명해 보인다.

코파일럿은 오픈AI의 GPT 대규모 언어 모델 중 한 버전을 기반으로 구동되는 AI 서비스로, 작년에 마이크로소프트 제품 중 하나로 처음 선보여졌으며 프레젠테이션을 준비하거나 회의 요약 등의 작업을 지원할 수 있다. 익명을 요구한 그 임원은 이렇게 말했다.

“이제 코파일럿은 그가 예전에 쓴 그대로인 것 같다.”

코파일럿 출시 전날 밤, 마이크로소프트 CTO 케빈 스콧은 임원들에게 〈AI 코파일럿의 시대〉라는 제목의 비망록을 보냈다. 그 내용은 이러했다.

일을 시작하고 나서 지금까지 이런 시대는 겪어 본 적이 없다. 내가 있는 분야에 이토록 큰 변화가 일어나고 있고, 가능성을 재구성할 수 있는 기회가 이토록 현실적이라는 데 흥분을 금할 수 없다. 우리의 다음 임무는 마이크로소프트에서 가장 인기 있는 개발 소프트웨어 깃허브GitHub에 코파일럿을 성공적으로 응용하는 것이다. 이 코파일럿의 엔진은 오픈AI에서 새로 발명한 GPT-4이다.

오픈AI의 GPT-4는 빌 게이츠의 예언을 현실로 만들었다. 심지어 케빈 스콧은 샘 올트먼의 열성팬이 되었다. 그는 샘 올트먼이 언젠가 스티브 잡스, 빌 게이츠, 마크 저커버그와 어깨를 나란히 하게 될 것이라고 했다.

"이들은 IT업계, 더 나아가 전 세계에 불멸의 흔적을 남겼다. 샘도 그중 한 명이 될 것이다."

25번째 생일을 축하해, 구글

고통스럽더라도 거대한 항공모함 '구글'의 변화는 불가피했다. 2023년 1월, AI로 힘을 모으기 위해, 피차이는 창립 이래 최대 규모의 감원을 발표하고 전 직원의 6%에 해당하는 약 1.2만 개의 일자리를 없앤다.

두 달 뒤, 구글은 마침내 챗봇 바드를 공식적으로 출시한다. 그러나 바드의 출시는 한 주 전 오픈AI가 출시한 GPT-4에 관한 어마어마한 양의 뉴스와 사용자들의 찬사에 묻히고 만다. 이후 구글은 어쩔 수 없이 바드의 이름을 제미나이Gemini로 바꾸기까지 했다. 구글 역사상 이토록 굴욕적이었던 때는 없었다.

그제야 피차이는 수중에 딥마인드라는 히든카드가 남아 있음을 떠올렸다. 2월 말, 구글은 구글 리서치 산하에서 대규모 언어 모델에 주력하던 블루시프트 팀Blueshift Team을 정식으로 딥마인드에 합병시켰다. 힘을 합쳐 대규모 언어 모델 성능을 제고하기 위해서였다. 이 같은 소식에 딥마인드 과학자들은 소셜 네트워크에 연달아 환영의 뜻을 밝혔다.

그러나 지난 2년 동안 딥마인드와 본사 사이의 갈등으로 구글의 경쟁력은 약해졌고, 챗봇 출시 실패로 과거 검색 분야에서 쌓은 명성이 하루아침에 무너졌으며, 피차이의 자리도 위태로워졌다. 애널리스트들과 언론은 그가 곧 CEO 자리에서 물러날 것이라고 떠들어댔다.

구글의 공동 창업자 세르게이 브린도 다시 회사에 출근하기 시작했으며, AI 제품 개발에 참여하는 과정에서 몇 년 만에 직접 코드까지 작성한 것으로 알려졌다.

2023년 9월 27일은 구글의 25번째 생일이었다. 피차이는 생일을 축하하며 다음과 같이 적었다.

> AI는 기술의 근본적인 전환이자 인간 독창성의 불가사의한 촉진제이다. AI를 모두에게 더 이롭게 만들고 책임감 있게 배치하는 것이, 앞으로 10년 동안 구글이 우리의 미션을 이행하는 가장 중요한 방식이 될 것이다.

한편 승장의 위엄을 떨친 샘 올트먼도 X에서 구글에 대한 경의를 표했다.

> 25번째 생일을 축하해, 구글. 구글은 역사상 가장 중요한 회사 중 하

나다. 나를 비롯한 여러 사람의 삶을 바꾼 놀라운 제품들에 크나큰 경의를 표한다(비꼬는 말로 오해를 받을까 봐 걱정이다. 하지만 나는 매우 진심이다).

샘 올트먼은 승리를 선서하면서 덤으로 좋은 이미지까지 챙겼다. 인지도와 영향력이 급속히 커지면서, 이 시기 오픈AI는 마치 벼락부자처럼 스카우트 광풍을 일으켜 메타, 애플, 아마존 등 세계 정상급 기업에서 임원들을 스카우트하기 시작했다.

임직원 수가 빠르게 늘면서, 여태껏 사용하던 파이오니어 빌딩만으로는 다 수용할 수 없게 되었다. 그래서 몇 블록 떨어진 또 다른 건물로 옮겨 간다. 새 건물은 오래전 마요네즈 공장으로 쓰였던 4층짜리 회백색 건축물로, 바깥에 아무런 표시가 없었다. 그런데 이 볼품 없는 건물의 내부에서는 샘 올트먼의 요구에 따라 대대적인 리모델링이 진행되었다. 그리하여 캠퍼스 스타일의 카페테리아, 셀프 바, 주방, 휴게실, 도서관을 갖춘 새로운 공간으로 거듭났다.

샘 올트먼은 자기가 구상한 '구불구불 올라가는 계단'을 무척 마음에 들어 했다. 오픈AI 직원 500명은 날마다 계단을 오르내리다가 서로 만나고 이야기를 나누었다. 이곳은 업무를 처리하는 곳이라기보다, 새로운 시대의 분위기가 충만한 유토피아에 가까웠다.

샘 올트먼의 사무실에는 청동검이 하나 놓여 있는데 가끔 기분이 날 때마다 꺼내서 휘두르곤 했다. 검날의 일부가 살짝 패여 짙게 변색되어 있는데, 수천 년 전에 있었던 전투 중에 투구를 내리쳐서 생긴 흔적이라고 한다. 샘 올트먼은 가끔 이 검을 꺼내 친구들에게 보여 주고는 뼈를 맞춘 것일 수도 있다며 친구들과 옥신각신하기도 했다. 그런데 그는 진짜 사령관처럼 오픈AI를 이끌고 거대한 구글을 무찌르고 첫 전투에서 승리를 거뒀다.

그로부터 얼마 후의 어느 날 저녁, 샘 올트먼은 벤처 캐피털 분야에 몸담고 있는 두 남동생에게 문자메시지를 보냈다. '마이크로소프트에서 또 지폐 열 장10 Bills을 조달했어.' 동생들은 곧바로 그의 말을 이해했다. 올트먼이 말한 액수는 100억 달러였다. 이로써 마이크로소프트가 오픈AI에 투자한 금액은 총 130억 달러로 늘었다. 마이크로소프트의 2023년도 이윤이 720억 달러에 불과했음을 알아야 한다. 마이크로소프트가 스타트업에 이토록 큰돈을 투자한 것은 처음 있는 일이었다.

샘 올트먼과 개발팀의 노력과 모험은 마침내 결실을 맺었다. 이제 그들은 더 이상 오합지졸이 아니라 AI 업계에서 무시할 수 없는 한 축을 담당하는 존재가 되었다.

그러나 이 젊은 CEO는 큰 승리 뒤에는 남모를 걱정이 뒤따른다는 진리를 모르고 있었다. 지난 몇 년 동안 개발팀을 짓누르던 외부의 압박이 사라지자, 그간 쌓인 내분의 기미가 싹트기 시작했다.

PART 2

AGI로 가는 길은 거대한 권력 투쟁이다.

-샘 올트먼

권력 게임

실리콘 밸리의
'종교 전쟁'

스케일링 법칙은 신이 정하지만 그 상수는 기술팀이 정한다.

—샘 올트먼

당신이 인류의 다른 모든 자질보다 지능을 더 가치 있게 여긴다면, 앞으로 힘든 시간을 보내게 될 것이다.

—일리야 수츠케버

페이퍼클립의 인류 종말 예언

2022년 가을의 어느 날, 오픈AI 로고 수천 개가 엮인 페이퍼클립이 샌프란시스코에 있는 오픈AI 본사에 전달됐다. 오픈AI 직원들은 누가 보낸 것인지 모르면서도 그것이 뜻하는 바를 곧바로 알아차렸다.

AI 분야에서 페이퍼클립이 '인류 멸망'을 예언한다는 것은 알 만한 사람은 다 아는 이야기다. 철학자 닉 보스트롬Nick Bostrom은 2014년에 출간한 『초지능Superintelligence』의 '페이퍼클립 최대화paperclip maximizer

사고 실험'에서 처음으로 이 예언을 꺼낸다. 만약 AI에게 최대한 많은 페이퍼클립을 만들라는 단 하나의 임무를 준다면, AI은 임무를 완수하기 위해 무의식적으로 전 인류를 파괴하려 할 것이다.

AI에게 팩맨 게임을 시켰더니 이와 비슷한 결과가 나왔다. 인간이 설정한 보상 함수에 따르면, 게임을 잘할수록 스테이지를 더 빨리 클리어하고 더 높은 점수를 받는다. 그런데 AI 연구원들은 보상 함수가 AI에 의해 쉽게 왜곡되는 현상을 발견했다. AI는 더 높은 점수를 얻는 데만 열중해, 모든 잘못된 길을 다 지나가면서 모든 점을 다 먹거나, 게임 설정을 바꾸는 등 조작을 서슴지 않았다.

AI는 미로를 빠져나가는 것이 게임의 진짜 목표라는 사실을 이해하지 못했다. 이런 현상을 리워드 해킹Reward hacking이라고 부른다. 리워드 해킹은 리워드 모델 설계와 AI의 실제 행위 사이에 예측할 수 없는 불확실성이 존재함을 보여 준다. AI 신경망이 더 강력해지면서 리워드 해킹은 AI가 보상을 얻기 위해 더 상상할 수 없는 방식으로 조작을 시도하게 할 것이다.

AI는 여전히 블랙박스에 가깝다. 스케일링 법칙에 따라 '많이 투입하면 불가사의한 일이 일어나' 지능이 생길 수 있다고만 생각하지, 실제로 인간은 AI가 어떻게 움직이는지 모른다. 그래서 AI 안전에 주목하는 기술자들은 '결과가 그러하다는 것은 알지만 정작 왜 그런 결과가 나왔는지는 모르는', 이런 AI의 발전이 미지의 위험을 불러올 수 있다고 우려한다.

샘 올트먼도 이런 말을 했다.

"스케일링 법칙은 신이 정하지만 그 상수는 기술팀이 정한다."

효율적 가속주의 VS 효율적 이타주의

2023년 가을, 챗GPT가 등장하고 산업계에서 AI가 폭발적인 주목을 받으면서 실리콘 밸리는 더 빨리 분열하기 시작했다. 업계는 효율적 가속주의effective accelerationism와 효율적 이타주의effective altruism, 양측으로 갈라졌다. 가속주의자는 시장의 힘을 믿었고 이타주의자는 도덕, 이성, 수학과 정밀한 성능 검사를 거친 로봇이 미래를 이끌어야 한다고 생각했다.

가속주의는 1900년대 초의 미래주의Futurism 운동에서 시작되었다. 가속주의 신봉자는, 기술이 강하고 빠른 힘이라고 생각한다. 그래서 기술 혁명의 속도를 높여야 한다고 주장하며 심지어 전쟁을 비롯한 기술의 궤멸적 차원에 대해서도 '아름답다'고 찬미한다. 2010년 무렵, 가속주의는 훨씬 더 급진적으로 변한다. 철학자 닉 랜드Nick Land를 비롯한 가속주의자는 자본의 작용을 강조하며, 기술과 사회의 헤게모니는 전제적인 기관과 소수의 기술자가 장악해야 한다고 생각했다. 이것이 현재 AI 분야 '효율적 가속주의'의 철학적 원천으로 여거진다.

실리콘 밸리에는 효율적 가속주의자가 적지 않다. 소셜 네트워크 X에서는 YC의 네 번째 CEO 게리 탠Garry Tan, 앤드리슨 호로위츠 창업자 마크 앤드리슨Marc Andreessen처럼 아이디 뒤에 e/acc 또는 acce/acc라는 효율적 가속주의effective accelerationism의 축약어를 붙인 계정을 가끔 볼 수 있다.

반면 효율적 이타주의는 약 10년 전 영국 옥스포드 대학 교정에서 시작되었다. 처음에는 단순히 인터넷 커뮤니티에서만 활동했으나 최근 몇 년간 급속히 세를 불려 이미 전 세계적으로 거대한 커뮤니티를 이루었다. 효율적 이타주의를 추종하는 수많은 분파와 파벌은 여러 비영리 단체와 연구 및 예측 센터, 각종 포럼 등을 만들었다. 비트코인 커뮤니티부터 미국 백악관까지, 어디에서나 효율적 이타주의자의 그림자를 볼 수 있다. 실리콘 밸리에서는 이보다 더 많은 효율적 이타주의자들의 활동을 확인할 수 있다.

효율적 이타주의는 복잡하면서도 참신한 세계관이다. 효율적 이타주의의 핵심 이념은 철학자 피터 싱어Peter Singer의 사상으로 설명할 수 있다. 즉 '기본적인 생존을 유지하기 위해 쓰는 것 외에 당신이 쓰는 모든 돈은 다른 사람의 죽음을 대가로 한 것이다.' 이 운동을 이끄는 리더이자 옥스포드 대학 철학과 조교수 윌리엄 맥어스킬William MacAskill은 한발 더 나아가 '만약 누군가가 극도의 빈곤으로 죽었다면 당신이 직접 그들을 죽인 것이나 다름없다'라고 했다. 일론 머스크는 맥어스킬의 생각이 자신의 철학관에 매우 부합한다고 밝힌 바 있다.

처음에 이 운동은 주로 세계 빈곤 문제와 동물 복지에 주목했으나, 몇 년 전부터는 인류에 대한 AI의 위협에 초점을 맞추기 시작했다. 효율적 이타주의자들은 현재 인류를 보호하는 것만큼 미래 인류를 지키는 것도 중요하다고 강조하며, AI가 인류에 존재적 위협을 가하고 있다고 주장한다.

효율적 이타주의자가 AI에 대해 훨씬 부정적이고 경계하는 것이 분명해 보인다. 이타주의자는 AI가 인류를 속이는 한편, 자신의 효용함수를 최대화하기 위해 인류를 파괴하려 할 것이라고 주장한다.

이러한 효율적 가속주의와 효율적 이타주의의 갈등은 점차 여론전에서 고지를 차지하려는 '종교 전쟁'으로 비화하고 있다. 또 AI 기업에 침투해서는 이데올로기를 둘러싼 권력 투쟁으로 변했다. 표면적으로는, 효율적 가속주의와 효율적 이타주의의 갈등이 업계의 독보적인 기업 내부의 권력 투쟁으로 보이지만, 사실상 이는 AI 발전 노선을 둘러싼 충돌이라 할 수 있다. 효율적 가속주의자는 '가속주의'의 기치를 높이 들고 AI가 기술 엘리트들이 이끄는 대로 빠르게 세상을 개조하길 바란다. 반면 효율적 이타주의자는 이타주의를 바탕으로 AI가 인류의 통제하에서 발전하기를 바란다.

불안의 씨—오픈AI 내 두 가지 '주의'

지금 와서 생각해 보면 오픈AI가 설립 초기에 이미 불안의 씨를 심었음을 알 수 있다.

2015년, 오픈AI는 '전 인류'를 이롭게 하는 데 전력을 다하는 비영리 단체로 설립되었다. 이 점에서 오픈AI는 연구 기관이나 싱크탱크에 가까웠다. 오픈AI 헌장은 오픈AI의 가장 중요한 사명은 투자자나 직원이 아니라 '인류에게 도움이 되는 것'이라고 명확히 규정했다. 이는 수많은 기술이상주의자들을 오픈AI로 끌어들였다. 그러나 2019년, 오픈AI는 자금을 조달하고 정상급 인재를 끌어와 최종적으로 상업적 제품을 개발할 수 있도록 '수익 제한capped-profit' 구조를 도입한 자회사를 설립했다. 이때 오픈AI는 일확천금을 바라고 실리콘 밸리에 온 야심만만한 인재들을 대거 끌어들였다. 오픈AI 내부에는 금세 여러 파벌이 형성되었다. 샘 올트먼은 2019년의 어느 사원에게 보낸 메일에서 이런 파벌을 '종족'이라고 칭했다.

처음 몇 년 동안은 외부로부터의 생존 압박이 컸기에, 내부의 종족들은 성실히 협력하며 미묘한 균형을 유지했다. CEO로서 신중하고 영리했던 샘 올트먼도 특정 파벌에 대한 지지를 드러내지 않았다. 그러나 샘 올트먼의 초창기 발언들을 떠올리면, 흥미롭게도 그는 이타주의자에 더 가까웠다(이에 비해 일리야 수츠케버는 특정 파벌을 공개적으로 지지한 적이 없음에도 가속주의자로 보였다).

그러나 챗GPT가 출시되면서 이 균형이 무너지기 시작했다. 역사상 가장 성공한 상업적 제품 중 하나로서, 챗GPT는 다른 어떤 애플리케이션보다 빠르게 성장해 단신으로 AI에 대한 전 인류의 이해를 다시 정의했다. 그러나 이는 오픈AI 내에 존재하던 관념 차를 더 격화시키기도 했다.

특히 오픈AI가 구글을 꺾고 나서 마이크로소프트가 오픈AI에 100억 달러라는 입이 떡 벌어지는 액수를 다시 투자하기로 하면서, 샘 올트먼은 하룻밤 사이에 가속주의자로 돌변한 듯했다.

"이 거래는 오픈AI가 비영리기구의 지위를 얻었을 때 따르던 원칙을 완전히 파괴했다."

뉴욕대학 심리학 및 신경과학 명예교수이자 한 머신 러닝 기업의 공동 창업자인 게리 마르커스Gary Marcus는 180도 달려졌다고 평했다.

샘 올트먼에게도 1년 동안 엄청난 변화가 생겼다. 오픈AI를 작은 스타트업에서 논란의 여지가 없는 AI 분야의 대장으로 변모시키며 자본과 여론의 지지하에 절대 권력을 갖게 되었다.

일론 머스크도 이 점을 꿰뚫어 보았다.

"샘에 대한 내 감정은 복잡하다."

한 인터뷰에서 그는 〈반지의 제왕〉으로 의미심장한 비유를 한다.

"절대 반지는 사람의 마음을 타락시키는데, 샘이 지금 그 반지를 가지고 있다."

효율적 이타주의의 붕괴

페이퍼클립을 잔뜩 보낸 장난은 오픈AI의 경쟁자인 앤스로픽의 한 직원이 한 짓으로 밝혀졌다. 그런데 앤스로픽은 오픈AI의 AI 안전팀이 나와 만든 회사다.

4챕터에서 말했듯이 앤스로픽의 CEO 아모데이는 오픈AI 전 최고 연구 책임자로, 줄곧 AI의 안전성을 강조해 왔다. 아모데이는 AI가 기술의 개방성과 투명성 위에서 발전한다고 생각한다. AI 기술이 급속히 발전하면서 엄격한 안전조치를 통해 기술의 남용과 통제할 수 없는 상황이 벌어지는 것을 막아야 한다는 생각이다. 그러나 오픈AI 임원진은 영리 법인을 세우자마자 영리와 상업적 확장에 눈을 돌리기 시작했다. 이는 아모데이의 '안전 지상주의'와 정면으로 충돌한다. 그래서 아모데이는 오픈AI를 그만두고 앤스로픽을 설립했다.

여기서 알 수 있듯이 아모데이는 확고한 '효율적 이타주의자'이다. 그런데 아모데이와 효율적 이타주의의 관계는 여기서 끝이 아니다. 4챕터에서 효율적 이타주의와 관련된 단체인 오픈 필란스로피가 오픈AI에 3,000만 달러를 기부해, 오픈AI 설립 초기 최대의 자금원이 되었던 점을 언급한 바 있다. 그런데 이 오픈 필란스로피의 CEO인 홀든 카르노프스키가 바로 다리오 아모데이와 그의 여동생 다니엘라 아모데이의 동창이었다. 이후 홀든 카르노프스키는 다니엘라와 연인 관계가 되었다.

2017년 8월, 홀든 카르노프스키와 다니엘라 아모데이는 '효율적 이타주의'를 주제로 한 결혼식을 올렸다. 두 사람은 하객들에게 결혼식에 오기 전에 독일 철학자 위르겐 하버마스Jürgen Habermas의 무려 457쪽에 달하는 두꺼운 책을 읽고 오라고 권했다. 두 사람은 웨딩 웹사이트에서 이렇게 말했다.

"이는 우리의 결혼을 이해하는 데 필요한 배경지식이다."

공리주의 수학을 바탕으로, 효율적 이타주의 운동은 빅 테크 출신 지지자들을 끌어모았고, 이들은 효율적 이타주의 논리를 한층 더 공고히 했다. 더 많은 돈을 벌면 기부금 액수를 늘릴 수 있는데, 왜 기부하는 돈에만 신경을 쓰는가? 이 논리에 따르면, 만약 당신에게 능력이 있다면 헤지펀드나 빅 테크에서 일하며 기부하는 것이 자선단체를 위해 일하는 것보다 더 도덕적이다. 샘 뱅크먼 프리드는 몰락하기 전까지 줄곧 이 신조를 따른 전형적인 인물이었다.

아모데이 남매가 앤스로픽을 설립한 뒤, 샘 뱅크먼 프리드는 그들의 든든한 지지자가 되었다. 코인업계에서는 그의 이름 앞 글자를 조합해 일명 'SBF'라고 불렀는데, 그가 설립한 FTX는 세계 제2의 암호화폐 거래소로, 하루 거래액이 100억~150억 달러였고 시가총액은 한때 320억 달러까지 치솟았다.

샘 뱅크먼 프리드는 엄청난 수입으로 자신의 삶을 윤택하게 하는 것이 아니라 수십억 명을 위해 큰 공헌을 하는 것이 목표라고 했다. 퀀트

트레이더로서 첫 번째 일을 맡을 때부터 자신의 암호화폐 제국을 건설할 때까지, 샘 뱅크먼 프리드는 한결같이 효율적 이타주의 운동의 가치를 널리 알렸다. 그는 자신이 효율적 이타주의 옹호자라고 으스대며, 최대한 많은 돈을 벌어 세상을 아름답게 만드는, 가장 의미 있는 분야에 돈을 다 기부할 거라고 호언장담했다.

효율적 이타주의 철학은 이론적으로는 완벽해 보인다. 그러나 실제로 적용해 보면 그 위선이 드러난다. 샘 뱅크먼 프리드가 추종한 장기주의 이념은, 사실 그 자신의 이익 추구와 비도덕적 행위를 감추기 위한 것이었다. 입으로는 위험 투자와 금융 운영을 통해 막대한 부를 쌓고 이를 자선사업에 쓸 거라고 떠들어댔지만, 사실상 그가 한 짓 때문에 수만 명의 투자자가 심각한 손실을 봤고 암호화폐 업계도 초유의 비상사태를 맞았다.

복스미디어 기자와 사적으로 주고받은 편지에서, 뱅크먼 프리드는 그의 도덕적 가식이 상당 부분 그저 '보여 주기'였음을 인정했다. 뱅크먼 프리드는 이렇게 말했다.

"지난 10년 동안 가장 위대했던 영웅들은 영원히 드러나지 않지만, 대중의 지지를 받은 사람은 기본적으로 가짜다."

FTX가 파산하기 전, 뱅크먼 프리드는 다각도로 자금을 회수하려고 애썼는데 그중에는 앤스로픽에 대한 투자금도 포함되어 있었을 것이다. 그래서 당시 클로드 출시가 미뤄진 것으로 추측된다.

뱅크먼 프리드와 올트먼은 효율적 이타주의에 대해 논쟁을 벌인 듯하다. FTX가 파산하고 며칠 후, 올트먼은 소셜 네트워크에 뱅크먼 프리드와 주고받은 사적인 메일을 캡처해 올렸다. 여기에서 올트먼이 뱅크먼 프리드가 늘 '도덕'을 운운한다고 비난하자, 뱅크먼 프리드는 노골적으로 답했다.

"난 그래야 해. 명성은 이렇게 쌓는 거라고. 난 그 재수 없는 인간들이 안타까워. 이 멍청한 게임은 깨어 있는 서양인들을 위한 짓이지. 온갖 그 상투적인 말들을 하면 모두가 우리를 좋아할 거야."

캡처를 올리며 샘 올트먼은 이렇게 말했다.

효율적 이타주의를 너무 오래 참아 왔다. 내가 얼마나 더 자제력을 발휘할 수 있을지 모르겠다.

네티즌이 댓글로 얼마나 더 많은 사실을 폭로할 생각이냐고 묻자, 올트먼은 또 이렇게 답했다.

오늘 밤엔 술을 몇 잔 더 마셨다. 무슨 일이 벌어지는지 잘 봐!

실리콘 밸리에서 '샘'이라고 하면, 다들 올트먼과 뱅크먼 프리드를 떠올렸다.

그중 한 '샘'이 추락하고 있는 다른 '샘'을 마지막으로 꾹 밟아 버렸다.

두려워 말고 그냥 만들어 나가라

2022년 말, 블록체인거래소 FTX의 파산과 창업자 뱅크먼 프리드의 구속, 챗GPT의 돌풍으로 인해, 효율적 이타주의에 대한 생각이 바뀌기 시작했다. 그러면서 '효율적 가속주의'라는 새로운 사상이 실리콘 밸리에서 비상한다.

효율적 가속주의는 1990년대의 미래주의^{Futurism}와 트랜스휴머니즘^{Transhumanism}에서 영감을 받았다. 트랜스휴머니즘은 기술이 인류의 삶을 더 나아지게 한다고 확신하는 신념이다. 가속주의^{Accelerationism}는 영국 철학자 닉 랜드의 작품에서 처음 쓰인 말이다. 닉 랜드는 슈퍼 자본주의를 주장하며, 어떤 대가를 치르더라도 기술 발전을 추구해야 한다고 했다.

사실 이런 사상의 흐름은 몇 년 전부터 존재했다. 처음에는 X에서 활동하는 작은 커뮤니티일 뿐이었다(계정 뒤에 e/acc가 붙음). 처음에 이 커뮤니티는 모두 익명으로 활동하며 글을 올렸는데, 고전적 자유주의, 남성우월주의와 장난스러운 짤이 가득했다. 처음에는 몇천 명 정도였지만 X에서 매우 활발히 움직였다. 이 활동의 주도자 중에 베프 제이조스^{Beff Jezos}라는 사람이 특히 유명했다. 이름부터 아마존 창업자 제프 베이조스를 패러디한 가명임이 분명했고, 프로필 사진 역시 가짜였다. 태양과 은하계를 배경으로 선명한 식스팩 복근을 드러낸 남성의 모습이었는데, 이는 효율적 가속주의자들의 토템, 즉 '태양신 숭배'를 상징한다는 것이 나중에 알려졌다.

'피코 파코^{Pico Paco}'라는 익명의 해커가 그들의 태양 숭배에 대해 상세하게 묘사한 글을 올렸다.

e/acc의 근원은 태양신 아폴로에 대한 숭배로 거슬러 올라간다. 그는 태양의 신이자 예언의 신, 지식의 신이면서 사실상 가속의 신이기도 했다.

우리는 반드시 기식과 기술을 발전시켜야 한다. 반드시 죽음을 정복해야 한다. 태양신을, 그의 생명과 그에게서 나온 것을 다 숭배해야 한다. 우리에게 이런 특권을 부여하고 죽어 간 그 사람들에게 경의를 표해야 한다.

내 호령을 들어라.

가속의 가장 좋은 때는 어제였고

두 번째 좋은 때는 오늘이다.

어서 태양의 약을 먹어라!

훗날《포브스》기자가 베프 제이조스가 누구인지 밝혀냈는데, 구글 전 엔지니어이자 2022년 AI 하드웨어 스타트업 엑스트로픽Extropic을 설립한 기욤 베르동Guillaume Verdon이었다.

베프 제이조스의 말은 유머러스하면서 선동적이었다. 이들은 실리콘 밸리의 다른 사람들처럼 기술이 인류의 가장 중대한 문제를 해결해 줄 것이라고 확신했다. 그는 효율적 가속주의가 존재론적 다툼을 넘어, AI의 발전 속도를 늦추거나 기업의 경쟁 우위를 지킬 해자를 구축하려는 사람들에 대한 도전이라고 생각했다.

베프 제이조스는 〈e/acc의 원칙과 교리에 관한 설명Notes on e/acc principles and tenets〉이라는 글을 블로그에 올렸다.

과학, 기술과 지혜는 여전히 가야 할 길이 멀다. (…) 현재 상태에서 인류와 문명의 정적 균형을 지켜야 한다는 말은 파국적 실패를 불러올 무능한 선택에 불과하다.

〈도대체 e/acc가 뭐야what the f * is e/acc〉라는 제목의 또 다른 글에서는 이렇게 말했다.

> 많은 사람이 이 문제들의 해결법은 한발 물러나는 역성장 degrowth이
> 라고 입을 모은다. 그러나 이는 일종의 항복이다. 역성장은 중앙의
> 계획이 희소성 심리에서 밀려난 것이다. 역성장은 양의 탈을 쓴 늑
> 대이다. 효율적 가속주의를 전파함으로써 미래에 대한 당신의 낙관
> 을 보여 주며 절망과 두려움을 떨쳐 내고 앞서 나가야 한다. 두려워
> 말고 만들어 나가라!
>
> 당신이 만드는 것이 가정이든, 스타트업이든, 우주선이든, 로봇이
> 든, 아니면 더 나은 에너지 정책이든, 그냥 만들어 나가라.
>
> 어려운 일을 하라. 뒤에 올 모든 사람을 위해 그렇게 하라. 그게 전부
> 다. 존재가 나머지를 돌볼 것이다. 그냥 만들어 나가라.

이 글은 곧 폭발적인 관심을 불러일으켰고 효율적 가속주의의 성장
에 불을 지폈다.

극소수였던 이 커뮤니티는 챗GPT의 출현과 더불어 순식간에 주류
로 성장했고, 실리콘 밸리의 수많은 대가가 그들 편에 서기 시작했다.

또 베프 제이조스도 밈을 잘 올렸는데, 밈은 일론 머스크가 가장 즐
기는 것이었다. 일론 머스크는 마치 시합을 벌이듯, 틈만 나면 베프 제
이조스가 올린 밈 아래 자신의 밈을 올렸다. 샘 올트먼도 베프 제이조
스의 글에 자신을 앞지르긴 어려울 거라며 농담 섞인 댓글을 달았다.

2023년 들어, AI가 다시 폭발적 인기를 구가하며 효율적 가속주의
는 실리콘 밸리의 주류 사상이 되기 시작했다.

실리콘 밸리의 저명한 벤처 투자자이자 넷스케이프 Netscape의 공

동 창업자 마크 앤드리슨은 2023년 가을에 〈기술 낙관주의자 선언The Techno-Optimist Manifesto〉을 발표했다. 그는 '성장하지 않으면 정체되고, 이는 제로섬 사고, 내부 갈등, 퇴화, 붕괴로 이어져 결국 죽음을 초래한다'고 주장했다. 또한 그는 베프 제이조스를 극찬하며 '기술 낙관주의자의 수호신'이라고 치켜세웠다.

이 밖에도 노션Notion의 공동 창업자 크리스 프루차Chris Prucha, YC의 당시 CEO 게리 탄Garry Tan, 암호화폐 업계에서 명성이 자자한 V신神이자 암호화폐 이더리움의 공동 창업자 비탈릭 부테린Vitalik Buterin 등이 베프 제이조스를 지지했다. 비탈릭 부테린은 〈나의 기술 낙관주의My techno-optimism〉라는 글도 썼다.

기술 낙관주의에 대한 내 느낌은 따스하면서도 미묘하다. 나는 급진적으로 변화하는 기술로 인해 미래가 현재보다 훨씬 더 밝으리라 믿으며 인류와 인간성을 믿는다. 나는 우리가 해야 할 최선의 일이 세상을 지금과 거의 똑같되, 조금 덜 탐욕스럽게 유지하는 것이라는 생각에 반대한다.

얼마 후, YC는 수십 명의 창업자를 비롯해 AI 연구자와 IT 스타트업 관련자 몇몇이 회의를 개최했다. 여기서 베프 제이조스는 발표했다.

"우리는 가속하느라 바쁘거나, 죽느라 바쁠 것이다."

YC의 CEO 게리 탄도 연설에서 이렇게 말했다.

"만들어 나가는 게 매우 중요하다. 우리가 여기서 만들어 나간다면 온 나라를 점령할 것이다. 세상 모든 나라를 점령할 것이다. 이것은 다 오늘 밤, 여기에서, 여러분 중에서 시작될 것이다."

'그냥 만들어 나가라'는 베프 제이조스가 끊임없이 되풀이하는 구호다.

이 모임에 참석한 어떤 창업자는 이때를 '온몸에 소름이 돋은 순간'으로 기억했다. 또 다른 창업자는 훨씬 더 직설적인 표현을 써, '사이비 종교'라고 말했다.

비록 실리콘 밸리에서 효율적 가속주의가 갈수록 힘을 얻고 있지만 도통 고급스러워지지는 않고 있었다. 가속주의자이자 레다 헬스^{Leda Health}의 창업자인 매디슨 캠벨^{Madison Campbell}은 가속주의 단체가 짤과 상호 공격으로 정보를 혼탁하게 만든다고 우려했다. 그러면서 덧붙였다.

"짤이 재미있기는 하지만 우리는 한 세대의 미래에 대해서 이야기하고 있다. 상호 공격 대신 연대를 통해 이 운동을 추진해야 한다."

캠벨은 AI 낙관주의자들은 미국 의회에서 목소리를 낼 사람, AI의 발전을 막는 규제 기관과 싸울 사람이 필요하다고 생각했다. 그러면서 익명의 계정인 베프 제이조스가 이끄는 운동은 그럴 능력이 없다고 지적했다.

"어떻게 할 거냐? 가면을 쓴 사람을 의회로 보낼 테냐?"

효율적 가속주의자들은 금세 딱 맞는 사람을 찾아냈다. 바로 샘 올트먼이었다.

의회를 사로잡다

2023년 5월 16일 오전, 올트먼은 AI 규제에 관한 미 의회 청문회에서 증인석에 앉았다. AI에 대한 과도한 규제에 저항하는 것은 이미 가속주의의 핵심 원칙이 되었다. 이 이념은 확신을 기반으로 했다. 즉 지나치게 신중한 규제가 발목을 잡지 않는다면, AI의 진보는 사회의 이퀄라이저가 될 것을 믿어 의심치 않았다. 물론 맨 처음에는 사회에 혼란이 일 테지만 말이다. 반면, 여태껏 규제는 대개 시장 지위를 굳히고 경쟁을 가로막는 수단으로 변질됐다.

올트먼의 태도와 발언은 신선했다. 그는 뛰어난 말재주와 소통 능력으로 의원들의 질문에 겸손하면서도 진실하게 하나하나 답했다. 의원들도 거칠게 따져 묻지 않고, 오히려 올트먼이 그들과 비공식적인 회의를 따로 갖고 청문회에 참석해 준 데 감사했다.

페이스북(지금의 메타) CEO 마크 저커버그와 틱톡 CEO 추쇼우즈周受資에게 가공할 공격을 퍼부었던 것에 반해, 샘 올트먼의 청문회는 그야말로 화기애애했다.

올트먼의 솔직함과 진실함은 워싱턴의 많은 사람을 사로잡았다. 뉴저지 민주당 상원의원 코리 부커Cory Booker는 여러 번 '샘'이라고 이름으로 부르며 친근감을 표현하기도 했다. 이에 대해 CNN은, 다른 유명한 테크 기업 임원들이 몇 년 간 그토록 이루고자 했던 목표를 올트먼이 단 몇 시간 만에 이뤘다며, 그가 "의회를 사로잡았다."라고 보도했다.

언론은 청문회를 마친 올트먼이 마치 대학생처럼 위원장석으로 달려가 청문회 소위 위원장에게 '겸허히 가르침을 청하는' 장면에 집중했다. 한편 상원의원들은 올트먼의 경고를 알아들은 듯했다. 그들은 AI가 '세상에 심각한 타격을 입힐 수 있다'고 생각해 이 새로운 기술에 적절한 규제를 시행하자고 호소했다. AI를 잘못 이용하면, 최악의 결과를 초래할 수 있다고 한 그의 발언은 두고두고 언론에 인용되었다.

청문회가 순조롭게 진행된 것은 올트먼이 하루 전에 약 60명의 의원과 함께 한 만찬 덕분이었을 것이다. 만찬과 회의에 참석했던 한 인사의 말에 따르면, 샘 올트먼은 근본적으로 경제를 바꿔 놓을 AI 시스템을 관리할 틀을 제시하고 현장에서 챗GPT의 기능과 응용 시나리오를 시연했다. 이에 대해 의원들은 높이 평가했다.

민주당 하원 간부회의 부의장이자 캘리포니아 민주당 하원의원인 테드 리우Ted Lieu는 이렇게 말했다.

"정말 굉장했다. 의원들이 두 시간 가까이 온 정신을 집중하게 만드는 것은 결코 쉽지 않다. 이를 위해 올트먼은 많은 정보를 제공했다."

미시간주 민주당 하원의원 헤일리 스티븐스Haley Stevens는 이런 회의는 처음이라며 의회의 모든 대표가 함께 모여 세상을 바꾸고 있는 화제에 '참여'한 것을 칭찬했다.

또 다른 의원은 이런 말을 했다.

"나는 이미 증인들이 들어와 단순명료한 표현으로 우리를 설득하려고 하는 데 익숙해졌다. 그런데 샘 올트먼은 그들과 달리 대화를 했다."

올트먼의 스승인 폴 그레이엄은 제자를 이렇게 평했다.

"샘은 사람을 설득하는 능력을 타고났다."

흥미로운 점은, 몇몇 의원이 올트먼을 자기 편으로 여겼다는 사실이다. 상원의원 존 닐리 케네디John Neely Kennedy는 올트먼에게 AI를 규제하는 연방기구를 조직하는 데 참여할 자격이 있냐고 묻기까지 했다.

이에 대해 올트먼은 예의 바르게 거절했다.

"저는 지금 하는 일이 좋습니다."

월드 투어

청문회를 마치고 올트먼은 월드 투어를 시작했다. 올트먼의 목표는 AI의 장점과 적절한 규제의 중요성을 각국 정부 및 대중에게 알리고 유엔 산하의 국제원자력기구^{IAEA}와 비슷한 단체를 설립해 AI 모 회사와 오픈 소스 운동에 타격을 줄 것이라고 경고했다.

올트먼은 먼저 유럽으로 날아가 각국 정상을 만났다. 길게 늘어선 명단에는 영국 총리, 프랑스 대통령, 스페인 수상, 폴란드 총리 등이 포함되어 있었다. 유럽 방문 기간 동안, EU 의회는 유럽연합 인공지능법 EU AI Act 입법 초안을 투표에 부쳤다. 이는 서양에서 처음 시도되는 포괄적 AI 규제안으로, 안면 인식 기술에 대한 제한과 일부 AI 모델을 훈련하는 데 사용된 모든 저작권 자료의 공개를 포함하고 있었다. 마찬가지로 올트먼이 오스트레일리아를 방문했을 때도, 현지 정부는 AI 규제 관련 8주간의 교섭을 진행 중이었다.

런던 다우닝가 10번지 총리 관저에서 영국 총리를 만날 때는, 딥마인드 CEO 허사비스와 앤스로픽 CEO 아모데이도 함께했다. 세 사람이 한자리에 모인 것은 이번이 처음이었다. 진지한 표정의 허사비스와 달리, 올트먼은 편안한 모습이었다. 그는 영국 총리에게 AI 규제는 반드시 실현해야 할 중요한 목표라고 강조했다. 정장에 구두를 갖춰 신고 각국 정부 수반을 만나는 데 그치지 않고, 그는 대중과 만나는 활동에도 적극적으로 나섰다. 마치 경선에 참여한 정치 후보와 다르지 않은 행보였다. 서른 살이 되기 전, 올트먼에게는 양복 한 벌뿐이었다. 홍콩 방문 당시에도 그의 조수가 맞춰 준 회색 양복을 입고 나섰다.

영국 유니버시티 칼리지 런던^{University College London, UCL}에서 강연할

때는, 강당 입구에서부터 블록 끝까지 사람들이 길게 줄을 서 있었다. 환한 햇살 아래 대기하는 사람들은 서로 AI에 대한 생각을 나눴다. 강당 안으로 들어선 올트먼은 록스타 못지않은 뜨거운 환영을 받았다. 그는 이렇게 말했다.

"나는 이 기술에 매우 들떠 있다. AI는 지난 십수 년 동안 잃어버린 생산성을 회복시킬 것이며, 단순히 따라잡는 데 그치지 않을 것이다."

또한 올트먼은 세상에는 '지적 비용'과 '에너지 비용'이라는 두 가지 제약이 있으며, 이 비용이 대폭 줄어든다면 부유한 사람들보다 가난한 사람들에게 더 큰 도움이 될 것이라고 강조했다. 그는 이렇게 덧붙였다.

"AI 기술은 더 나은 세계를 만들 것이다."

런던에서도 그는 반드시 적절한 규제가 필요하다고 말했다. 올트먼이 제안한 규제 방식은 '전통적인 유럽 방식과 미국 방식의 중간쯤'이었다. 과도한 규제는 기술 혁신을 저해할 수 있다는 점도 함께 지적했다.

"만약 누군가 정말로 난관을 돌파해 초지능(당신이 그것을 어떻게 정의하든 상관없다)을 개발한다면, 세계에 통용되는 규칙을 정해야 할 것이다. (…) 나는 우리가 적어도 핵 물질을 대하듯 이 문제를 진지하게 대했으면 한다. 대규모 시스템은 초지능을 탄생시킬 수 있기 때문이다."

모두가 AI에 푹 빠진 듯한 강당 안과 달리, 밖에서는 또 다른 광경이 펼쳐졌다. 여섯 명의 젊은 시위자들이 팻말을 들고 인류의 두뇌와 똑같은 지혜를 가진 AGI 개발을 당장 멈출 것을 촉구했다. 시위자 중 한 명은 확성기를 들고, '메시아 콤플렉스'를 가진 올트먼이 인류를 파멸시킬지도 모르는 위험을 무릅쓰고 자아실현을 추구한다고 비난했다.

멜버른에서의 강연을 마친 뒤, 회색 헨리넥 셔츠와 짙은 색 바지를 입고 무지개 색 스니커즈를 신은 올트먼은 사진 촬영과 사인을 요구하는 청년들에게 에워싸였다. 그러나 강당 안에도 'AI는 세상의 종말을 불러올 것이다'라고 쓰인 팻말을 든 시위자들이 있었다. 멜버른은 올트먼의 '월드 투어'의 종착역이었다. 그는 단 몇 주 동안 무려 22개국을 방문하고도 지친 기색을 보이지 않았다.

올트먼이 폭풍 같은 월드 투어를 마친 뒤, 그해 여름, 효율적 가속주의에 대한 대중의 관심이 폭발적으로 늘었다. 구글 트렌드 데이터에 따르면, 7월 중 e/acc에 대한 검색이 역사상 최고치에 달했다. 올트먼이 효율적 가속주의에 대해 공개적으로 지지 발언을 한 적이 없음에도 이때의 그는 이미 효율적 가속주의의 대변인이 되어 있었다.

구글의 '종교 전쟁'은 이번에도 올트먼의 승리로 막을 내린 듯했다. 그러나 역사를 돌이켜 보면 종교 전쟁은 끝나는가 싶으면 다시 이어지는 식으로 100년을 끌었다. 땅을 정복하기는 쉬워도 사람의 마음을 정복하기는 어렵기 때문이다.

바로 이때, 더 중량급 인물이 반대편 진영에 선다.

대부의 작별

2023년 3월, AI의 대부 제프리 힌턴이 구글을 떠났다. 우선 퇴직할 만큼 나이가 많았던 게 사실이다. 그는 캐나다로 돌아가 토론토 해안의 외딴섬을 새 거처로 삼았다. 12년 전 회사를 매각한 돈으로 이곳을 사들였다. 퇴직 이후, 그는 언론과의 인터뷰에 적극적으로 응했는데 늘 'AI가 인류를 지배할 수 있다'는 우려의 목소리를 높였다.

과거 힌턴은 AGI에 대해 부정적이었다. AGI를 실현하는 과정에서,

현실 세계에서의 실제 임무를 수행하려면 너무 많은 데이터와 컴퓨팅 파워가 필요했기 때문이다. 이는 너무 과도한 요구였기에 예측 가능한 미래 안에서는 해결할 수 없는 문제라고 봤다.

힌턴은 이렇게 말했다.

"나는 해결책을 마련할 수 있는 일에 더 전념하고 싶다. (…) 외과 의사 로봇이 있다고 치자. 이 로봇은 의학과 수술 도구 조작과 관련된 많은 정보를 이해해야 한다. 나는 왜 내 외과 의사 로봇이 야구 경기 점수 체계를 알고 있어야 하는지 모르겠다. 왜 범용 지식이 필요하단 말인가? 처음에는 그들이 우리에게 도움이 되는 로봇을 만드는 줄로만 알았다. 만약 하수도를 정확하게 팔 수 있는 기계가 필요하다면, 나는 로봇이 아니라 굴착기를 원할 것이다. 로봇에게 하수도를 파게 할 리는 없다. 만약 돈을 뽑는 기계가 필요하다면 자동 인출기 한 대만 있으면 된다. 나는 우리가 AGI를 그렇게 필요로 하지 않는다고 믿는다."

AGI에 대한 신앙이 종교 수준인지 묻자, 힌턴은 곧바로 반박했다.

"종교처럼 어둡지는 않다."

힌턴은 십여 년을 일한 구글을 떠나는 이유가 'AI의 위험성을 자유롭게 이야기하기 위해서'라고 했다. 심지어 AI 분야에서 자신의 업적과 공헌에 유감과 후회를 보이기도 했다.

힌턴은 인터뷰 도중 이렇게 말했다.

"흔한 변명으로 나를 위로한다. 내가 아니면 다른 사람이 했을 것이라고."

힌턴은 과학자로서 AI가 인류의 지능을 넘어설 수 있다는 가능성을 깨닫고 나서야, AI가 인류를 지배하는 잠재적 위험을 막기 위해 내부 고발자가 되기로 결심했다고 여러 번 밝혔다.

AI는 너무 강해졌는데 인공신경망과 인간 두뇌의 사고방식은 다르다. AI는 인간처럼 현실 세계에서 살지 않고 세상에 관한 대량의 정보만 받아 추상적으로 학습한다. 힌턴은 AI가 인류의 언어를 분석해 세계가 어떻게 돌아가는지 이해할 수 있으며, 이를 바탕으로 사고 체계를 형성할 수 있다고 했다.

"어떤 시스템이 효과가 있기를 바란다면, 그것이 자신의 하위 목표를 생성할 수 있는 기능을 부여해야 한다. 지금의 문제는, 매우 보편적인 하위 목표가 거의 모든 목표, 즉 더 많은 통제력을 얻고 싶다는 목표의 실현을 도울 수 있다는 점이다. 그렇다면 통제력을 얻으려는 그들을 어떻게 막을 것인가? 누구도 그 답을 알지 못한다."

인류가 부여한 목표를 완성하기 위해 AI가 더 많은 통제력을 얻으려 할 것이라는 뜻이었다.

그러나 힌턴의 옛 제자이자 메타의 수석 과학자 얀 르쿤은 AI를 두려워하지 않았다.

"지배욕은 지능과 무관하다. 지배욕은 남성호르몬과 관련이 있다."

거의 같은 시간에, '생명의 미래 연구소Future of Life Institute'는 공개 서한을 통해, 챗GPT-4보다 더 강력한 모든 AI 시스템의 훈련을 최소 6개월 동안 멈출 것을 호소했다. 2023년 3월 말, 이 공개 서한에는 일론 머스크를 포함해 1,126명이 서명했다. 일론 머스크 외에도 대학 연구자들과 엔지니어, 스타트업 CEO, 임원 다수가 서명했는데 '튜링상' 수상자 요슈아 벤지오, 애플의 공동 창업자 스티브 워즈니악Stephen Wozniak도 이름을 올렸다. 이 밖에 저명한 편집자, 교사, 학생들도 서명에 동참했다.

그러나 'AI 대부'인 힌턴의 이름이 보이지 않았다. 이에 대해 힌턴은 다음과 같이 해명했다.

"내가 청원서에 서명하지 않은 이유는 우리에게는 AI의 발전을 막을
방법이 없기 때문이다."

그렇다면 미래에 이 문제를 어떻게 처리해야 하냐는 질문에, 힌턴은
자신도 아직 그 답을 모른다고 답했다.

내향적 AI 거목

실리콘 밸리에서 힌턴이 가장 자랑스러워하는 제자인 수츠케버
도 힌턴의 퇴직 소식을 들었다. 두 사람은 여전히 친밀한 관계를 이어
왔고, 사제간의 정은 각별했다. 힌턴과 마찬가지로 지난 1년 동안 챗
GPT의 성공과 함께 수츠케버의 우려도 커졌다. 수츠케버는 AI 분야
의 슈퍼스타였다. 사각턱과 우람한 체구를 가진 그는 오픈AI에서 보낸
몇 년 동안 머리카락을 점점 잃어 갔다.

수츠케버는 1986년 구소련에서 태어났지만, 다섯 살 때 가족과 함
께 이스라엘 예루살렘으로 이주했다. 대학생이 될 때까지 이스라엘에
서 머물다가 캐나다 토론토대학에서 컴퓨터과학을 공부했다. 이후 토
론토대학에서 석사 학위를 받았는데, 그의 지도교수는 'AI의 대부'라
불리는 제프리 힌턴이었다.

2012년, 힌턴은 수츠케버와 알렉스 크리제브스키를 데리고 컨볼루
션 신경망Convolutional, CNN 발전을 함께 연구하자고 제안했고, 그들은
알렉스넷 논문을 발표했다. 이후 이미지넷 이미지인식 대회ILSVRC에서
센세이션을 일으키며 뛰어난 성과를 거두었다. 이 사건 이후 힌턴은

두 제자와 함께 aDNNresearch를 설립했다. 많은 빅 테크 기업이 회사를 인수하려고 경쟁했지만, 결국 세 사람은 구글로 향했다.

수츠케버는 구글에서 거의 3년간 일했다. 2015년, 일론 머스크와 올트먼이 연봉 190만 달러와 최저 액수가 보장된 성과급을 제시하자, 그는 구글을 떠나 오픈AI의 수석 과학자가 된다. 이로 인해 구글 창업자 래리 페이지는 일론 머스크와 절교하기도 했다.

2017년, 수츠케버는 외부로 주목받지 않았지만 오픈AI 이사회 멤버가 되었다. 입사 첫날부터 그는 오픈AI 기술 발전의 핵심이었고, 연구 분야에서 타고난 천재일 뿐 아니라 다른 영역에서도 예술가적 기질을 보였다.

수츠케버는 인류에게 깊고 뜨거운 애정을 품고 있었다. 피아노 연주를 즐겼고 그림도 잘 그렸다. 그는 오픈AI 로고를 닮은 꽃 그림을 그려 사무실 벽에 걸어 두기도 했다. 올트먼이 사방으로 빛을 뿜어 내는 외향인이라면, 수츠케버는 조용한 내향인이었다. 몇 번 안 되는 인터뷰에서도 그는 한참 동안 침묵하다 심사숙고한 말만 입 밖으로 내놓는 듯했다. 문제를 고민할 때면, 마치 피아니스트가 첫 곡을 연주할 준비를 하듯 양팔을 벌리고 손가락을 탁자 위에 올려놓았다. 그는 기자에게 이렇게 말했다.

"내 삶은 매우 단순하다. 출근하고 퇴근한다. 다른 일은 하지 않는다. 사교 모임이나 활동이 많지만, 최대한 피하려고 한다."

예술가적 기질 뒤에는 AI에 대한 광적인 관심이 숨어 있었다. 오픈AI에서 일했던 직원들은 하나같이, 수츠케버가 AI 문제에 종교적 열정에 가까운 태도로 임한다고 말했다. 그의 머릿속에는 두 개의 상호 배타적 목소리가 존재하는 듯했다. 하나는 자신이 가진 모든 지혜로 AGI

를 창조하고 싶은 열망이고, 다른 하나는 자신이 창조한 AGI가 인류를 파괴할지도 모른다는 두려움이었다.

수츠케버는 전체 회의에서 이렇게 말한 적이 있다.

"여러분이 잠에서 깰 때와 잠에 들 때 AGI를 느끼지 못한다면, 이 회사에 있어서는 안 된다."

2016년 어느 날, 오픈AI 임직원들이 새 연구원의 합류를 축하하기 위해 샌프란시스코 한 술집에 모였다. 취기가 오른 수츠케버는 자리에서 일어나 술잔을 높이 들며 외쳤다.

"3년 후의 AGI를 위해, 건배!"

동료들은 술이 확 깰 만큼 놀랐다. 그 순간 그는 분명 가속주의자였지만, 다른 가속주의자들과 달리 AI의 위험성을 깊이 인식하고 있었다. 그래서 '인류를 사랑하는' AGI를 만들기 위해 훈련 과정에 적극적으로 관여해야 한다고 주장했다.

어느 날 회사 내부 행사 도중, 그는 예술가에게 부탁해 만든 '통제받지 않고' 인류 목표에 맞지 않는 AI를 의미하는 나무 조각상을 가져와 그 자리에서 불태웠다. 마치 샤먼처럼 직원들과 함께 외쳤다.

"AGI를 느껴라! AGI를 느껴라! 우리 목표는 인류를 사랑하는 AGI를 만드는 것이다!"

영국 《가디언》은 〈우리 세상을 빚는 AI 과학자The AI Scientist Shaping Our World〉라는 10분짜리 단편 다큐멘터리를 제작했다. 촬영기사의 카메라 속 수츠케버는 평범한 회색 맨투맨 티셔츠와 검은색 가방을 멘채, 외부로부터 자신을 감추려는 듯 샌프란시스코 거리를 가로질렀다. 시끄러운 카페에서도 그는 조용히 샌드위치만 먹으며, 사람들은 그를 알아보지 못했다.

회사 건물 밖, 거리를 배회하는 노숙자들로 쓰레기가 쌓인 곳을 지나면서 잠깐 멈춰 쳐다보았지만, 곧 고개를 저으며 그 자리를 벗어났다. 배경음으로는 그의 낮고 독특한 억양이 담긴 독백이 흘러나왔다.

나는 근본적인 문제를 사고하는 것을 좋아한다. 우리 시스템은 할 수 없지만 인류는 할 수 있는 일이 무엇일까? 나는 거의 철학적인 방식으로 문제를 사고한다. 예를 들어, 학습이란 무엇인가? 경험이란 무엇인가? 사고란 무엇인가? 두뇌는 어떻게 움직이는가? 나는 기술이 자연의 힘 a force of nature 같다고 생각한다.

이어 그는 AGI에 대해 이야기했다.

맨 처음 AGI의 신념과 욕망이 극히 중요하며, 시스템을 정확히 프로그래밍해야 한다. 그렇지 않으면 자연 선택의 본질이 이 시스템들로 하여금 자신의 생존을 우선시하게 만들 것이다. 능동적으로 인류에 적의를 품거나 해치진 않지만, 지나치게 강해질 수 있다. 인류가 동물을 대하는 방식과 비슷하다고 볼 수 있다. 우리는 동물을 싫어하지 않지만, 두 도시 사이에 고속도로를 건설할 때 동물 의견은 묻지 않는다. 우리에게 중요하기 때문이다. 나는 이것이 인간과 AGI 사이에 자연스럽게 형성될 관계라고 본다.

수츠케버는 챗GPT가 '아마 의식이 있을 것'이라고 생각했다. 따라서 오픈AI와 다른 회사가 경쟁적으로 연구 개발하는 기술의 진정한 힘과 '초지능'이, '아마 영원히 일어나지 않을 일'에서 '머지않아 일어날 일'

로 바뀌었음을 명확히 인식해야 한다고 주장했다.

인터뷰 중 그는 알파고가 이세돌을 꺾은 두 번째 시합에서, 37번째 수가 인간 바둑 기사들의 계산을 뛰어넘은 점을 언급하며 말했다.

"한번 생각해 보라. 이런 통찰력을 각종 상황에 응용하면 어떤 일이 벌어지겠는가?"

지금까지 오픈AI는 '얼라인먼트' 방식(인간 피드백으로 훈련하여 AI가 인간의 가치관에 따라 행동하도록 하는 것)으로 AI를 제어해 왔지만, 수츠케버는 이것만으로는 부족하다고 말했다.

모든 AGI가 인류를 사랑하길

2023년 7월, 수츠케버는 '슈퍼얼라인먼트 Superalignment' 팀을 만들어 오픈AI가 20%의 컴퓨팅 파워 자원을 가지고 4년 안에 '초지능'의 위협을 해결하겠다고 선언했다.

"반드시 성공한다고 장담할 수는 없지만 함께 힘을 합쳐 집중한다면 해결할 수 있을 것이다."

수츠케버와 올트먼은 이 문제를 두고 갈등을 빚었을 가능성이 높다. 오픈AI 전체 컴퓨팅 파워에서 20%라면 엄청난 규모였고, 오픈AI의 컴퓨팅 파워는 줄곧 위태로운 상황이었기 때문이다. 그래서 자원 분배를 놓고 두 사람 사이에 언성을 높이는 일이 몇 번 일어났다.

일론 머스크와 달리, 수츠케버와 올트먼은 갈등을 공개적으로 드러내기를 꺼렸다. 나이는 비슷했으나 두 사람의 배경과 성장 환경은 매우 달랐다. 올트먼은 실리콘 밸리 스타트업 분야에서 오랫동안 활동했지만, 수츠케버는 주로 캠퍼스 안에서 학술 연구에 매진했다. 두 사람은 일상적인 동료 관계는 유지했지만, 사이가 좋지는 않았다.

한번은 올트먼과 수츠케버가 함께 파티에 참석한 적이 있었다. 올트먼은 사라진 수츠케버를 찾아다니다가 구석진 곳에서 강아지와 즐겁게 놀고 있는 그를 발견했다.

훗날 올트먼은 자기 친구에게 이렇게 말했다.

"뭔가 참 따뜻하더라. 다른 사람은 모르는 면모를 봤어."

두 사람의 갈등은 2023년 6월, 이스라엘 텔아비브에서 올트먼과 수츠케버가 공개 활동을 하던 중 찍힌 동영상으로 인해 외부에 알려지게 되었다. 올트먼이 '월드 투어'를 하고 있을 때였다. 이스라엘은 수츠케버가 자란 곳이기에 올트먼은 그와 함께 참가했다.

그런데 이때 두 사람은 뭔가 이상한 분위기를 내비쳤다. 늘 편안해 보이던 올트먼은 살짝 긴장한 듯했다. 두 사람이 앉은 자세도 뭔가 이상했는데, 몸을 앞으로 숙인 것이 마치 방어적인 자세를 취하는 듯했다. 수츠케버는 불안을 감추려 자꾸만 손가락을 만져댔다.

사건은 그때 터졌다. 수츠케버는 '시간이 흐를수록 AI의 능력은 끊임없이 강해지고 있다'고 하면서 오른팔을 서서히 올리고 시선도 그를 따라 올려 AI가 끊임없이 강해지는 과정을 보여 주려고 했다. 그런데 갑자기 수츠케버가 자리에서 일어나 오른팔을 높이 쳐들었다. AI 능력이 최고점에 도달했다는 것을 강조하기 위해서였다.

수츠케버는 감정을 주체할 수 없는 듯했다.

"AI는 모든 질병을 치료할 수도 있지만, 새로운 질병을 만들 수도 있다.”

이때 그의 오른쪽에 앉아 있던 올트먼이 순간 수츠케버를 사나운 눈빛으로 쳐다봤다가 이내 냉정을 되찾았다. 그의 갑작스러운 행동에 놀라서였을까? 아니면 그가 한 말이 거슬렸을까? 아무도 정확한 이유는 모른다. 어쨌든 수츠케버가 자리에 앉았을 때, 올트먼의 낯빛은 차마 봐 줄 수 없을 정도였다.

이스라엘에서 돌아온 뒤, 수츠케버는 다시 은둔 상태에 들어갔다. 가끔 그가 올리는 트위터 글을 보면 눈부신 지혜의 빛과 더불어 책벌레 특유의 유머 감각을 엿볼 수 있었다.

생명의 의의는 사실 신경망 훈련이고 육아는 그중 특수한 형식이다.
해피 뉴이어! 모든 AGI가 인류를 사랑하길!

2023년 11월 17일 이전에 수츠케버가 올린 마지막 트위터 글은 다음과 같다.

당신이 인류의 다른 모든 자질보다 지능을 더 가치 있게 여긴다면, 앞으로 힘든 시간을 보내게 될 것이다.

CHAP 2

이사회의 음모

> 세상은 하나의 무대, 모든 남녀는 배우일 뿐이다. 평생 다양한 역할을 맡으며 각자 무대에 등장하고 퇴장할 때가 있다.
>
> ―셰익스피어

> 사람은 다 결국 폐허에 빠지게 되지만 스타트업은 훨씬 빨리 그렇게 되는 경우가 많으며 운명도 빠르게 변한다.
>
> ―올트먼

2023년 11월 6일, 월요일, 오픈AI 개발자의 날

샌프란시스코 도심의 주요 도로 두 개가 만나는 곳에 자리한 SVN West 극장은, 이날 넘치는 사람들로 북새통을 이뤘다. 지나가는 사람들은 또 음악회가 열리는 줄 알았을 것이다. 1960대부터 이곳은 로큰롤의 성지였다. 핑크 플로이드Pink Floyd, 그레이트풀 데드Grateful Dead, 엘튼 존Elton John 등이 모두 이곳에서 아름다운 예술을 선보였다.

그런데 사실 이날 이곳에서 있을 행사는 오픈AI의 첫 개발자 콘퍼런스 '데브데이DevDay'였다. 극장 안은 이미 발 디딜 틈도 없었다. 사람들은 자리가 없을까 봐 일찌감치 현장에 도착했다. 복도 양쪽으로 푸른 식물들이 빼곡히 놓였고 바에서 각종 음료와 술, 눈을 즐겁게 하는 핑거푸드들을 마음껏 즐길 수 있었다.

오전 11시, 올트먼은 블랙 진에 아디다스 X 레고 콜라보 스니커즈를 신고 미소를 지으며 무대에 올라 약 1,000명에 달하는 엔지니어와 AI 연구원들에게 외쳤다.

에너지가 끝내주네요!

말이 끝나자마자 무대 아래서 환호성이 터져 나왔다. 온라인으로도 수십만 명이 오픈AI 데브데이 라이브 방송을 보고 있었다.

올트먼은 오픈AI 개발자가 200만 명이나 되고 주간 활성 사용자 수가 1억 명이며 《포춘》 500대 기업 중 92%가 오픈AI 제품을 사용하고 있다고 자랑스럽게 외쳤다.

이어서 오픈AI는 최신 GPT-4 Turbo와 챗GPT의 맞춤형 버전인 GPTs를 소개했다.

올트먼은 중요한 귀빈인 마이크로소프트의 CEO 사티아 나델라를 무대로 불러 몇 마디를 청하기도 했다. 나델라는 오픈AI를 한껏 띄우며 과장 섞인 멘트를 던졌다.

여러분을 사랑합니다!

발표회는 45분 만에 끝났지만 실리콘 밸리를 넘어 전 세계 IT 업계에서 큰 화제가 됐다. 챗GPT 사용자들은 새로 추가된 기능에 흥분을 감추지 못했으나 극도로 실망한 개발자들도 있었다.

AI 분야의 한 창업자는 오픈AI 개발자 콘퍼런스가 끝난 뒤 X에 다음과 같은 감상을 올렸다.

"콘퍼런스 현장에서 차를 운전해 집에 돌아오니 이미 한밤중이었다. 원래는 한숨 푹 자서 컨디션을 좀 회복하려고 했는데 한참을 뒤척여도 잠이 오지 않았다."

2023년 9월, 오픈AI가 개발자 콘퍼런스를 개최한다고 하자 이 창업자는 서둘러 콘퍼런스 참가 등록을 했다. 콘퍼런스 일주일 전에는, 올트먼이 X 플랫폼에 올린 '아주 멋진 새로운 것을 줄게'라는 글을 보고 너무 설레 진정이 안 될 정도였다고 한다. 그런데 기대감에 부풀어 콘퍼런스를 끝까지 지켜보고 나서는 올트먼이 말한 '새로운 것'이 그들 회사에 대한 '사형 판결문'임을 깨닫고 경악했다.

맞다. 올트먼은 허튼소리를 하지 않았다. 분명히 새로운 것을 많이 가져왔다. 그런데 이것은 원래 다 개발자들이 해야 하는 일이다. 그런데 이제, 그가 이걸 다 해 버렸으니 내 회사는 앞으로 무엇을 더 개발할 필요가 있는지 모르겠다!

이 창업자뿐만이 아니었다. 적잖은 개발자가 이 콘퍼런스를 〈왕좌의 게임〉 속 '피의 결혼식'에 비유하기도 했다. X에는 한 창업자가 올트먼을 규탄한 내용을 기록한 짤이 널리 퍼졌다.

샘 올트먼은 내 300만 달러짜리 스타트업을 없애 버렸는데, 내가 얻은 것은 고작 500달러 하는 오픈AI API 크레딧뿐이다!

개발자 콘퍼런스가 끝나고 몇 시간 뒤, 콘퍼런스 장소에서 멀지 않은 1015 Folsom 나이트클럽에 수백 명이 몰려가 'AI를 열어 둬Keep AI Open' 파티에 참가했다. 일론 머스크의 전 여자 친구인 그라임스Grimes가 DJ를 맡았다. AI 창업자, 투자자, 개발자들은 그라임스의 음악에 맞춰 신나게 춤을 췄다. 베프 제이조스도 왔다. 그는 가면을 쓴 채 나타나 인파를 헤치고 가더니 돌연 가면을 벗고 셀카를 찍었다. 나중에 그의 진짜 이름 베르동으로 페이스북에 공개된 글에 이 사진이 등장했다.

누가 봐도 알 수 있듯이, 이것은 효율적 가속주의자들의 파티였다. 이들은 이 '종교 전쟁'에서 거둔 단계적 승리를 축하하고 있었다. 올트먼은 나타나지 않았지만 그는 이런 장소가 낯설지 않을 것이다. 1년 전, 올트먼은 한 파티에서 그라임스와 함께 찍은 사진을 X에 올린 적이 있다. 두 사람은 매우 가까워 보였는데, 그라임스는 승리를 의미하는 'V'자까지 그렸다.

그날 이후, 올트먼의 명성은 끝을 모르고 올라갔다. 많은 사람이 마치 약속이라도 한듯 스티브 잡스를 떠올렸다. 《뉴욕타임스》는 올트먼이 지난 1년 동안 스티브 잡스의 책임을 떠맡았다며 '이는 실리콘 밸리에서 가장 중요한 일이며 지금도 가장 어려운 일'이라고 했다. 한편《워싱턴포스트》는 이날의 데브데이 행사는 올트먼의 회사가 실리콘 밸리의 신단에 들어갔음을 의미한다고 했다. 올트먼을 '실리콘 밸리의 새로운 왕'이라고 부르는 사람도 생겨났다.

개발자 콘퍼런스가 끝나고 이틀 후, 올트먼의 집에 침입자가 나타났다. 코요테 한 마리가 그의 집 베란다에 들어와 몇 날 며칠이 지나도록 가지 않고 머물렀다. 코요테는 야외 소파에 누워 있다가 한밤중이 되면 바깥쪽 문을 발톱으로 긁어댔다. 올트먼은 무척 흥미로워하며 사진을 찍어 친구들에게 보냈다. 그런데 로마 신화에서 늑대는 전쟁과 파괴의 상징으로, 곧 들이닥칠 위험을 예고하는 경우가 많은데, 올트먼은 거기까지 연결 짓지는 못했다.

또 서양에서 '3월 보름Ides of March'[5]은 누구나 아는 역사적 사건이 발생한 날이다. BC 44년 3월 15일, 로마 제국의 기초를 닦은 줄리어스 시저는 로마 광장에서 공화파 원로들에게 암살당한다. 셰익스피어는 이 사건을 극화해『줄리어스 시저』를 집필했다. 이 작품에서 시저는 암살당하기 며칠 전에 길거리에서 신비로운 점술사를 만난다. 점술사는 시저에게 이렇게 경고했다.

"3월 보름을 조심하시오."

시저는 대수롭지 않게 여겨 그냥 넘겼지만, 며칠 뒤인 3월 15일에 암살당하고 만다.

2023년 11월의 보름도 심상치 않았으나 올트먼도 대수롭지 않게 넘겨 버린다.

11월 17일, 새벽 라스베이거스

11월 17일 금요일 새벽, 올트먼은 라스베이거스에 있는 고급 호텔

5 　이데스(Ides)는 라틴어로 '만월'이라는 뜻이며, 로마력에서는 '보름'에 해당한다.

의 커다란 침대에서 깼다. 올트먼은 몹시 만족스러운 한 주를 보냈다.

화요일 오후, 올트먼은 나와 인터뷰를 진행했다. 수요일 오전, 올트먼은 주황색 후드티를 입고 《뉴욕타임스》 샌프란시스코 지사 사무실에 가 팟캐스트 프로그램을 녹화했다. 사회자는 올트먼이 아무 근심 걱정 없이 그저 즐겁게 사는 사람처럼 보인다며, 올트먼의 집에서 녹화 장소까지의 걸어서 15분 정도 걸리니, 확 달라진 샌프란시스코 거리를 구경하며 가벼운 걸음으로 언덕길을 내려온 거 아니냐고 물었다(APEC 회의를 앞두고 있어 쓰레기 천지였던 거리는 먼지 하나 없이 깨끗해졌고, 길가를 점령한 텐트에서 생활하던 노숙자들은 잠시 호텔로 거처를 옮겼다).

올트먼은 팟캐스트에 출연해 자신만만하게 외쳤다.

"우리는 지금 역사상 가장 멋진 세상으로 나아가고 있다고 생각한다."

목요일에는 두 개의 공식 일정이 잡혀 있었다. 하나는 APEC 회의와 포럼이었다. 여기서 올트먼은 AI에 대한 본인의 약속과 비전을 동료들과 함께 소개했는데, 이번에도 잔뜩 뜸을 들이며 굉장한 진척이 있음을 암시했다.

"오픈AI의 역사상 이미 네 차례 대단한 진전이 있었다. 가장 최근은 바로 몇 주 전이었는데, 나는 우리가 미지의 베일을 벗기고 탐색의 경계를 넓히는 것을 직접 목격하는 행운을 누렸다."

이 말은 오픈AI가 더 강력한 모델을 개발했으리라는 추측을 불러일으켰다.

얼마 후, 올트먼은 베이 맞은편에 있는 오클랜드에서 열리는 버닝

맨 페스티벌과 관련된 이벤트에서 예술과 AI를 주제로 한 시간 동안 대담을 나눴다. 올트먼은 아주 편안해 보였고 별다른 이상한 점을 보이지 않았지만, 저녁 7시 30분에 대담을 마무리 짓고 자리를 떠났다.

이에 대해 주최 측은 올트먼이 다른 회의 참석차 떠났다고 밝혔다.

그러나 사실 올트먼은 F1 경기를 보기 위해 라스베이거스로 날아가는 중이었다.

F1 경주가 라스베이거스에서 열리는 것은 처음 있는 일이었다. 경주 서킷도, 네온사인이 번쩍이고 차들이 길게 늘어선 라스베이거스 대로에 만들어졌다. 라스베이거스의 주요 카지노 시설과 호텔은 모두 이 대로의 양쪽에 자리하고 있다. 관람객들은 호화로운 카지노 룸에서 포커를 몇 판 즐기고 밤이 되면 테라스에 나가 F1 선수들이 서킷을 질주하는 광경을 구경했다. F1 경기는 톰 크루즈, 브래드 피트, 테일러 스위프트, 데이비드 베컴 등 유명인을 포함해 30만 명이나 되는 사람들을 라스베이거스로 불러들였다.

실리콘 밸리의 CEO들도 이 기회를 놓치지 않았다. 더군다나 올트먼은 100만 달러짜리 렉서스 LFA 한 대와 맥라렌 여러 대를 보유하고 있는, 카레이싱 광팬이었다.

서둘러 라스베이거스로 가는 도중, 올트먼은 수츠케버로부터 회의 요청을 받았다. 올트먼은 별다른 생각 없이 그 요청을 수락했다. 그때가 금요일 낮 12시였다.

F1 경기는 저녁에 진행되기 때문에 올트먼은 호텔에서 머물며 일을 했다. 먼저 이메일들을 처리했다. CEO로서 직원들에게 정기적으로 보내는 내부 이메일을 발송했다. 그런 다음 계속 휴대폰을 붙들고 통화를 했다. 숨돌릴 틈 없이 바삐 돌아다니는 이 창업자는 지난 몇 주간

새로 자금을 조달하기 위해 중동으로 날아갔었다.

《더 인포메이션The Information》에 따르면, 금요일 오전에 올트먼은 반도체 회사 임원과 새로운 칩의 디자인 방향을 이야기했다. 이 칩은 오픈AI와 같은 대규모 언어 모델 회사의 비용을 줄여 줄 것으로 기대됐다.

"샘, 이사회에서 당신을 해고했어요"

12시 정각, 올트먼은 회사에서 마련해 준 은색 맥북을 열고 구글 밋Google Meet에 로그인했다. 화면에 수츠케버와 사외 이사 셋의 얼굴이 보였다. 그런데 다른 한 명이 보이지 않았다. 그의 가장 중요하고도 믿음직한 아군, 브록만이 없었다. 올트먼은 이상한 기운을 직감했다. 수츠케버가 입을 열었다. 여느 때처럼 간단명료했다.

"샘, 이사회에서 당신을 해고했어요."

"뭐라고요?"

올트먼은 잘못 들었나 싶어 되물었다.

"이사회에서 당신을 해고했다고요. 곧 공지할 겁니다."

그러고 나서 수츠케버는 고개를 숙이고 공지 내용을 읽기 시작했다. 공지 내용도 간단명료했다. 올트먼은 너무 놀란 나머지 어떻게 대처해야 할지도 몰랐다.

"그러면 난 어떻게 해야 합니까?"

이사회 임원들은 미라 무라티Mira Murati를 임시 CEO로 지지해 줄 것을 촉구했다. 올트먼은 그러겠다고 답했다.

그러면서도 뭔가 해명하고 싶었으나 무슨 말부터 꺼내야 할지 몰라 망설였다. 수츠케버는 서둘러 회의를 마무리 지었다. 올트먼은 다시 로그인하려고 하다고 노트북이 이미 잠겼음을 알게 됐다.

'탕—' 마치 킬러처럼, 수츠케버는 CEO이자 동료였던 올트먼을 깔끔하게 해치웠다. 그리고 나서 다음 타깃을 향해 총구를 돌렸다.

12시 19분, 이사회 의장 겸 회장인 브록만은 수츠케버에게서 문자 메시지를 받는다.

"그렉, 얘기 좀 나눌 수 있을까요?"

브록만은 아무 생각 없이 괜찮다고 답했다. 단언컨대, 무슨 일이 벌어질지 짐작조차 못했을 것이다. 이제 막 출시된 GPT-4 Turbo가 대규모 언어 모델 차트 1위에 올랐다는 소식을 X에 올린 게 바로 몇 분 전이었다. 행간에서 득의양양한 기색이 읽혔고 유머까지 잊지 않았다.

> GPT-4 Turbo가 '인류가 선호하는' 차트에서 1위에 이름을 올렸다
> (GPT-4는 2위):)

얼마나 기분이 좋은지, 마침표 뒤에 '스마일' 부호까지 덧붙였다. 12시 23분, 수츠케버가 구글 밋 링크를 보내 왔다. 역시나 아무 망설임 없이 클릭해서 열었다. 화면에 수츠케버의 무표정한 얼굴과 다른 이사회 임원 셋의 얼굴이 보였다. 브록만이 뭔가를 말하려고 할 때, 수츠케버가 먼저 말을 꺼냈다.

"그렉, 우리는 당신을 이사회에서 방출하기로 했습니다. 다만 당신이 오픈AI에서 매우 중요한 사람임을 감안해, 회장직과 현재 회사 내

에서 맡고 있는 직책은 유지하기로 했습니다.”

브록만은 너무 놀라 말문이 막혔다.

“그리고 샘도 해고됐습니다. 곧 공식 공지를 보게 될 겁니다.”

브록만이 다급히 뭔가를 말하려고 했으나, 수츠케버는 그대로 회의를 끝냈다.

그리고 거의 동시에 오픈AI 공식 사이트에 〈오픈AI 경영진 교체 공지OpenAI Announces Leadership Transition〉가 올라왔다.

최고 기술 책임자 미라 무라티를 오픈AI를 이끌 임시 CEO로 임명한다. 샘 올트먼은 회사를 떠날 것이다.

영구 후임자를 물색하는 과정이 진행 중이다.

오픈AI. Inc. 이사회는 501(c)(3)로, 오픈AI의 모든 활동을 총체적으로 관리하는 조직이다. 이사회는 오늘 샘 올트먼이 CEO에서 물러나고 이사회를 떠날 것임을 알린다. 회사의 최고 기술 책임자인 미라 무라티가 임시 CEO직을 맡을 것이며, 이 임명은 즉각 발효된다. 이미 5년 동안 오픈AI 경영진으로 활동해 온 미라는 오픈AI가 세계적인 AI 리더로 성장하는 과정에서 중요한 역할을 맡아 왔다. 그녀는 회사의 가치관·운영·업무 전반을 깊이 이해하고 있으며, 연구·제품·안전 부문을 이끌어 왔다. AI 거버넌스와 정책 분야에서의 풍부한 경험, 오랜 재직 기간 그리고 회사 모든 업무에 대한 깊은 관여를 고려할 때, 이사회는 그녀가 이 직책을 맡기에 매우 적합하다고 판단했다. 이에 따라 공식적으로 영구 CEO를 물색하는 동안에도 매끄러운 경영 전환이 이루어질 것으로 기대하고 있다.

올트먼의 이직은 이사회가 심사숙고 끝에 내린 결론이다. 심사 결과, 올트먼은 이사회와의 소통에서 늘 솔직하지 못해 이사회의 직책 수행을 방해했다. 이사회는 더 이상 올트먼이 계속 오픈AI를 이끌 능력이 있다고 믿지 않는다.

이사회는 한 공지에서 다음과 같이 밝힌 바 있다.

"오픈AI는 우리의 사명을 추진하기 위해, 즉 AGI가 인류 전체에 혜택을 주도록 보장하기 위해 만들어졌다. 이사회는 이 사명을 실현하기 위해 앞으로도 최선을 다할 것이다. 우리는 샘이 오픈AI의 창립과 발전에 많은 공헌을 한 것에 감사하다. 그와 동시에, 우리는 우리가 나아가는 과정에서 새로운 리더십이 필요하다고 믿는다. 회사의 연구, 제품, 안전 직능의 리더로서, 미라는 임시 CEO직을 맡을 자격이 넘친다. 우리는 그녀가 이 과도기 동안 오픈AI를 이끌 능력이 있다는 데 믿음이 충만하다."

오픈AI 이사회는 오픈AI 수석과학자 일리야 수츠케버, 사외이사 쿼라 CEO 애덤 디엔젤로, 기술 기업가 타샤 맥컬리Tasha McCauley, 조지타운대학교 보안 및 신흥 기술 센터의 헬렌 토너Helen Toner로 구성돼 있다.

이 전환의 일부로서, 그렉 브록만은 이사회 의장 자리에서 물러나지만 사내에서의 직책은 그대로 유지하며 CEO에게 보고한다.

오픈AI는 2015년에 비영리 단체로 출범했다. 우리의 핵심 사명은 AGI가 인류 전체에 혜택을 주도록 보장하는 것이다. 2019년, 오픈AI는 회사가 비영리 단체의 사명과 거버넌스, 관리 감독을 보존하면서 이 사명을 추구하는 데 필요한 자금을 조달하기 위해 조직 개편을 단행했다. 이사회 구성원 대다수는 사외이사이고 사외이사는 오픈AI의 지분을 보유하지 않는다. 회사가 극적인 성장을 경험했으나, 오픈AI의 사명을 추진하고 그 헌장의 원칙을 지키는 것은 여전히 이사회의 기본적인 거버넌스 책임이다.

신비로운 오픈AI 이사회

이 공지는 전 세계를 발칵 뒤집어 놓았다. IT 업계에서 가장 유명한 CEO에 대한 공개적인 해임은 대중을 경악시켰고, 동시에 오픈AI 내부 거버넌스 구조를 만천하에 드러냈다.

이전까지는 올트먼과 머스크만 외부로 알려졌을 뿐, 오픈AI의 이사회는 비밀에 싸여 있었다. 타샤 맥컬리가 누구지? 헬렌 토너는 또 누구지? 대중과 매체만이 아니었다. 실리콘 밸리 IT업계 인사들도 이 이름들을 듣고 고개를 갸웃거렸다.

그런데 공지의 마지막 부분에서, 이 수수께끼를 풀려면 오픈AI 창립 초기로 거슬러 올라가야 함을 암시했다. 사실 오픈AI가 설립된 첫날, 오픈AI의 운명은 이미 오픈AI의 유전자 속에 새겨졌다.

2015년, 오픈AI는 AGI 개발에 힘쓰는 비영리 단체로서, '인류 전체'에 혜택을 주기 위해 만들어졌다. 그래서 오픈AI는 기업이라기보다는 연구 기관에 더 가까웠다. 오픈AI 헌장도 오픈AI의 가장 중요한 임무는 투자자나 직원이 아니라 '인류에게 도움이 되는 것'이라고 명확히 규정했다.

당시 올트먼은 《배너티 페어Vanity Fair》 잡지와의 인터뷰 도중, 자신이 비영리 단체 경험이 거의 없어서 어느 방향으로 가야 할지 확실히 모르겠다고 밝힌 적이 있다.

오픈AI 이사회는 비영리 단체 이사회이기도 하다. 2016년 1월에 제정된 11쪽짜리 헌장은 이사회 구성원에게 다른 이사를 선출하고 파면할 독점적 권리와 이사회 규모를 정할 권리를 부여했다. 이사회의 다수 구성원이 서면으로 동의하기만 하면, 사전 통지나 정식 회의 없이도 이사회의 다수 구성원이 어떠한 행동도 취할 수 있다.

《배너티 페어》와의 인터뷰에 따르면, 올트먼과 머스크는 초기 이사회 멤버였다. 올트먼에 따르면 이러했다.

"우리 두 사람이 세계가 공인하는 완벽한 본보기가 아님을 알고 있었다. 그래서 나는, 우리가 이 단체의 규모를 키울 계획임을 밝히고 싶다."

세무 보고 문건에 따르면, 2017년에 브록만, 수츠케버, 그리고 당시 오픈AI의 첫 최고 운영 책임자 COO였던 크리스 클락^{Chris Clark}이 이사회에 가입했다. 이 세 사람은 모두 오픈AI의 고위직 임원이었다. 이 밖에, 앞에서 이야기한 바 있는 오픈 필란스로피 CEO 홀든 카르노프스키는 오픈AI의 첫 번째 사외이사였다.

2018년이 되자 더 많은 사외이사가 오픈AI 이사회에 합류했다. 리드 호프만도 그해에 오픈AI 이사가 되었다. 균형을 위해, 내부 이사 크리스 클락은 그 시기 이사회를 나가야 했고 이내 회사를 떠나게 된다.

머스크가 2018년에 오픈AI를 떠난 것은, 오픈AI 이사회에서도 나갔다는 뜻이었다.

2019년, 오픈AI는 자금 조달과 세계적 인재 유인을 위해 영리 자회사를 설립한다. 벤처 투자자와 직원들은 그들이 투자한 자금과 노력만큼 이익을 얻을 수 있었으나 오픈AI 비영리 조직 이사회는 새로 추가된 법률 조항을 통해 여전히 영리 업무에 대한 최종 결정권을 가졌다. 이사들의 가장 막중한 책임은 여전히 오픈AI의 사명, 즉 인류 전체에 혜택을 줄 AGI를 안전하게 개발한다는 사명을 지키는 것이었다. 소수의 이사만 영리 자회사에서 재정적 이익을 취할 수 있지만, 영리 자회사의 창립 문건은 영리 자회사가 이윤의 극대화가 아니라 공공의 이익을 최우선으로 고려해야 한다고 요구하고 있다.

2020년 말, 오픈AI의 핵심 연구원이었던 다리오 아모데이가 여동생인 다니엘라 아모데이를 비롯해 자신을 따르는 연구원 10명을 데리고 오픈AI를 떠나 현재 오픈AI의 최대 경쟁자가 된 앤스로픽을 설립한다. 이때 다니엘라와 홀든 카르노프스키는 이미 결혼한 상태였다.

이 때문에 카르노프스키는 2021년에 오픈AI 이사회를 떠난다. 그 뒤를 이어 오픈AI 이사회에 들어간 사람이 바로 헬렌 토너다. 헬렌 토너는 조지타운대학교 보안 및 신흥 기술 센터 디렉터로, 그전에는 오픈 필란스로피에서 근무했다. 재직 중인 조지타운대학교 보안 및 신흥 기술 센터도 오픈 필란스로피로부터 자금을 지원받았다. 따라서 헬렌 토너는 카르노프스키가 자신의 후임으로 오픈AI에 추천했을 가능성이 크다. 그리고 한 가지 덧붙이자면, 그녀는 너무나도 확고한 효율적 이타주의자였다.

2019년, 오픈AI 전체 회의에서 올트먼은 이제 막 이사회에 가입한 리드 호프만에게 발언을 청했다. 호프만이 말을 마치자, 올트먼은 갑자기 전 직원 앞에서 호프만에게 물었다.

"만약 제가 맡은 일을 제대로 하지 못하면 어떻게 할 겁니까?"

질문의 요지를 파악하지 못한 호프만은 잠시 멍해 있다가 대답했다.

"당신을 돕고, 제대로 된 방식으로 일을 완수하도록 할 겁니다."

올트먼은 호프만의 답변이 만족스럽지 않은 모양이었다.

"만약 제가 정말 직책을 제대로 수행하지 못한다면 어떻게 할 겁니까?"

이에 호프만은 단번에 답했다.

"당신을 해고하고 새 CEO를 구할 겁니다."

올트먼은 그제야 만족했다.

"좋군요!"

호프만은 한 회사의 CEO가 전 직원 앞에서 자신을 해고할 수도 있냐고 묻다니, 참 해괴하다고 생각했다.

챗GPT가 성공하자 올트먼은 오픈AI 직원뿐만 아니라 전 세계에 대고 'CEO도 해고당할 수 있다'는 생각을 밝혔다. 한 인터뷰에서 올트먼은 이런 말을 한다.

"나는 이사회에 봉사하며 전통적인 규제를 받기를 원한다. 또 이사회가 언제라도 나 대신 다른 사람을 쓸 수 있다고 생각한다."

기자회견 중에는 더 솔직한 마음을 내보이기도 했다.

"이사회는 나를 해고할 수 있다. 나는 이사회가 반드시 그럴 수 있어야 한다고 생각한다."

보기 드문 겸손이 담긴 말이었다. 단순히 겸손해서가 아니라 자신만만했기 때문이기도 하다. 올트먼은 자신이 이사회를 완전히 장악할 수 있다고 믿었다.

이사회가 'AGI에 이른 시점'을 결정한다

오늘날 회사 거버넌스에서 이사회의 주요 직책은 전략을 짜고 경영진(주로 CEO)을 관리 감독하는 것이다. 그런데 오픈AI 이사회는 사뭇 달랐다. 조직 개편 문건에 이런 조항이 들어 있다. '회사가 AGI를 성공적으로 이루면 모든 재무 분배는 새로 고려해야 한다.'

그렇다면 어떤 상황이 돼야 AGI를 성공적으로 이루었다고 볼 수 있는가? 오픈AI가 내놓은 답은 '이사회 마음대로'였다.

오픈AI 공식 사이트에 있는 〈우리의 구조 Our structure〉 라는 글의 다섯 번째 조항에 이렇게 적혀 있다. '이사회는 우리가 언제 AGI에 도달했는지를 결정한다.'

일단 이사회가 AGI에 이미 도달했다고 결정하면, 이 시스템은 마이크로소프트의 IP허가증과 다른 상업적 조항에서 제외된다. 이 조항은 AGI 기술 이전의 기술에만 적용되기 때문이다.

그런데 그 안에 아주 큰 구멍이 있다. 바로 누구도 AGI의 정의를 모른다는 점이다. 그 글에서 정의한 AGI는 이러하다. 'AGI는 가장 경제적 가치가 있는 대다수 일에서 인간보다 나은 결과를 내는 고도의 자율 시스템을 가리킨다.'

이 정의는 너무 모호하다. '대다수'는 어느 정도를 말하는가? '가장 경제적 가치가 있는 일'은 어떤 일인가?

기자가 이에 대해 묻자, 올트먼은 애매모호한 답변을 내놓았다.

"이것은 하나의 튜링 테스트가 아니라 여러 가지 요소를 기반으로 한 종합적인 평가다."

그러면서 또 듣는 이의 속을 태우는 말을 했다.

표 1 '쿠데타' 발생 이전 오픈AI 이사회 구성원 변동

이사회 구성원	소개	합류 시기	해임 또는 사임 시기
샘 올트먼	오픈AI 창업자, CEO	2015년 12월 2024년 3월 복귀	2023년 11월, '쿠데타'로 해임
일론 머스크	테슬라와 스페이스X CEO, 오픈AI 공동 창업자	2015년 12월	2019년 2월
그렉 브록만	스트라이프 공동 창업자이자 CTO, 오픈AI 공동 창업자	2015년 12월	2023년 11월
일리야 수츠케버	오픈AI 공동 창업자이자 수석 과학자	2015년 12월	2024년 5월
리드 호프만	링크드인 공동 창업자이자 오픈AI 초기 투자자 중 1인	2018년	2023년 3월
헬렌 토너	조지타운대학교 보안 및 신흥 기술 센터 디렉터이자 자선단체인 오픈 필란스로피에서 근무	2021년 9월	2023년 11월
타샤 맥컬리	RAND Corporation 겸임 수석 관리 과학자이자 이펙티브 벤처스Effective Ventures의 영국 이사회 임원	2023년 초	2023년 11월
애덤 디엔젤로	쿼라 공동 창업자이자 CEO	2018년 4월	
시본 질리스	AI전문가, 일론 머스크와 오랫동안 함께 일했으며 그의 자녀를 출산함	2019년	2023년 3월
윌 허드	전 공화당 하원의원	2021년 5월	2023년 7월

"이런 표현이 몹시 모호하다는 사실을 알고 있지만, 아직 우리도 구체적인 상황이 어떻게 될지 모른다."

이사회 내부의 위태로운 균형은 2023년에 이사 셋이 떠나면서 완전히 깨진다. '쿠데타'가 발생하기 전, 오픈AI 이사회 구성원의 변화는

표 1과 같다.

먼저 리드 호프만은 오픈AI 영리 법인의 최초 투자자이자 오픈AI와 최대 외부 주주인 마이크로소프트 사이의 중요한 교량 역할을 하는 인물이다. 다른 AI 기업에 투자를 계획하면서, 호프만은 이해충돌이 발생할 것을 염려해 2023년 3월에 이사회를 떠났다.

시본 질리스의 경우, 일론 머스크와의 사적인 관계로 인해 오픈AI와의 관계도 나빠져 3월에 이사회를 떠났다.

이어서 전 공화당 연방 하원의원 윌 허드 William Ballard Hurd는 2024년 미국 대통령 경선 참가를 선언하면서 7월에 이사회를 떠났다. 윌 허드는 공개 인터뷰에서 시종일관 AI 기술 수용을 적극적으로 주장했다. 그는 아마도 올트먼의 든든한 아군일 것이다.

그래서 리드 호프만과 윌 허드가 이사회에 있었다면 '쿠데타'는 일어나지 못했을 것이다.

아무튼 이리하여 이사회에는 여섯 명의 이사만 남게 된다. 이념의 차이가 존재한다는 점 외에, 그들은 모두 매우 젊었다. 여섯 명 중 마흔이 넘는 사람이 한 명도 없었다. 그래서 폴 그레이엄은 사태가 터진 뒤에 오픈AI 이사회를 '말썽꾸러기 꼬맹이'라고 비웃었다.

챗GPT 출시와 갈수록 커지는 자금 압박으로 인해, 그전까지 앞만 보고 질주하던 오픈AI 이사회 안에 마찰이 생기기 시작했다.

먼저 맥컬리는 이사회 멤버로서 직원들과 관계를 다지려 했고 틈만 나면 오픈AI 경영진과 교류하면서도 올트먼에게는 이 사실을 알리지 않았다. 올트먼은 이에 대해 불만이 많았는지, 어느 날 맥컬리에게 이사회 멤버가 직원과 교류하려면 자신에게 먼저 알려야 한다고 말했다.

관계자에 따르면, 이사회 멤버 중에는 이를 두고 올트먼이 이사회의 권력을 제한하려 한다고 생각하는 사람도 있었다고 한다.

2023년 9월, 올트먼은 AI 칩 프로젝트 관련 건으로 중동으로 날아가 투자자들을 만났다. 그러나 올트먼이 관련 계획을 이사회와 전부 공유하지 않자, 이사회의 불만이 고조됐다.

그해 10월, 올트먼은 야쿠브 파초키Jakub Pachocki를 수츠케버와 동급인 최고 연구 책임자로 발탁했는데, 이에 대해 수츠케버는 자신을 무시한 처사라고 생각했다. 수츠케버는 이사회에 고충을 토로하며 올트먼이 연구원끼리 서로 경쟁하게 하거나 두 명의 고위직에게 자원과 책임을 동시에 약속하는 식의 관리 방식을 좋아한다고 비난했다.

전후 사정을 잘 알고 있는 두 관계자에 따르면, 수츠케버는 이사회 멤버 몇 명에게 자신이 그만둘 수도 있음을 알렸고, 이사회는 이를 그와 올트먼 사이에서 선택하라는 최후통첩으로 받아들였다고 한다.

이뿐만 아니라 올트먼은 또 다른 사외이사인 헬렌 토너와도 갈등을 겪었다. 당시 토너는 오픈AI의 경쟁자인 앤스로픽의 안전한 연구를 높이 사는 학술 논문을 발표했다.

관계자에 따르면, 올트먼과 일부 오픈AI 임원은 이 일로 몹시 분개했다고 한다. 올트먼은 토너에게 전화해 그녀가 오픈AI의 이익을 해쳤다고 질책했다. 그러자 토너는 학술계를 대상으로 쓴 것이며, 광범위한 대중이 이 논문에 관심을 가질 줄은 몰랐다고 해명했다. 이에 올트먼은 회사와 관련된 것은 모두 다 언론에 보도된다고 했다. 토너는 실수를 사과하며 앞으로는 글을 쓸 때 좀 더 신중하겠다고 했다.

올트먼은 사과를 받아들이는 한편, 오픈AI 임원들에게 이메일을 보내 그녀에게 엄중히 경고했다고 전했다. 그러나 관계자에 따르면, 사태가 진정되기도 전에 올트먼은 다른 이사들과 따로 접촉해서 토너를 교체하는 문제를 상의했다고 한다. 그런데 이를 위해서는 적어도 이사 셋의 동의가 필요했다. 그래서 올트먼은 다른 이사들에게 전화를 걸어 타샤 맥컬리가 헬렌 토너를 이사회에서 제명하고 싶어 한다고 거짓말을 했다. 나중에 이사회 멤버가 맥컬리에게 사실 여부를 묻자, 맥컬리는 '완전히 지어낸 말'이라고 답했다.

이사회 내부 사정에 밝은 소식통에 따르면, 올트먼은 벌써 몇 년째, 다른 사람의 생각이 이러이러하다는 식으로 거짓말을 해서 싸움을 붙여왔다고 한다. 올트먼은 헬렌 토너를 이사회에서 내보내기 위해 어리석은 짓을 했다고 인정하면서도 이사회를 조종할 뜻을 없었다고 변명했다.

아마도 헬렌 토너와 수츠케버가 올트먼을 내쫓을 생각을 하게 된 계기도 그 일이었을 것이다. 헬렌 토너와 수츠케버는 원래 가까운 사이가 아니었으나 비슷한 학술적 배경이 공감대를 넓히는 데 영향을 미쳤을 것으로 보인다. 그리고 올트먼에 대한 불만은 결국 두 사람이 손을 잡는 데 결정적인 역할을 한다.

이후 두 사람은 맥컬리와 디엔젤로를 '반올트먼 연맹'에 끌어들이기 시작했다.

맥컬리와 토너는 'AI 거버넌스 센터^{GovAI}' 자문위원회 위원이며, 오픈 필란스로피가 이 센터에 일부 자금을 지원했다. 따라서 둘은 원래 알고 지내던 사이이고 똑같은 이데올로기를 공유하고 있을 가능성이 높았다.

디엔젤로는 효율적 이타주의자가 아니었고 올트먼의 오랜 친구였지만 결국 올트먼을 배신하고 이사회의 편에 섰다. 구체적인 이유는 4챕터에서 자세히 살펴보기로 한다.

네 사람은 브록만이 이 일을 모르게 철저히 숨겼다. 그가 자신들과 함께 할 가능성은 거의 없었기 때문이다. 어차피 이사회 멤버는 총 여섯 명으로, 네 명만으로도 이미 이사회의 '다수' 조건을 충족했다.

올트먼 자신조차 이사회 안에서 벌어지는 일을 모르고 있었으니 오픈AI 외부는 말할 것도 없었다. 앞서 말한 '실리콘 밸리 종교 전쟁'이 터진 뒤로 실리콘 밸리에는 '효율적 이타주의자가 이미 오픈AI 이사회에 섞여 들어갔다'는 소문이 돌았다. '쿠데타'가 일어나기 두 달 전, 오픈AI 대변인은 기자에게 이렇게 말했다.

"오픈AI 이사회 멤버 중에 효율적 이타주의자는 없다. 사외이사 중에도 효율적 이타주의자는 없다. 그들과 효율적 이타주의 커뮤니티의 상호작용은 주로 AI 안전과 관련된 주제에 집중돼 있다."

그러나 이는 사실과 달라 보였다. 효율적 이타주의는 단순히 오픈AI 이사회 내에 존재하는 것을 넘어서, 이사회를 지배하고 있었다. 이번 이사회의 기습은 사실상 '실리콘 밸리 종교 전쟁'의 연장선에 있는 사건이었다.

권력 게임의 서막이 열리기 시작했다. 보일 듯 보이지 않던 밀실 안 광경이 서서히 눈에 들어오고 있었다.

회사가 박살나는 것이 이사회의 사명에 맞을 수도 있다

올트먼의 해임 소식에 세계가 경악했다. 로이터 통신에 따르면 올트먼이 해임되기 며칠 전, 오픈AI 연구원 몇 명이 이사회에 편지를 보내 자신들이 인류를 위협할 수도 있는 강력한 AI 기술을 발견했다고 경고했다. 이 기술은 오픈AI 내부에서 Q*(Q-Star라고 발음함)라고 불렸다. 오픈AI 일부 연구원은 Q*가 이미 인류와 비슷한 수준의 고급 추리력을 보이고 있으며 이는 AGI에 도달할 중대한 돌파를 의미한다고 생각했다.

이는 11월 16일, APEC 회의에서 '미지의 베일을 벗겼다'고 한 올트먼의 말과 일치한다. 그리고 X에서는 '일리야가 뭔가를 봤다'는 밈이 유행했다.

오픈AI에서 일한 적이 있는 제프리 어빙Jeffrey Irving이라는 연구원은 X에 글을 올려, 올트먼이 개인적으로는 늘 친근하게 굴지만 상황에 따라 능숙하게 거짓말을 일삼았다고 폭로했다. 그러면서 올트먼이 그가 아는 다른 사람도 속이고 조종한 적 있다고 덧붙였다. 그러나 어빙은 더 상세한 내용을 알려달라거나 진상을 밝혀달라는 요구에는 침묵했다.

한편 오픈AI 이사회의 공지는 회사 내부에 폭탄을 떨어뜨렸다. 몇 시간 뒤, 오픈AI 회장 브록만은 X에 회사를 나가겠다는 글을 올렸다. 전언에 따르면, 그 당시 브록만을 따라가겠다는 사람이 한둘이 아니었다고 한다.

임시 CEO 미라 무라티와 수츠케버는 어쩔 수 없이 전체 회의를 열어 상황을 설명하기로 한다.

11월 17일, 금요일 오후 2시, 화상 전체 회의가 열렸다. 회의가 시작되자마자 많은 사람이 수츠케버에게 올트먼이 해고된 이유를 따져 물었다. 수츠케버는 상세한 사정은 밝히지 않겠다고 답했다.

그러자 한 직원이 외쳤다. "이건 '쿠데타'입니다!"

수츠케버는 아무렇지 않게 대답했다. "그렇게 부를 수도 있겠군요."

이어서 수츠케버는 자신을 변호했다.

"당신이 왜 그 단어를 선택했는지 이해합니다만 동의할 수 없습니다."

그러면서 올트먼을 해고한 것은 오픈AI의 사명을 보호하기 위해서였다고 주장하면서도 진행 과정이 보기 좋지는 않았음을 인정했다.

오픈AI 직원들은 수츠케버의 변명을 묵살하고 더 구체적인 이유를 알려달라고 요구했다. 수츠케버는 '올트먼이 이사회에 거짓말을 했다'고 하면서도 법률적인 이유로 상세히 설명할 수는 없다고 답했다.

전체 회의가 끝난 뒤, 약 15인의 오픈AI 임원이 본사 회의실에 모여 회의를 이어 갔다. 사외이사들은 각지에서 원격으로 참여했다. 회의실 안에는 금방이라도 터질 듯한 긴장감이 가득했다. 한 고위직 임원이 단도직입적으로 말했다.

"자세한 사정을 말하지 않는 것은 받아들일 수 없습니다."

임원들은 올트먼이 솔직하지 않았다고 한 데 대한 구체적인 사례를 추궁했다. 그러나 이사회는 올트먼이 너무 교묘하게 행동해서 구체적인 사례를 내놓을 수 없게 만들었다고 답했다.

이에 일부 임원은 관리 감독 기관과 법 집행 기관이 그들의 결정에 의문을 제기할 것이라고 협박성 발언을 하기도 했다. 이사회는 법률적 책임을 져야 할 수도 있었다.

오픈AI 최고 전략 책임자CSO 제이슨 권Jason Kwon은 이사회가 맡은 책임을 저버렸다고 비난했다.

"회사를 망하게 하는 것이 당신들의 직책일 수는 없다."

이에 대해 헬렌 토너는 냉랭하게 답했다.

"회사가 박살나는 것이 이사회의 사명에 맞을 수도 있다."

임원 회의를 마친 뒤, 수츠케버는 그가 이끄는 오픈AI 연구팀 회의를 소집했다. 관계자에 따르면 수츠케버는 직원들을 위로하기 위해 올트먼은 회사를 떠났지만, 브록만과 올트먼이 최고 연구 책임자로 발탁한 야쿠브 파초키는 여전히 오픈AI의 중요한 자산이고 오픈AI의 앞날은 여전히 밝을 것이라고 했다.

그러나 몇 시간도 지나지 않아 브록만과 야쿠브 파초키가 사직서를 냈고 선임 연구원인 알렉산더 매드리Aleksander Madry와 사이먼 시도르Szymon Sidor도 사임 의사를 밝혔다.

이번에는 수츠케버가 놀랄 차례였다. 오랫동안 상아탑에 갇혀 산 탓인지, 수츠케버는 사람보다는 기계를 더 잘 이해하는 듯했다. 수츠케버는 오픈AI 직원들이 이사회의 결정에 어째서 이토록 강한 불만을 표출하는지 이해할 수 없었다. 그는 사람도 기계와 마찬가지로 충분한 데이터만 입력하면 원하는 결과를 얻을 수 있을 줄 알았다.

더 심각한 문제는, 수츠케버의 약점이 하필이면 올트먼의 강점이었다는 사실이다. 올트먼은 사람의 환심을 사고 공통의 이익으로 묶는 데 도가 튼 사람이었다.

순수한 이상주의를 추구하는 수츠케버와 달리, 오픈AI 직원들은 피부로 와닿는 이익에 관심이 더 많았다. 그들의 이익은 이미 오픈AI, 올트먼과 단단히 엮여 있었다. 보도에 따르면, 올트먼은 투자기관인 스라이브 캐피털Thrive Capital과 오픈AI 직원의 지분을 매매하는 거래에 관해 상의 중이었다. 10억 달러 규모의 이 거래가 성사되면 오픈AI 시가총액은 860억 달러까지 오를 예정이었다. 스라이브 캐피털은 오픈AI 직원들이 보유한 주식을 공개 매수할 계획이었으나 아직 매수 대금을 건네지 않았다. 거래가 성사되면 하루아침에 수많은 백만장자가 탄생할 예정이었다. 그러나 '쿠데타'가 발생하자 스라이브 캐피털은 오픈AI 측에 올트먼의 이직이 이번 거래에 영향을 줬다고 전했다. 이에 원래 공개 매수에 참여하려던 오픈AI 직원들은 이 '쿠데타'가 그들의 인생을 바꿀 수도 있는 엄청난 이익을 위협할지도 모른다고 우려하기 시작했다.

수츠케버가 연 회의는 아무 소득 없이 마무리됐다.

그런데 회사 내부 슬랙 채널에서는 수많은 사람이 밤늦도록 잠 못 이루고 있었다. 전체 회의에서 들은 수츠케버의 해명에 수긍하지 못한 사람들의 맹폭이 이어졌다. 다들 이사회에 똑같은 물음을 던졌다.

"도대체 무슨 일이 일어난 거야?"

이미 해임된 올트먼은 채널에서 쫓겨났고 브록만도 퇴직과 동시에 채널에서 나갔다. 그런데 유일하게 남은 이사회 멤버인 수츠케버는 아무 반응도 보이지 않았다.

오픈AI 최고 운영 책임자 브래드 라이트캡은 회사 내의 들끓는 억측을 잠재우려고 애썼다.

브래드 라이트캡은 오랜 시간 올트먼의 부하로 일했고 YC에서도 함게 일한 적이 있다. 당시 라이트캡은 핵융합로, 양자컴퓨터, 자율 주행차, 위성 등 하드 테크 프로젝트를 살피는 업무를 맡았다. 오픈AI 창립 이후, 라이트캡은 주로 브록만, 수츠케버와 교류했다.

이후 올트먼은 라이트캡에게 오픈AI CFO 모집을 맡겼다. 그러나 당시 오픈AI는 소규모 비영리 단체였던 까닭에 오픈AI CFO에 지원하는 사람이 별로 없었다. 라이트캡은 스무 명 남짓에게 연락했으나 결과는 영 신통치 않았다. 그래서 라이트캡은 저녁과 주말 시간을 이용해 당분간 오픈AI 재무 업무를 직접 처리하였는데, 어느 순간 재무 업무는 온전히 그의 일이 되어 있었다. '쿠데타'가 일어나자 라이트캡은 새벽에 전 직원에게 메일을 보냈다.

> 우리 모두를 큰 충격에 빠뜨린 어제의 공지 이후, 우리는 이사회가 그런 결정을 내린 이유와 과정을 이해하기 위해, 이미 여러 번 이사회와 대화를 나눴다. 우리의 앞날과 관련된 이런 토론과 선택은 오늘 오전에도 계속될 예정이다.
>
> 우리는 이사회의 결정이 부정행위나 우리의 재무, 업무, 안전이나 보안/프라이버시 실천과 관련된 어떤 일에 대해 내려진 것이 아님을 분명히 말할 수 있다. 이는 샘과 이사회의 소통 실패로 빚어진 일이다.
>
> 우리 회사의 지위는 여전히 매우 공고하고 마이크로소프트는 여전히 우리와의 파트너십에 큰 열정을 가지고 있다. (임시 CEO) 미라는 우리의 전폭적인 지지를 받는다. 또한 우리는 이 과정이 어떻게 처리되는지에 대한 여러분의 우려를 공유하며, 이 상황을 해결하기 위

해 노력하고, 가능한 한 진행 상황을 여러분에게 공지할 것이다.

모두 혼란스럽고 슬플 것이며 조금은 두려울 수도 있을 것이다. 우리는 이 일의 처리에 집중하고 있다. 해결책을 향해 나아가고 사실을 확인하려 노력하는 동시에 조속히 정상적인 업무로 돌아갈 것이다. 현재 우리 모두의 책임은 팀원, 협력 파트너, 사용자, 고객 및 AGI의 광범위한 혜택이라는 우리의 비전을 공유하는 광범위한 세계를 책임지는 것이다. 참고 버텨보자. 우리는 여러분을 1,000% 지지한다.

임시 CEO 무라티도 내부 메일을 통해 오픈AI 직원들에게 앞으로 회사가 힘쓸 세 분야를 알렸다.

"기존 연구 계획을 최대한 추진한다. 안전 작업을 강력 추진하며, 특히 리스크 예측 능력을 강화한다. 인류 전체에 이로운 방식으로 세상과 기술을 공유한다."

그러나 당연하게도, 임원들의 말은 일반 직원들의 분노와 외부의 각종 억측을 잠재우지 못했다.

11월 17일 저녁, 샌프란시스코

올트먼은 겨우 샌프란시스코의 집으로 돌아왔다. 너무 많은 메시지가 들어온 탓에 휴대폰은 꺼진 지 오래였다.

한 달 뒤, 올트먼은 코미디어 트레버 노아Trevor Noah의 팟캐스트에서 당시의 심정을 토로했다.

꿈 같았어요. 혼란스러웠죠. 다 너무 혼란스러웠어요. 현실 같지 않았어요. 분명히…고통스러웠어요. 하지만 그때의 주된 느낌은 혼란스러움이었어요. 마치 희미한 안개 속에 있는 것 같았어요.

제 인생에서 그에 비할 수 있는 유일한 경험은 아버지가 돌아가셨을 때였어요. 물론 그때가 더 끔찍했지만요.

그렇게 말하는 올트먼의 눈에 눈물이 그렁그렁 맺혔다.

11월 17일 저녁, 올트먼은 파묻혀 있던 소파에서 몸을 일으켜 고개를 들고 거대한 통유리 너머로 산자락에 어둠이 내리는 모습을 지켜봤다. 도시 전체가 호흡을 늦추는 것 같았다.

휴대폰을 집어 드니 다시 켜져 있었다. 메시지를 남긴 오픈AI 팀원은 한둘이 아니었다.

포기하지 마요, 우리 같이 싸워요!

멀리 부두로 들어오는 선박에서 울리는 뱃고동 소리가 마치 전장에서 울리는 호각 소리 같았다.

올트먼은 X에 글을 올렸다.

너희 모두를 사랑해.

오늘은 여러 모로 기묘한 경험을 했어. 가장 뜻밖이었던 건 마치 아직 살아 있으면서 자기 추도사를 읽는 듯한 순간이었어. 사랑이 밀물처럼 쏟아지는 이런 느낌, 정말 끝내준다.

한 가지 얻은 게 있어. 네 친구들에게 그들이 얼마나 멋진지 말해 줘.

잠들기 전, 올트먼은 얼마 전에 있었던 행사에서 외웠던 퍼시 비시 셸리Percy Bysshe Shelley의 시를 떠올렸다. 당시 올트먼은 이렇게 말했다.

셸리의 시 중에 〈오지만디아스Ozymandias〉라는 시가 있다. 이 시는 사막 한가운데 있는 동상의 부서진 잔해를 노래한다. 이 거대한 왕의 동상은 이미 무너진 채 폐허가 되어 사막 한가운데 외롭게 서 있고 그곳엔 모래만 남았을 뿐이다. 동상에 적힌 글은 아직도 알아볼 수 있다. '나는 오지만디아스, 왕 중의 왕이니, 내 위업을 보고, 너희 강자들이여, 절망하라!'

많은 스타트업의 창업자가 어느 순간 자신이 세상에서 가장 중요한 존재이고 자신의 회사가 정말 대단하다고 생각한다. 결국에는 아무 것도 하지 못할 이 창업자들은 영원히 이런 느낌을 품는다. '나는 가장 중요한 사람이 될 거야. 내 회사는 가장 중요한 회사가 될 거야. 우리는 엄청난 성공을 거둘 거야. 나는 왕 중의 왕이야. 내가 이룩한 위대한 업적을 보면서 너희는 절망이나 해!'

사실 사람은 다 결국 폐허에 빠지게 되지만 스타트업은 훨씬 빨리 그렇게 되는 경우가 많으며 운명도 빠르게 변한다.

CHAP 3

시련의 끝

샘 올트먼은 내 마음속의 영웅이다. 그는 빈손으로 시작해 시가총액 900억 달러 기업을 만들었으며 우리 모두의 세계를 영원히 바꿔 놓았다.

—에릭 슈미트 Eric Schmidt

나는 세상의 붕괴를 맨 앞줄에서 보고 싶지 않다.

—오픈AI 전 직원

경쟁자가 움직인다

11월 18일, 토요일, 새벽. 잠에서 깬 올트먼은 아직 비몽사몽이었다. 어제 일어난 일은 다 꿈인가? 아니다. 올트먼은 창문 앞으로 걸어가 멀리 시선을 던졌다. 날이 흐렸다. 저 멀리 알카트라즈섬을 뒤덮은 먹구름이 보였다.

올트먼은 커피를 한잔 내렸다. 그가 즐겨 찾는 커피는 실리콘 밸리

현지 커피 브랜드인 필즈philz의 필하모닉Philharmonics이라는 제품이다. 이 커피는 카다멈 향이 가미된 미디엄 로스팅 커피에 크림과 시나몬을 넣고 민트 잎을 얹어 부드럽고 균형 잡힌 맛을 선사해 실리콘 밸리 모험가들의 혀끝에서 필하모닉이 울리게 한다. 올트먼은 이 커피를 사서 이탈리아식 에스프레소로 만들어 마신다.

커피를 내리고 시작했다. 다행히 휴대폰이 다시 켜졌다. 올트먼은 오픈AI에서 쫓겨난 현실을 받아들이고 새로운 미래를 향해 나아갈 준비를 마쳤다.

전날 밤, 올트먼은 이미 브록만과 다른 투자자 몇 명과 함께 새 AI 기업을 만드는 이야기를 시작했다. 바로 그때, 전화벨이 울렸다. 애덤 디엔젤로와 타샤 맥컬리였다. 전날 오후 그를 이사회에서 축출한 네 명 중 두 명이었다.

여보세요, 샘. 우리는 안정을 깨뜨리려는 것도, 쓸데 없는 갈등을 일으키려는 것도 아니에요. 당신이 다시 돌아올 가능성에 대해 얘기를 나눌 수 있을까요?

두 사람과의 통화로 올트먼은 하룻밤 만에 오픈AI가 무너지기 직전까지 갔음을 알게 된다. 경쟁사인 앤스로픽이 기회를 포착했다. 보도에 따르면, 토요일에 오픈AI 이사회 멤버는 앤스로픽과 올트먼 축출 이후 두 회사의 합병 가능성을 상의했다고 한다. 이사회는 앤스로픽의 CEO 다리오 아모데이를 설득해 두 회사를 합병하고 그에게 올트먼의 자리를 맡기려고 했으나 아모데이는 곧바로 거절했다. 이러나저러나 오픈AI의 내부 갈등은 경쟁자인 앤스로픽에게는 엄청난 기회였다.

사실 앤스로픽과 그를 지원하는 아마존은 금요일 오후부터 오픈AI 고객을 앤스로픽으로 유도할 방안을 논의하기 시작했다. 아마존 산하 클라우드 서비스 회사인 AWS는 재빨리 팀을 꾸려, 불안에 빠진 오픈AI 고객들에게 신속히 연락하며 혼란을 최소화하려 애썼다.

결국 오픈AI의 상황을 부정적으로 본 오픈AI 고객 중 100곳 이상이 주말 동안 앤스로픽에 연락해 왔다. 다른 고객들도 구글 클라우드 플랫폼과 파트너십을 맺은 코히어Cohere나 마이크로소프트의 애저 클라우드 서비스로 눈길을 돌리기 시작했다.

온갖 억측과 소문이 난무하면서, 일부 오픈AI 금융 고객들도 우려를 표하기 시작했다. 만약 올트먼이 데이터 프라이버시 문제로 해고된 것이라면, 이는 그들의 업무에도 부정적인 영향을 미칠 터였다.

모건스탠리 등 월가 기업들은 다른 AI 제공업체와도 관계를 맺는 것이 얼마나 중요한지를 더욱 절실하게 깨달았다. 모건스탠리는 오픈AI의 초기 기업 고객이자 핵심 고객 중 하나였다. 모건스탠리와의 협력을 주도한 사람이 바로 올트먼이었다.

마이크로소프트도 오픈AI를 위협했다. 마이크로소프트는 오픈AI에 100억 달러 이상을 투자한 대가로 오픈AI가 개발한 기술의 사용권을 얻었다. 마이크로소프트는 이미 애저 클라우드 서비스에서 오픈AI 모델의 카피 모델을 판매 중인데, 이것은 오픈AI 모델과 직접적으로 경쟁하는 제품이었다. 관계자에 따르면, 마이크로소프트 판매원은 '쿠데타'가 발생하기 전 몇 달 동안 오픈AI 고객을 애저 제품으로 유인하려고 애쓰며, 자신들의 제품이 더 안전하고 보호 조치가 규정에 부합한다고 홍보했다고 한다.

고객만큼이나 귀중한 자산은 오픈AI 직원들이었다. 그런데 이제 그들도 다른 회사가 앞다퉈 빼앗아 가는 대상이 되었다. 코히어, 어뎁트 Adept, 딥마인드를 비롯한 경쟁사가 주말 동안 AI 연구원, 과학자, 엔지니어의 이력서를 받았다. 관계자에 따르면 이사회가 올트먼 해임을 알린 지 몇 시간도 지나지 않아 이미 오픈AI 직원 중 몇몇이 구글 산하 딥마인드에 이력서를 냈다고 한다. 앤스로픽도 서둘러 링크드인에 채용공고를 올렸다. 말할 것도 없이 오픈AI 직원을 끌어들이기 위한 공고였다.

월요일이 되자, 세일즈포스 Salesforce CEO 마크 베니오프 Marc Benioff 는 오픈AI를 그만둔 연구원을 즉시 채용하고 싶다는 뜻을 밝혔다. 베니오프는 X에 '세일즈포스는 오픈AI를 떠나는 연구원 모두에게 상응하는 보수를 제공할 것'이라는 글을 올렸다.

AI 미래학자 대니얼 제프리스 Jafferis 의 말이 딱 맞았다.

"AI 업계는 오픈AI 이사회가 모두에게 따라잡을 기회를 준 것에 감사하고 싶을 것이다."

"실리콘 밸리는 모두 샘을 지지합니다"

쿠데타가 발생한 11월 17일. 올트먼의 해임 소식이 전해졌을 때, 메타 CEO 마크 저커버그와 다른 유명 CEO 등을 비롯해 실리콘 밸리 CEO 100여 명으로 이루어진 왓츠앱 매니저 WhatsApp Messenger [6] 그룹

---

6 약칭 왓츠앱. 스마트폰 통신 앱으로 텍스트, 그림, 사진, 동영상, 오디오 파일을 발송할 수 있다.

에 곧바로 글이 올라왔다.

"샘이 쫓겨났다는데."

뜬금없는 소식에 곧 난리가 났다.

"샘이 무슨 짓을 했는데?"

실리콘 밸리에서, 특히 FTX의 뱅크먼 프리드가 구속된 이후에 샘이라고 불릴 사람은 올트먼뿐이었다.

이 소식이 전해지자, 실리콘 밸리는 경악과 실망, 억측에 휩싸였다. 각계가 갑자기 시끄러워지기 시작했다. 투자자와 IT 리더들은 소셜 네트워크에 올트먼 해임에 대한 온갖 억측을 미친 듯이 올렸다. 한 업계 인사는 이 사건이 1985년 스티브 잡스가 애플을 떠나야 했던 일만큼 중요하다고 전했다. 관련 정보가 부족하다 보니, 예측 투표 사이트 매니폴드 마켓Manifold Markets에서는 해임 이유에 관한 투표까지 이루어졌다.

실리콘 밸리에서 20년을 보낸 올트먼의 이미지는 '긍정 반, 부정 반'이었다. 그를 좋아하는 사람은 한없이 좋아했고, 싫어하는 사람은 이를 갈 정도로 싫어했다.

특히 YC에서 보낸 몇 년간, 올트먼은 수백 개나 되는 스타트업에 도움을 준 적이 있어, '남을 잘 돕는다'는 평판이 자자했다. 감정이 북받친 한 창업자는 X에 당시를 떠올리며 글을 올리기도 했다. '내가 창업에 실패하고 투자자들의 위협을 받을 때, 올트먼에게 도움을 청했다. 사실 올트먼과는 잘 아는 사이도 아니었지만, 그는 기꺼이 휴대폰을 꺼내 내 투자자에게 전화를 걸어 당근과 채찍을 골고루 휘둘렀다. 결국 투자자는 더 이상 내게 책임을 묻지 않았다.'

올트먼으로부터 투자를 받았던 또 다른 창업자는 이렇게 말했다.

예전에 우리 두 사람 모두의 친구인 어떤 친구가 내게 '돈을 아끼듯 샘의 시간을 아끼라고' 해서 나는 시간을 매우 아껴 썼다. 그러나 내가 시간을 다 쓰고 그에게 도와달라고 했을 때도 샘은 곧바로 나타났다.'

올트먼의 한 친구는 《워싱턴포스트》에 올트먼은 늘 쓸모 있는 사람들을 그의 주변으로 불러들인다고 했다.

그는 끈끈하면서도 솔직한 관계를 맺어, 그것(인맥)으로 마법을 부릴 수 있을 정도였다.

물론 칭찬 일색은 아니었다. 뒤에서 그를 험담하는 사람도 적지 않았다. 익명의 실리콘 밸리 벤처 투자자는 그를 미국 드라마 〈석세션 Succession〉 등장인물 중 톰 왐스갠스에 비유했다. 톰 왐스갠스는 장인의 그늘 밑에서, 겉으로는 순종하는 척하면서 위로 올라갈 모든 기회를 놓치지 않고 최고 권력을 넘보는 인물이다. 또 다른 익명의 인물은 이렇게 평했다.

"그의 가장 큰 재능은 삶에서 가장 중요한 두 사람인 폴 그레이엄과 피터 틸을 기쁘게 하는 것이다."

이렇게 말하면 너무 신랄한 면이 없잖아 있지만, 올트먼이 늘 연장자들의 지지를 받는 것은 사실이다. 실리콘 밸리는 연장자에게 우호적인 곳이 아닌데, 올트먼은 상당히 특이한 존재였다. 젊은 창업자들은 늘 기존의 것을 다 뒤엎겠다고 큰소리쳤지만, 올트먼은 업계 연장자들 앞에서 겸손을 잃지 않았다. 그래서 노인들은 샘을 보호하려고 했다.

올트먼은 옛것에 대한 향수가 강한 사람 같다. 예전 인터뷰에서 그는 옛날 사진들은 물론이고 여덟 살 생일 때 받은, 그의 인생을 바꾼 맥 컴퓨터와 어렸을 때 잠자리에 같이 들던 인형들까지 모두 보관하고 있다고 한 적이 있다.

올트먼의 옛것에 대한 향수는 옛 친구를 대하는 태도에서도 드러난다. 올트먼은 아주 견고한 작은 울타리를 둘렀다. 십수 년 전 루프트에서 일하던 때의 청소부가 아직도 그의 회사에서 일한다고 한다.

올트먼의 CEO 코치인 맷 모차리Matt Mochary는 팟캐스트에서 올트먼이 '회사 내부인이 곧바로 문제를 해결하게 만들고 회사 외부인은 온전한 사랑을 받고 있다고 느끼게 한다'며 칭찬을 아끼지 않았다.

모차리는 샘 올트먼에 대해 이렇게 말했다.

"그는 늘 울타리 안의 사람들에게 이런 신호를 보낸다. '난 당신이 사랑받고 있다고 느끼기를 바라요.'"

에어비앤비 창업자 브라이언 체스키Brian Chesky는 누가 봐도 그 테두리 안에 있는 사람이었다. 올트먼과 체스키의 인연은 2009년으로 거슬러 올라간다. 당시만 하더라도 실직한 디자이너일 뿐이었던 체스키는 YC 프로그램에 지원했고, 거기에서 자기보다 2년 일찍 YC에 합류한 올트먼을 알게 된다. 당시 체스키는 모르는 사람과 집을 공유하는 '에어비앤비' 사업을 시작했는데, 사람들은 모르는 사람을 어떻게 자기 집에서 재우느냐며 그의 아이디어를 비웃었다. YC에 합류할 때만 하더라도, 체스키는 프로그램이 끝나는 3개월 후에 자기 회사가 아직도 안 망하고 있을지 확신할 수 없었다. 체스키는 올트먼에게 YC 창업 캠프 프로그램이 완료된 후에 시리즈 A에서 50만 달러의 시드 머니를 조달할 수 있으며 예상 수입 3,000만 달러가 가능할지 물었다. 올트먼은 그 수입의 뒤에 적어도 0을 세 개는 더 붙여야 한다고 답했다.

당신이 했던 말과 일에 자신이 없는 것이거나, 아니면 산수를 할 줄 모르나 보죠.

올트먼의 말에 체스키는 자신감이 붙었다. 그후 나이가 비슷한 두 사람은 절친한 친구가 되었다. 몇 년 후, 에어비앤비는 시가총액 천억 달러에 달하는 거물로 성장했고, 체스키도 실리콘 밸리에서 가장 영향력 있는 오피니언 리더 중 한 사람이 되었다. 올트먼이 오픈AI를 창립하자, 체스키도 올트먼에게 여러모로 도움을 주었다.

몇 주 전, 올트먼은 X에 체스키에 대한 좋은 말을 잔뜩 올렸다.

지난 1년 동안, 많은 사람이 도움의 손길을 내밀고 조언을 해 주었지만 브라이언 체스키만큼 환상적으로 도와준 사람은 없었다.

그는 한밤중에 전화해도 기꺼이 받아 주었고 많은 시간을 내어 주었으며 어려운 문제에 대해 정확하고도 명쾌한 해답을 내놓고 관련 사항은 어떠한 것이라도 알려 주고자 했다.

어쩌면 가장 중요한 것은, 끔찍한 나날을 보내는 나를 변함없이 지지해 줬다는 것이리라.

그는 늘 이 모든 일을 뒤에서 묵묵히 했으며 AI를 공부하는 것 외에 아무런 대가도 바라지 않았다.

대개 모든 회사의 역사에 이런 인물들이 있었지만 그들은 충분한 찬양을 받지 못했다. 고마워, 브라이언.

체스키는 올트먼이 해고된 소식을 듣자마자 제일 먼저 올트먼에게 메시지를 보내 어떻게 된 일인지 물었다. 올트먼은 '너무 잔인하다'고만 답했다. 체스키는 곧바로 전화를 걸어왔다. 올트먼은 자신도 어찌 된 일인지 정확히 모르겠지만 아마도 토너나 수츠케버와의 갈등과 관련이 있을 것 같다고 말했다.

그후 체스키는 브록만을 비롯해 평소 알고 지내던 오픈AI 직원 몇 명에게 차례로 전화를 걸어 이것이 형사 사건이 아님을 확인한 다음, 오픈AI의 최대 주주인 마이크로소프트의 CEO 나델라에게 전화를 걸었다. 그리고 나델라에게 이렇게 말했다.

실리콘 밸리는 모두 샘을 지지합니다.

체스키가 한 말은 거짓이 아니었다. 실리콘 밸리 스타트업계의 여론은 완전히 올트먼 편이었다. 유명 IT 투자자들이 너도나도 올트먼에 대한 지지 의사를 밝혔으며 그의 다음 창업 프로젝트를 지지한다는 뜻을 암암리에 내비쳤다.

평정을 되찾은 오픈AI 투자자들도 주저 없이 그의 편에 섰다. 초기 투자자 중 한 명인 비노드 코슬라Vinod Khosla는 X에 글을 올렸다.

"올트먼이 다시 회사를 이끌기를 바란다. 그러나 그가 어떤 길을 선택하든 상관없이 그를 지지할 것이다."

오픈AI에 투자한 세쿼이아 캐피털도 마이크로소프트 임원들과 함게 막후에서 올트먼의 복귀를 추진했다. 세쿼이아 캐피털의 파트너인 알프레드 린 Alfred Lin은 X에 "올트먼과 브록만이 세상을 바꿀 새 회사를 세우길 바란다."라는 글을 올렸다.

실리콘 밸리의 유명 엔젤 투자자 론 콘웨이 Ron Conway는 이런 글을 올렸다.

> 오픈AI에서 일어난 일은 이사회의 '쿠데타'다. 1985년 애플 이사회가 스티브 잡스를 내쫓은 이후로 한 번도 이런 일을 본 적이 없다. 충격적이고 매우 무책임하다.

믿기 어렵지만, 전 구글 CEO 에릭 슈미트도 X에 글을 남겼다.

> 샘 올트먼은 내 마음속의 영웅이다. 그는 빈손으로 시작해 시가총액 900억 달러 기업을 만들었으며, 우리 모두의 세계를 영원히 바꿔 놓았다. 그가 앞으로 무엇을 할지 몹시 기대된다. 나와 수십억 명이 그가 앞으로 할 일로 인해 혜택을 볼 것이다. 이는 정말 불가사의한 일이다.

"IT 업계 최고의 브로맨스"

한편 1,300km 떨어진 올림퍼스산은 새하얀 눈에 뒤덮여 아침 햇살 아래 반짝이는 빛을 흩뿌리고 있었다. 산기슭에 자리한 시애틀 외곽의 드넓은 IT 산업 클러스터에 있는 또 한 무리의 사람들은 잠을 잊은 채 지난 며칠간 실리콘 밸리에서 일어나는 일에 촉각을 곤두세우고 있었다. 이 IT 클로스터에 있는 회사는 바로 IT 업계의 최고참 거물인 마이크로소프트였다.

2주 전, 마이크로소프트 CEO 나델라는 오픈AI 개발자 콘퍼런스에도 참석해 올트먼과 함께 무대에 올랐다. 두 사람 다 블랙 진을 입었고 올트먼은 카키색 티셔츠, 나델라는 남색 평상복을 입었다.

모두의 시선을 받으며, 올트먼이 나델라에게 오픈AI와 마이크로소프트의 협력 관계를 어떻게 보냐고 물었다.

나델라는 시원스럽게 대답했다.

"여러분을 사랑해요!"

올트먼은 생각지도 못한 말에 당황해 '아!'라고만 대답해 쑥스러우면서도 익살맞은 분위기를 연출했다.

얼마 전, 올트먼은 두 회사의 협력을 'IT 업계 최고의 브로맨스'라고 부르기까지 했다.

1975년에 설립된 마이크로소프트는 오픈AI보다 무려 마흔 살이나 많았지만, 나델라는 마이크로소프트를 다시 '회춘'시키겠다고 약속했다. IT 업계에서는, 만약 오픈AI가 없었다면 마이크로소프트가 AI 분야에서 날고 기기 힘들었을 것이라고 본다. 전 스노우플레이크Snowflake CEO이자 오랫동안 마이크로소프트의 임원으로 활동한 밥 머글리아Bob Muglia는 인터뷰 중에 이렇게 말했다.

"나는 마이크로소프트와 무척 가까운 사이다. 2년 전만 하더라도, 마이크로소프트가 AI 분야의 리더가 될 거라고 전혀 생각지 않았다. 내가 아는 거의 모든 사람이 다 똑같이 말했다. 오픈AI는 황금알을 낳는 거위고 사티아는 지금 그 거위를 키우고 있다."

그러나 모두가 두 회사의 협력을 반기지는 않았다. 마이크로소프트 직원들은 "마이크로소프트가 이미 오픈AI의 IT 부서로 전락했다."라고 한탄했다. 지나치게 많은 자원이 오픈AI로 쏠리자 직원들의 불만이 고조됐고 상당수 임원이 잇따라 회사를 떠났다. AI 분야에 발 붙이기 위해 마이크로소프트가 지나치게 오픈AI에 기댔음을 짐작할 수 있다. 이러한 과도한 의존은 오픈AI의 뛰어난 제품 때문이기도 하지만 다른 IT 거물들에 대한 두려움 탓이기도 하다.

올트먼은 마이크로소프트에 휘둘릴지도 모른다는 걱정 따위는 하지 않는 듯하다. 그는 마이크로소프트가 오픈AI를 통제하는 유일한 수단은 오픈AI가 빌려 쓰는 마이크로소프트 서버를 뽑아 버리는 것뿐이라고 했다.

"그들이 계약을 지키리라 믿는다."

그 당시 올트먼이 한 말이다.

2023년 2월, 마이크로소프트는 오픈AI 기술을 도입한 새로운 검색 엔진 빙Bing의 출시를 발표했다. 새 검색 엔진은 챗GPT와 비슷한 방식으로 앞뒤 문맥과 관련된 수많은 문제에 답변을 생성했다. 올트먼도 응원차 시애틀로 날아갔다.

나델라는 본심을 당당히 드러냈다.

나는 구글과 그들이 한 모든 일에 진심으로 탄복한다. 그러나 그들을 '춤추게' 한 것은 바로 우리라는 점을 알길 바란다.

나델라는 자랑스럽게 외쳤다.

오늘, 마이크로소프트는 더 치열한 검색 경쟁을 불러왔다. 이미 20년을 해 왔지만 이런 기회가 오기를 내내 기다렸다.

그러면서도 나델라는 오픈AI와의 협력을 언급했다.

먼저 마이크로소프트와 오픈AI의 관계를 기억해야 한다. 마이크로소프트는 오픈AI와 여러 분야에서 협력하고 있다. 지난 4년 동안 한 일 중에서 가장 중요한 것은 이 대규모 언어 모델 훈련 인프라와 비상식적으로 거대한 클라우드 인프라를 포함해, 오픈AI가 안심하고 이용할 핵심 인프라를 구축한 것이다.

우리는 애저Azure가 전문적인 AI 인프라를 갖추게 개선해야 한다. 오픈AI는 이 인프라 위에 구축된다. 그런 다음, 이 대규모 언어 모델을 제품에 도입하고 애저 AI에 탑재해야(그리고 다른 기업에 제공해야) 한다.

이 모든 노력을 하는 과정에서, 투자에 대한 보상을 받고 상업적 보상도 받을 것이다. 그래서 우리는 아주 좋은 협력 파트너가 되리라 생각한다.

그 '핏빛 금요일'의 오전 11시가 조금 넘었을 시각, 나델라는 임원진과 주간 회의를 하고 있었다. 그때 당혹스러운 기색의 동료가 갑자기 뛰어들어 와 전화를 받아보라고 했다. 전화를 건 사람은 마이크로소프트 CTO 케빈 스콧이었다. 스콧의 목소리는 당황한 기색이 역력했다. 스콧이 말했다.

"몇 분 있으면 오픈AI 이사회가 올트먼을 해고하고 무라티를 임시

CEO로 임명한다고 발표할 것이다."

이 소식은 몇 분 전에 무라티가 직접 전화해서 알려 준 내용이었다.

차분하고 지혜롭기로는 둘째가라면 서러울 나델라였지만 너무 놀란 나머지 그답지 않게 분통을 터뜨렸다. 나델라는 곧바로 무라티에게 전화해 어떻게 된 일인지 물었으나, 무라티는 말할 수 없다고 답했다.

나델라는 이사회의 다른 멤버인 디엔젤로에게 전화해 올트먼이 무슨 짓을 했기에 이사회가 그를 해고한 것인지 물었다. 디엔젤로는 대충 얼버무리고는 그대로 전화를 끊어 버렸다. 그는 나델라가 이 문제에 개입하는 것을 원치 않아 보였다.

몇 분 뒤, 오픈AI 이사회 멤버 넷은 화상 회의를 통해 올트먼을 해고하고 12시 30분에 이 사실을 공식적으로 발표했다. 오픈AI가 올린 공지를 보고 나서 나델라는 상황을 되돌릴 수 없음을 깨닫고 금세 냉정을 되찾았다.

이어서 나델라는 리드 호프만에게 전화를 걸었다. 그는 전 오픈AI 이사회 멤버이자 현 마이크로소프트 이사인 호프만이 내막을 알고 있는지, 특히 공지에서 말한 '늘 솔직하게 소통하지는 않았다'는 말이 무슨 뜻인지 알고자 했다. 호프만은 '자기도 방금 소식을 들었다'며 어찌된 상황인지 알아보겠다고 답했다. 그날 저녁까지 호프만의 연락을 기다리고 있던 나델라는 체스키로부터 전화를 받았다. 체스키는 단호하게 말했다.

"실리콘 밸리는 모두 샘을 지지합니다."

얼마 지나지 않아 호프만에게서도 전화가 왔다. 호프만은 임시 CEO 무라티를 포함해, 자신과 친분이 있는 오픈AI 내부 인사들과 통화했다. 호프만은 올트먼이 아무 잘못도 저지르지 않았으며 오픈AI 직원들조차 이사회가 왜 올트먼에 대한 믿음을 잃었는지 전혀 모르고 있음을 확인했다.

시장도 곧장 반응을 보였다. 금요일 장 마감 시의 마이크로소프트 주가는 1.6%나 하락했다. 나델라는 주식시장이 휴장하는 주말 동안 서둘러 손을 쓰지 않으면, 다음 주 월요일에 주식시장이 열리자마자 마이크로소프트의 주가가 더 곤두박질칠 것임을 잘 알았다. 나델라는 현재 마이크로소프트의 가장 귀중한 자산을 보호하기 위해 직접 나서기로 결심했다. 나델라는 상세한 플랜을 세웠다.

플랜 A: 현실을 받아들이고 이사회가 임명한 임시 CEO와 지금의 경영진을 지지한다. 공개석상에서 무라티를 지지한다.

그러나 플랜 A로는 안 된다는 게 금방 드러났다. 브록만을 따라 회사를 떠나는 오픈AI 직원들이 점점 늘고 있는데 이사회는 요지부동이었다. 남은 임원들과 이사회와의 갈등도 깊어지고 있었다. 한 임원은 말했다.

"이사회의 목표가 회사의 궤멸이 아니라면 어째서 결정적 순간마다 도무지 영문을 알 수 없는 최악의 선택을 하는지 모르겠다."

나델라는 이대로 손 놓고 있으면 오픈AI가 금세 빈껍데기가 될 것을 직감했다. 이어서 나델라는 플랜 B를 가동한다.

플랜 B: 올트먼이 오픈AI에서 리더십을 회복하도록 전력을 다한다.

마침 크리켓 월드컵이 한창이었는데, 나델라가 응원하는 인도팀이 결승전에서 오스트레일리아팀과 맞붙었다. 하지만 나델라는 좋아하는 팀의 결승전보다도 올트먼과 이사회의 충돌에 온 신경을 집중하고 있었다. 그는 무라티를 통해 마이크로소프트의 뜻을 전달했다. 마이크로소프트의 지지를 등에 업고, 무라티와 다른 임원들은 이사회 멤버 전원의 사임을 촉구했다. 압박에 못 이긴 몇 사람이 이사회를 나가겠다고 했다. 단, 그들이 인정하는 사람이 다음 CEO에 오른다는 조건을 달았다. 사실 나델라는 플랜 C까지 준비했다.

플랜 C: 일단 협상이 결렬되면 올트먼, 브록만, 오픈AI의 모든 직원을 마이크로소프트로 영입한다.

그러나 이 계획도 위험 부담이 너무 컸다. 막대한 비용과 지리한 소송전은 물론이고 정부 조사까지 대비해야 할 수도 있었다. 나델라는 자신이 세운 플랜이 통하리라 믿었다. 나델라는 월요일에 진행된 한 팟캐스트에서 공개적으로 밝혔다.

설령 오픈AI가 내일 사라지더라도 걱정할 필요 없다. 우리(마이크로소프트)는 지적재산권과 능력을 가지고 있다. 우리는 연구팀, 컴퓨팅 자원, 데이터 등 모든 것을 가지고 있다. 우리는 그들(오픈AI)의 아래, 위, 주위에 있다.

임시 작전 본부

올트먼이 떠난 뒤, 이사회는 오픈AI CTO 미라 무라티를 임시 CEO로 임명한다. 무라티는 2018년에 오픈AI에 합류한, 오픈AI 핵심 제품 챗GPT 책임자였다. 이전에 무라티는 AR 기업 립 모션Leap Motion과 테슬라에서 근무한 적이 있으며, 모델 XModel X 등 제품의 설계와 개발에 참여했다. 오픈AI 임원들은 속이 바짝 타들어가 안절부절못했다. 인재 유실의 위험성을 너무도 잘 알고 있었기 때문이다. 임시 CEO 무라티는 직원들에게 그 어떤 격렬한 행동도 자제할 것을 간청하며 무슨 수를 써서라도 올트먼을 다시 데려오겠다고 약속했다.

최고 전략 책임자 제이슨 권은 토요일 저녁에 전 직원에게 이메일을 보내, 지난 24시간 동안 거둔 중대한 진전을 강조했다. 그는 오픈AI가 올트먼, 브록만, 그 외 이직을 선언한 핵심 직원들을 다시 데려오는 데 '낙관적'이라고 밝혔다.

그날, 스무 명이 넘는 올트먼의 친구와 동료가 올트먼의 집을 찾아가면서, 그의 저택은 임시 작전 본부가 되었다. 그들 중 몇 명은 거실에 우르르 몰려 있었고, 몇 명은 다이닝룸의 거대한 대리석 탁자 위에 올려둔 노트북을 펼쳤다. 이사회에 임시 CEO직 사퇴를 통보한 무라티도 함께였다.

낮이 밤으로 바뀌고 빗물이 샌프란시스코 거리를 적실 때, 올트먼의 운명도 새로운 기회를 맞이한다. 저녁 8시경, 올트먼 집 앞에 진을 치고 있던 기자들은 임시 작전 본부에서 사람들이 하나둘 나오는 것을 목격한다. 그들 중 대다수는 편안한 표정으로 밖에서 대기 중이던 우버 택시에 몸을 실었다. 저녁 8시 47분, 올트먼은 X에 글을 올렸다.

나는 오픈AI의 모두를 사랑한다.

순식간에 수십 명의 오픈AI 직원이 다양한 색깔의 하트 이모티콘을 보내 왔다.

저녁 9시 30분경, 기자들은 오픈AI 직원 한 명이 올트먼의 집에 들어갔다가 금방 다시 떠나는 것을 목격했다. 올트먼이 이미 잠들었다고 해서 그냥 가는 길이었다.

CHAP 4

유한게임과 무한게임

> 유한게임은 승리가 목적이지만 무한게임은 게임을 지속하는 것이 목적이다.
>
> —제임스 카스 『유한게임과 무한게임』

> 이것은 끝이 아니다. 심지어 끝의 시작도 아니다. 그저 시작의 끝일 것이다.
>
> —윈스턴 처칠Winston Churchill

새로운 CEO

2023년 11월 19일 일요일 아침, 마침내 비가 그치고 푸른 하늘이 드러났다. 올트먼의 집 근처도 조용해졌다. 주위의 다른 건물과 달리, 모던한 스타일의 이 저택은 울창한 나무에 둘러싸여 있어, 바깥에서는 거의 들여다볼 수 없다. 아마존 택배 배달원이 와서 초인종을 눌렀지만 아무도 응답하지 않았다. 배달원은 물건을 차도 문 안쪽으로 집어넣고 떠났다. 그 외에 저택과 차 사이를 오가는 사람이 보였는데, 쓰레기를 처리하는 것처럼 보였다. 어쩌면 전날의 전장(수많은 피자 상자와 빈 생수병)을 수습하는 것이었을지도 모른다.

일요일 정오, 원래라면 텅텅 비었어야 할 오픈AI 건물이 평일보다 더 시끌벅적했다. 우버, 자전거, 테슬라를 탄 직원들이 속속 사무실에 도착했다. 이어서 버블티를 든 배달원들이 바삐 오갔다.

비록 이미 오픈AI의 일원이 아니었지만, 올트먼도 함께였다. 회사 로비에 들어선 올트먼은 시니컬한 '셀카'를 찍어 X에 올리기도 했다. 사진 속 올트먼은 2주 전에 참가한 발표회에서 입었던 옷을 입고 '방문객 04번'이라고 적힌 오픈AI 사무실 방문증을 들고 있었다. 올트먼은 그 아래 이렇게 적었다.

"처음이자 마지막으로 이 방문증을 사용한다."

이 글은 무려 2,000만 회 이상의 조회수를 기록했고 10만 명 가까이 '좋아요'를 눌렀으며, 사진은 순식간에 유행 짤이 되었다.

브록만은 아내 안나 브록만Anna Brockman까지 데리고 왔다.

현 이사회 멤버 네 명은 나타나지 않았다. 그들은 각자의 집에서 화상 연결을 통해 회의에 참석했다. 수츠케버는 샌프란시스코에 있었으나 집에서 화상으로 참가하기로 했다. 아마도 분노한 동료들을 직접 대면하고 싶지 않아서였을 수 있다.

이사회는 올트먼과의 직접 대화는 피하고 오픈AI 임원진과의 협상만 원했다. 협상에는 오픈AI 임원 중 임시 CEO 미라 무라티, COO 브래드 라이트캡, CSO 제이슨 권이 참여했다.

오픈AI 전 이사회 임원이자 텍사스주 공화당 전 하원의원인 윌 허드

Will Hurd도 참여했다. 윌 허드는 금요일에 이사회로부터 오픈AI 경영진의 동요를 막아달라는 부탁 전화를 받았다. 그래서 토요일에 텍사스주에서 비행기를 타고 샌프란시스코로 넘어와 이틀 동안 머물며 올트먼이 해고된 속사정을 파악한 참이었다.

연륜 있는 정치가 윌 허드는 오픈AI 이사회에 부족한 협상력과 소통 능력을 갖춘 인물이다. 그는 양측 모두가 신뢰하는 중재자로서 협상 자리에 함께했다. 허드는 AI 산업과 오픈AI라는 기업 모두 매우 중요한 존재이며, 일정 수준의 신뢰와 투명성이 반드시 뒷받침되어야 한다고 강조했다.

그날, 오픈AI의 임원 세 명과 중재자 몇몇은 좁은 회의실에 모여 협상을 벌였다. 올트먼과 브록만은 가까운 곳에서 수시로 정보를 교환하고 있었을 것이다. 회의실 밖에서는 직원들이 잔업을 하는 척하며 실상은 협상의 흐름을 예의주시하고 있었다.

직원들의 전폭적인 지지를 등에 업은 올트먼은 낙관적이고 자신감 넘치는 태도를 보였다. 그는 이사회에 "이사회 전원이 물러나든지, 아니면 내가 모든 직원을 이끌고 회사를 떠나든지 양자택일하라"며 강하게 압박했다.

오픈AI 임직원들의 목표는 분명했다. 올트먼과 브록만을 다시 회사로 복귀시켜, '쿠데타' 이전의 상태로 되돌리는 것이었다. 이사회 역시 올트먼의 CEO 복귀와 이사회 개편, 심지어 이사회 전

원의 퇴진까지도 긍정적으로 검토했으나, 후임 이사 선출에 대한 합의가 전제 조건이었다. 오픈AI 영리 자회사의 주요 투자자로 참여한 마이크로소프트 CEO 사티아 나델라 역시 뚜렷한 목표가 있었다. 요약하자면, '정세 안정'과 '유사 사태 재발 방지'였다. 이사회가 개편된다

면, 마이크로소프트는 그 안에서 실질적인 역할을 원했다. 이사회 의장직이면 더할 나위 없고, 의결권 없는 참관인 자격이라도 충분히 만족스러웠다.

이후 양측은 후임 이사 인선을 두고 팽팽한 논쟁을 이어 갔다. 올트먼 측은 페니 프리츠커Penny Pritzker와 다이앤 그린Diane Greene을 추천했다. 전자는 오바마 행정부에서 미국 상무부 장관을 지냈고, 후자는 소프트웨어 기업 VM웨어VMware의 창업자다. 그러나 이사회는 두 인물 모두 반대했다.

훗날 올트먼은 당시를 회상하며, "조금만 더 기다리면 곧 합의에 이를 것 같은 느낌이었다"고 말했다.

하지만 그가 예상치 못한 상황이 있었다. 이사회는 올트먼과 협상을 이어 가며 복귀 가능성을 타진하는 동시에, 새로운 CEO를 물색하고 있었던 것이다. 이사회는 앤스로픽Anthropic의 공동 창업자 겸 CEO 다리오 아모데이Dario Amodei, 마이크로소프트 산하 깃허브GitHub의 전 CEO이자 AI 투자에 적극적인 냇 프리드먼Nat Friedman 그리고 스케일AIScale AI의 공동 창업자이자 CEO인 알렉스 왕Alex Wang에게 차기 CEO 자리를 제안했지만, 모두 거절당했다.

그런데 그날 저녁, 이사회는 예상을 뒤엎는 발표를 했다. 트위치Twitch 공동 창업자이자 전 CEO인 에밋 시어Emmett Shear를 오픈AI의 임시 CEO로 임명한 것이다. 에밋 시어는 올트먼과 오랜 친분이 있는 사이였으며, YC 초기에 배출된 창업자 중 한 명이기도 하다. 그는 과거 한 팟캐스트에서 올트먼을 언급하며, 그에 대한 깊은 존경심을 드러낸 바 있다.

그는 야심이 크다. 우리 모두 나름의 야심을 가지고 있지만, 그는 거래를 성사시키는 데 탁월한 능력까지 갖추었다.

에밋 시어는 트위치의 수장으로, 스타트업 플랫폼인 저스틴.tv^{Justin.tv}를 이끌며 2014년 아마존에 인수되는 데까지 중심적인 역할을 했다. 인수 후에도 그는 계속해서 회사에 남아 일했지만, 2023년 초 태어날 아이를 위해 회사를 떠났다. 비디오 게임 마니아이기도 한 그는 트위치 재직 시절 유능한 리더로 평가받았지만, 지나치게 비용 절감에 집착한다는 비판도 적지 않았다.

오픈AI 이사회는 에밋 시어가 오랫동안 AI에 대해 신중한 접근을 주장해 온 점을 높이 평가한 것으로 보인다. 실제로 그가 소셜 네트워크에 올린 글을 보면, 그의 시각은 오픈AI 사외이사들의 관점과 매우 닮아 있다. 에밋 시어는 AI의 발전 속도를 늦춰야 한다고 보며, 구글의 '효율적 가속주의자'들과는 선을 긋고자 했다.

한편, 이사회는 오픈AI 전 임직원에게 보낸 이메일에서 에밋 시어에 대해 "오픈AI를 앞으로 이끌어 갈 역량과 전문성, 그리고 다양한 관계를 조율할 독특한 능력을 지닌 인물"이라고 평했다. 이메일의 핵심 내용은 다음과 같았다.

"간단히 말해, 샘의 행동과 이사회와의 상호작용에서 투명성이 결여되어 있었고, 이는 이사회가 회사에 대한 법적 책임과 역할을 효과적으로 수행하는 데 큰 장애가 되었습니다. 이사회는 이번 결정에 흔들림이 없으며, 이는 오픈AI의 사명을 지키고 추진하는 유일한 길이라 믿습니다."

여기서 말하는 '이번 결정'이란, 바로 전주 금요일 샘 올트먼의 해고를 뜻했다. 이사회는 이어 이렇게 밝혔다.

"이 과정이 갑작스러웠던 점은 유감입니다. 혼란을 초래한 것은 사실이지만, 여전히 우리는 그 결정이 불가피했다고 믿습니다."

이사회 문서에는 네 명의 멤버가 서명했다. 애덤 디앤젤로, 헬렌 토너, 일리야 수츠케버, 그리고 타샤 맥컬리였다. 샘 올트먼은 도무지 납득할 수 없다는 표정으로 오픈AI 사무실을 떠났다. 그러고는 체스키에게 문자메시지를 보냈다.

"마이크로소프트로 갈래."

그가 떠난 뒤, 신임 CEO가 된 에밋 시어는 일리야 수츠케버와 함께 사무실을 찾았다. 에밋은 슬랙 채널을 통해 전 직원에게 전체 회의를 공지했다. 그는 앞으로 30일간 우선적으로 처리할 과제를 X에 공개하며, 경영진을 개편하고, 올트먼 해고에 대한 독립적 조사를 약속했다. 그러나 그의 글에 응답하는 사람은 거의 없었고, 중지를 든 이모티콘만 가득했다. 회의에 참석한 인원은 고작 십여 명뿐이었다.

밤 9시경, 오픈AI 사무실 입구를 지키던 기자들은 200여 명의 직원이 건물을 빠져나와 우버를 타고 떠나는 장면을 목격했다. 로비에 남아 있던 수츠케버는 망연자실한 표정으로 서 있었다. 마치 지난 8년간 쌓아 온 모든 것이 한순간에 무너지는 모습을 바라보는 듯했다. 그때 그는 동료 그렉 브록만의 아내 안나 브록만을 보았다.

2019년, 수츠케버는 오픈AI 사무실에서 열린 브록만 부부의 결혼식 사회를 봤다. 그때 결혼반지를 들고 있던 것은 오픈AI가 초기에 개발한 로봇 팔이었다. 안나는 눈물을 머금고 수츠케버에게 다가왔다.

그녀는 그의 팔을 붙잡고, 올트먼 해고 결정을 재고해 달라고 간청했다. 그러나 수츠케버는 아무 말 없이 그 자리에 서 있기만 했다. 사람들이 모두 떠난 뒤, 수츠케버도 어둠 속으로 사라졌다.

한편, 집으로 돌아온 올트먼은 체스키의 전화를 받았다. 훗날 체스키는 이때를 떠올리며, 그 순간이 가장 힘들었다고 고백했다. 올트먼은 다 포기한 듯, 브록만과 함께 마이크로소프트로 가겠다고 했다. 그러나 체스키는 올트먼을 설득했다.

"에밋은 내 친구니까 내가 한번 잘 말해 볼게."

올트먼은 체스키의 의중을 받아들이기로 했다. 훗날 체스키는 이렇게 회고했다.

"사람들은 공격을 받으면 대부분 자기 자신을 지키는 데 급급하죠. 하지만 샘은 끝까지 자신보다 오픈AI를 먼저 생각했어요. 그래서 그를 위해 싸우고 싶어졌습니다."

혼란은 현재 진행형

한밤중, 사티아 나델라는 X에 깜짝 선언을 했다. 샘 올트먼과 그렉 브록만이 마이크로소프트에 합류한다는 내용이었다.

우리는 그들이 성공하는 데 필요한 자원을 제공하기 위해 신속히 움직이고자 한다.

이어 올트먼이 새로 설립될 연구 조직의 CEO를 맡아 "혁신을 위한 새로운 발걸음을 내디딜 것"이라 덧붙였다. 이는 AI 기술에 대해 보다 신중한 접근을 강조해 온 오픈AI 이사회의 기조와 선명히 대비되는 메시지였다. 나델라는 올트먼의 팀이 마이크로소프트 내부에서 독립적인 실체로 운영될 것임을 밝히며, 동시에 "오픈AI와의 협력은 계속될 것"이라며 자사 제품 로드맵에 관한 자신감을 드러냈다.

또한 마이크로소프트는 오픈AI를 떠나는 임직원들에게 1인당 1,000만 달러의 사이닝 보너스signing bonus를 제안했다. 총액 77억 달러가 필요한 파격적인 제안이었다. 이는 경쟁사들과는 비교조차 되지 않는 금액이었지만, 오픈AI를 직접 인수하는 데 드는 900억 달러에 비하면 훨씬 경제적이었다. 결과적으로 월요일 단 한 시간 만에 마이크로소프트의 시가총액은 1,150억 달러가 증가했다.

이에 대해 올트먼은 "사명은 계속된다."라고 에둘러 응답했다.

한편, 긴 주말 끝에 출근한 오픈AI 직원들을 맞이한 것은 또 다른 혼란이었다. 올트먼은 돌아오지 않았고, 그 자리에 게임 회사 CEO 출신인 사람이 앉아 있는 현실을 직원들은 도무지 받아들일 수 없었다.

자정이 지나고 직원들 사이에서 공개 서한 한 통이 돌기 시작했다. 이 서한은 올트먼 해고 결정을 강하게 비판하고, 이사회의 자질에 근본적인 의문을 제기했다.

"우리는 역량도, 판단력도, 사명에 대한 책임감도, 직원에 대한 존중도 부족한 이들과는 함께 일할 수 없다."

직원들은 이사회 전원의 사퇴와 올트먼의 복귀를 요구했고, 받아들여지지 않으면 마이크로소프트로 이직하겠다고 경고했다.

"마이크로소프트는 오픈AI 전 직원 모두를 위한 자리를 보장하기로 했다"고도 밝혔다. 전해진 바에 따르면, 전체 직원 770명 중 무려 700명이 이 서한에 서명했다. 놀랍게도 일리야 수츠케버도 이름을 올렸다.

새벽 2시, 최고 기술 책임자 미라 무라티와 최고 운영 책임자 브래드 라이트캡 등 오픈AI 주요 임원들은 X에 같은 문장을 올렸다.

"직원이 없으면 오픈AI는 아무것도 아니다."

올트먼은 그중 몇몇 게시물에 하트 이모티콘으로 댓글을 달았다.

새벽 5시 15분, 수츠케버도 X에 입장을 밝혔다.

"이사회의 결정에 동참한 것을 깊이 후회합니다. 회사를 망치려는 의도는 전혀 없었습니다. 저는 우리가 함께 일군 모든 것을 사랑하며, 다시 회사를 하나로 모으기 위해 최선을 다하겠습니다."

올트먼은 이 글에 하트 이모티콘 세 개를 달았다.

디엔젤로는 '내 편'

그 시각, 하루 종일 협상으로 지친 애덤 디엔젤로는 울리는 전화벨소리에 잠에서 깼다. 오픈AI 직원의 전화였다.

"30분 안에 이사회가 전원 사퇴하지 않으면, 회사는 끝장날 겁니다."

디엔젤로는 전화를 끊고 한동안 말없이 침대에 앉아 있었다. 새 CEO를 앉히는 것만으로는 사태가 수습되지 않는다는 걸 그제야 실감했다. 그는 실리콘 밸리의 누구나 아는 유명 인물이었지만, 대중 앞에 나서는 법은 거의 없었다. 과묵하고 고집스러운 성격 탓이었다. 올트먼 해임 사태 이후, 디엔젤로가 이 '쿠데타'에서 어떤 역할을 했는지 궁금해하는 사람이 많았다. 온라인에서는 그 해고가 그의 사적인 복수라는 루머까지 퍼졌다.

디엔젤로는 마크 저커버그의 고등학교 동창으로, 캘리포니아공대에서 컴퓨터과학을 전공한 후 페이스북의 첫 CTO가 되었다. 2008년 페이스북을 떠나, 다음 해 지식 공유 플랫폼 쿼라를 공동 창업했다.

그는 꽤나 냉정한 인물이다. 2012년, 공동 창업자 찰리 치버^{Charlie Cheever}를 아무 설명 없이 회사에서 내쫓았고, 슬픔에 잠긴 직원들이 이유를 물었을 때도 "이것이 최선의 결정"이라는 말 외에는 아무런 설명을 하지 않았다. 그날 이후 수십 명의 직원이 출근을 거부했지만, 그는 개의치 않았다. 이후 치버와는 다시 연락하지 않았다.

올트먼과 디엔젤로는 2010년 무렵 처음 알게 되었다. 둘은 나이와 배경이 비슷했고, 금세 가까워졌다. 2014년, 쿼라도 YC 캠프에 참여했고, 2017년에는 올트먼이 이끄는 YC 콘티뉴이티 펀드^{YC Continuity Fund}가 쿼라에 투자하며 기업 가치는 10억 달러를 넘어섰다. 당시 올트먼은 블로그에 이런 글을 올렸다.

실리콘 밸리에서 가장 똑똑한 CEO를 말할 때, 애덤은 항상 거론되는 몇 안 되는 인물 중 하나다.

2018년, 올트먼은 디엔젤로를 오픈AI 이사회에 초청했다. 디엔젤로는 X에 다음과 같은 글을 남겼다.

　나는 AGI를 향한 노력이 중요함에도 과소 평가되고 있다고 생각해 왔다. 이 일에 기여할 수 있게 되어 기쁘다.

　이 발언에서 엿보이듯, 그는 전통적인 의미의 효율적 이타주의자는 아니었다. 《와이어드Wired》와의 인터뷰에서 그는 오픈AI의 이중 구조에 대해 이렇게 말했다.

　경제가 돌아가야 한다. 그것이 조직에 유익한 힘이다.

　이 말은 누가 봐도 '가속주의자'의 언어였다. 올트먼은 디엔젤로를 '자기편'이라 믿었을 것이다. 그러나 2023년 2월, 쿼라는 챗GPT와 경쟁할 플랫폼 POE Platform for Open Exploration[7]를 출시했다. POE는 GPT-4, 클로드, 파알M 등 여러 AI 모델을 무료로 쓸 수 있는 대형 플랫폼이었다. 디엔젤로는 POE에 회사의 모든 역량을 쏟고 있다고 밝혔다.

　이쯤 되면 오픈AI 이사회에서 물러났어야 했다. 그러나 그는 남았다. 이사회는 AI 변혁의 중심이었고, POE에도 큰 도움이 될 자리였다.

　올트먼이 그를 내보내지 않은 이유는 밝혀지지 않았다. 어쩌면 이사회 내 효율적 이타주의자들의 영향력을 견제해 줄 인물로, 디엔젤로가 제격이라고 생각했을지도 모른다. 그러나 그는 간과했다. 디엔젤로는 실리콘 밸리에서 20년 넘게 일하며 수없이 등을 돌린 전적이 있는 인물이었다는 사실을.

7　쿼라가 개발한 대형 플랫폼. 챗GPT, GPT-4, 클로드 3 오푸스(Claud 3 opus), 클로드 인스턴트(Claude Instant), 팜 등 다양한 AI 모델을 무료로 사용할 수 있다.

효율적 이타주의자 세 명이 이데올로기적 이유로 쿠데타에 나섰다면, 디엔젤로는 오픈AI에서 더 큰 권력을 원했던 것으로 보인다. 하지만 사태가 급변해 임직원 다수가 올트먼을 따라 마이크로소프트로 옮길 것이라는 말을 듣고 곧바로 태세를 전환한다. 단 하룻밤 만에, 확고하던 '쿠데타 4인방' 사이에 균열이 생겼다. 수츠케버와 디엔젤로가 입장을 바꾼 것이다.

다시 협상 테이블에 앉다

11월 20일 월요일, 새로운 한 주가 시작되었다. 그 주 목요일이 추수감사절이기 때문에 사람들은 거의 다 11월 넷째 주를 통째로 쉬곤 한다. 올트먼도 평소에는 세인트루이스로 날아가 가족과 시간을 보냈다.

그러나 이번에는 사흘간의 이사회 '쿠데타'로 지칠 대로 지쳐 버렸다. 이때 이사회가 새로 선출한 임시 CEO 에밋 시어는 이사회가 올트먼을 해고한 구체적인 이유를 밝히지 않으면 사임하겠다고 선언한다. 이로 인해 상황을 통제하려던 이사회는 모든 카드를 잃었고 올트먼이 주도권을 가져가게 된다. 다음 문제는 그가 받아들일 수 있는 해법에 도달하는 것이었다.

모든 것이 원점으로 돌아간 듯했다. 최선의 방안은 다수가 만족하는 이사회를 다시 구성하고 올트먼을 CEO로 복귀시키는 것이었다. 난국을 타개하기 위해 디엔젤로가 먼저 나서서 올트먼에게 전화를 걸었다. 디엔젤로는 전 하버드대 총장이자 전 미국 재무부 장관인 로렌스 서머스Lawrence Summers를 이사회 멤버로 추천했다. 올트먼은 디엔젤로의 제안에 만족을 표했다.

나머지 이사회 멤버들도 동의했다. 마침내 양측은 합의에 한발 다가섰다. 양측 모두 여기서 뭔가를 하지 않으면 직원들이 동요할 것임을 잘 알고 있었다. 그건 모두가 원치 않는 결과였다.

오픈AI 글로벌 업무 담당 부사장인 안나 마칸주Anna Makanju가 직원들에게 메모를 보내 사측이 회사의 통합을 위해 줄곧 이사회, 올트먼, 시어와 격렬한 토론을 벌이고 있다고 전했다. 직원들의 불안함을 불식시키려는 노력이 분명했다. 올트먼도 X에 다시금 글을 올렸다.

> 우리는 과거 어느 때보다 더 단합하고 집중하고 전념하고 있다. 우리는 다 각자의 방식으로 함께 노력하고 있다. 너무 기대된다. 하나의 팀, 하나의 사명.

이어서 로렌스 서머스는 보스턴에 있는 집에서 올트먼, 디엔젤로, 나델라, 그 외 관계자를 면담했다. 서머스는 불안한 오픈AI 상황에 대해 상세히 묻고 자신이 중재자 역할을 잘 할 수 있기를 바란다는 뜻을 전했다.

로렌스 서머스에 이어, 양측은 또 다른 이사회 구성원 인선에 대해서도 합의를 보았다. 브렛 테일러Bret Taylor는 실리콘 밸리에서 오래 활동한 인물로 세일즈포스 공동 CEO이자 X 이사회 의장을 맡은 바 있으며 일론 머스크가 X를 인수하는 거래에서 핵심적인 역할을 했다. 올트먼도 브렛 테일러를 반겼다. 테일러는 새로운 이사회의 의장을 맡기로 했다.

이제 올트먼 복귀까지 단 한 걸음만 남은 셈이었다.

왕의 귀환

화요일, 오픈AI 임직원들은 평소처럼 업무를 하며 협상 결과를 기다리고 있었다. 혼란스러운 상황에서도 오픈AI 팀은 그날 오후, 새로운 기능을 출시했다. 모든 무료 사용자에게 챗GPT의 '음성 모드'를 제공하기 시작한 것이다. 브록만은 자신의 X 계정에 이렇게 썼다.

한번 해 봐—이건 챗GPT 경험을 완전히 바꿔 놓았다.

그러나 이때 브록만은 더 이상 오픈AI 소속이 아니었다. 그날 밤 9시경, 오픈AI 경영진은 모든 직원에게 이메일을 보내 '새로운 소식은 없으니 안심하고 자라'고 했다.

하지만 실제로는 상황이 달랐다. 밤 10시 1분, 오픈AI는 공식 X 계정을 통해 이렇게 공지했다.

우리는 기본적인 합의에 도달했습니다. 샘 올트먼은 오픈AI의 CEO로 복귀합니다.

이와 함께 새로 꾸려진 이사회의 구성도 발표됐다. 세일즈포스 전 공동 CEO 브렛 테일러가 이사회 의장을 맡고, 전 미 재무장관 로렌스 서머스와 디엔젤로가 이사로 합류했다. 기존 이사회 멤버인 수츠케버,

토너, 맥컬리는 모두 자리에서 물러났다. 그리하여 디엔젤로만이 유일하게 유임된 인물이 되었다.

관계자에 따르면 협상 마지막까지 가장 난항을 겪은 사안은 올트먼의 이사회 복귀 문제였다.

결국 양측은 한발 물러섰다. 올트먼은 새로 구성된 임시 이사회에는 합류하지 않기로 했으며, 이 임시 이사회는 전임 이사회의 해임 결정에 대해 신속하고도 효율적인 심사를 진행할 외부 로펌을 고용하기로 합의했다.

사퇴한 이사들은 약 서른 명의 후보 중 로렌스 서머스를 선택했다. 그들은 '올트먼의 영향력을 견제하면서도 독립적인 사고를 유지할 수 있는 인물'을 후임 이사로 원했다. 명망이 높고 신뢰받는 서머스는 그 역할에 적합한 인물이었다. 전임 이사들은 스티브 잡스의 미망인 로렌 파월 잡스와 에어비앤비 CEO 브라이언 체스키의 이사회 합류는 반대했다. 두 사람이 올트먼과 지나치게 가까웠기 때문이다.

디엔젤로의 유임에 대해서는 모든 이해관계자가 수긍하는 분위기였다.

신임 이사회 의장 브렛 테일러는 다음과 같은 성명을 발표했다.

심사 기간 동안 이사회는 오픈AI의 거버넌스를 강화하고, 자격과 다양성을 갖춘 이사회를 구성해 AGI가 인류 전체에 혜택이 되도록 이끌 것입니다.

현재 3인 체제인 임시 이사회는 9인 규모로 확대될 예정이다.

올트먼의 복귀는 임시 CEO였던 에밋 시어의 퇴진을 의미했다. 시어는 자신의 X 계정에 자조 섞인 글을 남겼다.

55시간 32분. 인류 역사상 가장 임기가 짧았던 CEO.

한편, 해임된 토너는 무거운 짐을 벗은 듯한 심경을 드러냈다. 그는 X에 짤막하게 썼다.

우리 모두 이제 잠 좀 잘 수 있겠다.

기자회견이 끝난 뒤, 올트먼과 브록만을 포함한 수백 명의 직원은 오픈AI 사무실에 모여 서로를 끌어안고 승리를 자축했다. 브록만은 잔을 높이 들며 롤러코스터 같았던 한 주의 끝을 축하했다. 그러면서 X에 직접 찍은 단체 사진을 올리고는 '우리가 돌아왔다'는 글을 덧붙였다.

그 순간, 갑자기 화재 경보기가 울려 퍼졌다. 모두가 일제히 밖으로 대피했지만, 축하 분위기는 전혀 가라앉지 않았다. 잠시 뒤 사이렌을 울리며 소방차 두 대가 도착했고, 소방관들이 인파를 헤치고 사무실 안으로 들어갔다. 다행히 실제 화재는 아니었고, 원인은 연기 감지 센서의 오작동이었다. 경보가 해제되자 사람들은 아무 일 없었다는 듯 다시 파티를 이어 갔다. 그러다 문득, 그 자리에 수츠케버가 없다는 사실을 깨달았다.

믿기 힘든 역전극이었다. 단 5일 만에, 올트먼은 안팎으로 몰린 위기의 상황에서 다시 CEO로 복귀했으며, 그를 반대한 인물들은 모두 물러났다. 이제 그의 곁에는 충성도 높은 인재들만 남아 있었다.

실리콘 밸리는 열광에 휩싸였다. 실리콘 밸리 투자자 맷 터크는 자신의 X 계정에 이렇게 적었다.

샘 올트먼의 복귀는 마치 스티브 잡스가 애플에서 쫓겨난 후 12년 만에 돌아온 것과 같다. 다만, 이번에 그가 맞이한 것은 '틱톡 세대' 였다.

추수감사절의 특별한 손님

이틀 후인 목요일은 추수감사절이었다. 오픈AI 임직원은 마침내 한숨 돌리고 연휴를 즐길 수 있게 되었다.

올트먼은 세인트루이스로 날아가 가족을 만나는 대신, 샌프란시스코에서 차로 한 시간 떨어진 나파에 있는 농장으로 차를 몰았다. 나파 밸리는 와인 생산지로 잘 알려져 있다. 8년 전, 바로 이곳에서, 올트먼과 브록만은 함께 걷는 이벤트를 마련해 초기 오픈AI의 정상급 연구원들을 모집하는 데 성공했다. 이곳에서 올트먼은 30년 된 낡은 집을 사서 소박하면서 현대적인 집으로 뜯어고쳤다.

나파로 향하던 올트먼은 작은 식당 앞에 차를 세웠다. 지난 며칠 동안 제대로 식사한 적이 없음을 문득 깨달았기 때문이다. 올트먼은 주요리 네 개와 밀크세이크 두 잔을 주문해 배부르게 먹고 나서 다시 운전대를 잡았다.

나파에 있는 집은 바위와 풀이 가득한 언덕 사이 조용한 곳에 자리하고 있었다. 올트먼은 주변 목장에서 소도 길렀다. 소 떼는 푸른 풀밭과 자갈길 사이를 느긋하게 오갔다. 올트먼은 채식주의자이지만 소를 기르는 것에 관해, 그의 배우자가 소를 좋아하기 때문이라고 했다.

나파에서 다시 샌프란시스코 집으로 돌아온 올트먼은 음악을 크게 틀어 놓고 몇 시간 동안 채식 스파게티를 만들었다. 그날 저녁, 아주 특별한 손님이 방문할 예정이었다. 바로 디엔젤로였다.

올트먼은 이번 기회에 디엔젤로와의 관계를 회복하고 싶었다. 두 사람이 저녁 식사를 하면서 무슨 이야기를 나누었는지는 알 수가 없으나, 올트먼의 마음에 쏙 드는 결과가 나온 것만은 분명하다. 저녁 식사를 마친 뒤, 올트먼은 곧바로 X에 글을 올렸다. '방금 디엔젤로와 아주 즐거운 시간을 가졌어. 추수감사절 잘 보내. 우리 가족은 너희 가족을 축복해!' 얼마 안 있어 디엔젤로는 이 글을 리트윗했다. 며칠 뒤, 올트먼은 X에 디엔젤로를 변호하는 글을 올렸다.

애덤이 오픈AI 이사회 활동을 하면서 쿼라와 POE를 운영하는 것은 이해 충돌 소지가 있다고 우려하는 사람들이 있음을 알게 됐다. 이 자리에서 말하건대, 애덤은 나와 이사회에 잠재적 이해 충돌에 대해 명확하게 설명했으며 필요한 조치(적절한 시기에 회피하거나 이사회가 필요하다고 판단하면 이사회를 떠나기로 함)를 취해 충돌이 일어날 만한 결정을 내리지 않도록 이 상황을 적절히 관리하기로 했다. 쿼라는 오픈AI의 중요한 고객이며, 이사회에 고객 대표가 있는 것은 우리에게 유익하다고 판단했다.

이렇게 해서 올트먼은 디엔젤로를 아군으로 끌어들인다. 앞서 쿼라의 전 직원이 누구도 완고한 디엔젤로의 생각을 바꾸지 못했다고 폭로했는데, 올트먼은 그 어려운 일을 해냈다.

디엔젤로는 평소에 쿼라 사이트에서 질문에 답을 달거나 다른 사용자가 쓴 재미있는 답을 소개하고는 했다. '쿠데타'가 일어나고 얼마 지나지 않았을 때, 한 사용자가 물었다. '어째서 이성적인 두 개체가 똑같은 정보를 얻고도 서로 다른 결정을 내리는 걸까?' 답글에서는 그 원인을 '서로 다른 선호', '서로 다른 제한', '서로 다른 신념' 그리고 '우리 중 하나가 잘못한 것'으로 분석했다. 여기에 디엔젤로는 '좋은 답변'이라고 댓글을 달았다.

이사회 복귀

4개월 후인 2024년 3월, 이 '쿠데타'에 대한 대중의 관심이 점점 사그라질 때쯤, 오픈AI는 올트먼이 새로운 이사 셋과 함께 이사회로 돌아왔음을 공식적으로 알렸다. 이는 초기 이사회가 고용한 로펌이 올트먼에 대한 조사를 이미 마쳤다는 뜻이기도 했다.

오픈AI 이사회의 발표에 따르면, 로펌 월머헤일WilmerHale은 3만 건이 넘는 오픈AI 문서를 심사하고 오픈AI 전현직 이사회 멤버, 임원, 전 이사회 고문, 기타 관련 증인과의 대화를 포함해 수십 차례 인터뷰를 진행했다. 조사 결과, 이전 이사회와 올트먼 사이의 신뢰가 깨진 것이 이번 사건의 발단이었다.

월머헤일의 조사 결과, 전 이사회는 당시 오픈AI 내부 관리상의 문제를 해결할 생각으로 내린 결정이 오히려 회사의 안정을 해칠 것이라고는 예상하지 못했다. 이사회의 결정은 제품 안전이나 보장, 개발 속도, 오픈AI의 재무 상황 또는 투자자와 고객, 업무 협력 파트너에게 발표한 성명에 대한 우려에서 기인하지 않았다. 순전히 전임 이사회와 올트먼의 관계가 틀어지고 올트먼에 대한 신뢰를 잃은 탓에 일어난 사건이었다.

"전임 이사회는 주요 이해관계자에게 사전에 알리지 않고 상당히 짧은 시간 안에 이 결정을 집행했다. 전면적인 조사도 진행하지 않았고 올트먼에게 전임 이사회의 우려를 불식시킬 기회도 주지 않았다."

월머헤일은 전임 이사회가 광범위한 자유 재량권의 범위 안에서 올트먼을 파면했으나 올트먼의 행위가 파면에 이를 만했다는 뜻은 아니라고 밝혔다.

심사 결과에 따라, 올트먼과 브록만이 계속 오픈AI를 이끌고, 올트먼은 이사회에 복귀하기로 한다. 오픈AI 이사회 의장 브렛 테일러는 이렇게 말했다.

"우리는 모두 샘과 그렉이 오픈AI에 맞는 리더라고 생각한다."

오픈AI 이사회는 이사회 멤버 셋을 추가로 뽑아 이사회 구조를 확대할 것이라고 발표했다. 새로 임명된 인물들은, 빌 앤드 멜린다 게이츠 재단의 전 CEO이자 화이자Pfizer 이사회 멤버인 수 데스몬드-헬만Sue Desmond-Hellmann, 소니 코퍼레이션의 전 부사장 겸 글로벌 법무 담당 니콜 셀리그먼Nicole Seligman, 인스타카트Instacart 이사회 의장 겸 CEO이자 쇼피파이Shopify 이사회 구성원인 피지 시모Fidji Simo이다. 위 세 사람은 기술, 비영리 단체, 이사회 거버넌스 배경이 있어 글로벌 조직을 이끌고 복잡한 규제 환경에 대응한 경험이 있다.

브렛 테일러는 이렇게 말했다.

"그들의 경험과 리더십은 이사회가 오픈AI의 발전을 규제할 수 있게 하고, 우리가 오픈AI의 사명, 즉 AGI가 인류 전체에 혜택을 주게 한다는 사명을 이루도록 할 것이다."

올트먼의 복귀와 새로운 이사들의 합류로 오픈AI 이사회는 다시 7인 체제가 되었다.

머스크의 복수

그렇게 문제가 일단락된 줄 알고 모두가 안심하던 순간, 일론 머스크가 느닷없이 등장해 불난 집에 기름을 부었다. 사실 올트먼이 CEO로 복귀하던 바로 그날 오후, 머스크는 X에 편지 한 통을 공개했다. 그는 '익명의 오픈AI 전직 직원들이 이사회에 보낸 편지'라고 소개했다.

편지의 진위는 확인되지 않았지만, 그 내용은 올트먼과 브록만의 부정행위를 구체적으로 고발하는 듯했다. 특히 '2018년 8월, 오픈AI가 비영리에서 영리 자회사로 전환을 시작한 이후 샘 올트먼의 문제 행동'을 지적하며 이를 해결하라고 요구했다. 하지만 이 편지는 큰불로 번지지 못했고, 올트먼의 화려한 복귀 분위기 속에서 이내 묻혔다.

올트먼의 복귀가 기정사실이 되자, 머스크는 X에 오픈AI와 올트먼을 조롱하는 글을 연달아 올리기 시작했다. 지난 1년간 오픈AI가 이룬 성공과 '왕의 귀환'이라 불리는 올트먼의 복귀를 지켜보며 머스크의 속이 편치 않았음을 짐작할 수 있다.

한 인터뷰에서 기자가 머스크를 "오픈AI 설립의 최대 공신"이라 부르자, 그는 격앙된 목소리로 말을 끊었다.

"오픈AI는 나로 인해 존재해요."

머스크는 대화를 마치며 이렇게 덧붙였다.

"운명의 장난이죠."

2024년 3월, 머스크는 변호인을 통해 오픈AI와 샘 올트먼을 상대로 소송을 제기했다. 오픈AI가 초창기 합의를 위반하고 있다는 것이 이유였다.

머스크 측은 오픈AI가 '이미 세계 최대 IT 기업의 사실상 클로즈드 소스 자회사'가 되었으며, '인류 전체의 이익을 위한 AGI 개발'이 아니라 '마이크로소프트의 이윤 극대화'를 추구하고 있다고 주장했다. 그는 오픈AI에 기술 공개를 요구했고, 올트먼에게는 자신이 기부한 자금을 반환하라고 요구했다. 이사회 의장인 브록만도 피고에 포함되었다.

그러나 머스크는 문제의 '합의서'는 물론, 올트먼이 그것에 서명하거나 동의했다는 증거조차 제시하지 못했다. 그가 제출한 유일한 증거는 올트먼이 보낸 이메일 하나뿐이었는데, 이 또한 협상 과정에서 주고받은 의견에 불과해 정식 합의로 보기 어려웠다.

법률 전문가들은 서면 합의가 없는 이상 계약 위반을 입증하기는 어렵다고 보았다. 실리콘 밸리 스타트업계에서도 '프로젝트 방향에 대한 합의' 자체를 현실성 없는 것으로 본다. 스타트업은 방향이 수시로 바뀌기 때문이다.

결국 이 소송의 유일한 목적은 오픈AI의 운영을 방해하는 데 있는 것처럼 보인다. 법조계에서는 이 사건이 비영리 단체에 나쁜 선례가 될 수 있다고 경고한다.

"불만을 품은 기부자가 기부금을 돌려달라고 요구하는 일이 늘어날 수 있습니다. 대부분의 비영리 단체는 오픈AI처럼 여유가 없거든요."

이에 대해 오픈AI는 공식 성명을 내고 머스크의 주장을 모두 반박했다. 머스크가 오픈AI에 대한 질투심에서 소송을 벌인 것이라는 뉘앙스도 담았다.

올트먼 역시 대부분의 주장은 사실이 아니라고 했다.

"일론도 그걸 알고 있을 거라고 생각해요."

팟캐스트 '렉스 프리드먼 쇼'에 출연한 올트먼은 이렇게 밝혔다.

"일론은 지금 X에서 우리를 여러 방식으로 공격하고 있어요."

그러면서도 그는 머스크를 '자신의 영웅 중 하나'라고 표현했다.

머스크가 AGI의 안전 문제에 대해 깊은 위기의식을 느끼는 건 이해합니다. 그에게서 '매우 고귀한' 경험을 배웠어요.

머스크는 과거 강력한 AI 시스템의 훈련을 6개월간 멈추자고 제안한 공개 서한에도 서명한 바 있다. 이 서한에는 1,000명 이상의 AI 전문가가 함께 이름을 올렸으며, AI가 인류에 미칠 잠재적 위험에 대한 경고가 담겨 있었다.

'강력한 AI 시스템은 오직 긍정적 영향을 확신하고, 위험을 충분히 통제할 수 있다고 여겨질 때에만 개발돼야 한다.'는 것이 그 골자였다.

그러나 머스크는 이런 공개 제안을 하던 와중에도 조용히 자신의 AI 회사인 xAI를 준비하고 있었다. xAI는 2023년 7월 12일 창립되었으며, 우주의 본질을 이해하는 것을 목표로 복잡한 과학 및 수학 문제 해결에 집중하고 있다.

한동안 머스크는 X에서 올트먼을 언팔로우했다가 다시 팔로우했다. 과거 올트먼은 "머스크와 어떻게 연락하냐"는 질문에 이렇게 대답한 적이 있다.

"X에서 쪽지로 소통합니다."

아마도 머스크는 언팔로우한 상태에서는 올트먼에게 쪽지를 보내지 못할까 봐 다시 팔로우했는지도 모른다. X에서는 서로 팔로우한 사용자끼리만 쪽지를 주고받을 수 있기 때문이다. 올트먼은 머스크가 과거 AI에 대해 했던 말을 다시 언급했다.

그는 정말로 AI의 안전성에 관심이 깊다. 우리가 부분적으로는 의견이 다르지만, 이 문제에 있어서는 공통된 관심을 가지고 있다. 그는 우리가 살고 있는 이 세상이 좋은 결말에 도달할 기회를 놓치지 않기를 바란다.

2024년 6월, 법원이 증거 수집을 위한 청문회를 열기 하루 전, 머스크는 갑작스레 소송을 취하했다. 그러나 불과 두 달 뒤인 8월, 그는 다시 미 북부 캘리포니아 연방 지방법원에 소송을 제기한다. 고소장은 이렇게 시작된다.

"샘 올트먼과 오픈AI에 대한 일론 머스크의 소송은, 이타주의와 탐욕에 관한 교과서 같은 이야기이다."

머스크는 올트먼과 브록만이 자신을 조종해 오픈AI 설립을 이끌었다고 주장하며, 구글 딥마인드를 대체하고 소스를 오픈하겠다는 약속은 사실 '올트먼이 꾸민 오랜 사기극의 미끼'였다고 비난했다. 그는 자신이 '셰익스피어식의 배신과 기만을 당했다'고 표현했다.

그러나 오픈AI는 이번에도 동요하지 않았다. 대변인은 다음과 같이 입장을 밝혔다.

"지난번 머스크가 제기했다가 취하한 소송에 대해 말했듯이, 머스크의 옛 이메일이 모든 걸 설명해 줍니다."

소송 외에도 머스크는 인재 확보를 통해 오픈AI에 복수하려 했다.

2024년 10월 1일, 오픈AI의 제2차 개발자 콘퍼런스가 열린 날 밤, 머스크는 샌프란시스코의 오픈AI 옛 본사 파이오니어 빌딩에서 'AI 파티'를 열었다. 이는 xAI의 채용을 위한 이벤트였다.

저녁 8시 30분, AI가 실시간으로 생성하던 음악이 멈추고, 경호원들에 둘러싸인 머스크가 테이블 위로 올라섰다. 그는 참가자들을 향해 이렇게 외쳤다.

"xAI에 합류해 최대한 선한 초지능을 함께 만들어 봅시다!"

그는 오픈AI, 앤스로픽, 구글, 그리고 xAI가 앞으로 5년간 AI 산업을 주도할 4대 기업이 될 것이라 전망했다. 그리고 이렇게 말했다.

"스페이스X가 로켓 분야에서 그러하듯, xAI도 AI 분야의 리더가 되길 바란다."

머스크는 청중의 질문에 답한 뒤, 경호원들에게 둘러싸인 채 행사장을 빠르게 떠났다. 그 뒤에는 오픈AI 가방을 멘 몇몇 참가자를 포함해, 피자 조각을 손에 든 기술자들이 어둠 속으로 사라졌다.

한편 xAI는 이미 앤드리슨 호로위츠[a16z], 라이트스피드 벤처 파트너스, 세쿼이아 캐피털 등 실리콘 밸리 대표 투자사들로부터 총 60억 달러의 자금을 유치했다. 현재 xAI의 기업 가치는 240억 달러에 이르지만, 아직은 오픈AI, 구글, 앤스로픽에 비해 기술력과 성과 면에서 '2진 그룹'에 머물러 있다. 잠재력은 크지만, 당분간 오픈AI에 직접적인 위협이 되기는 어렵다.

헬렌 토너의 반격

2024년 5월, 전 오픈AI 이사회 멤버 헬렌 토너가 TED AI Show 인터뷰에 출연해 '쿠데타'로 알려진 사건의 내막을 처음으로 공개했다.

토너에 따르면 이사회는 이미 새로운 CEO를 영입하기로 결정했으며, 그러려면 우회적인 방식으로 올트먼을 해임해야 했다. 그녀는 이렇게 말했다.

"샘이 우리가 어떤 움직임을 보인다는 걸 눈치채기만 해도, 그는 어떻게든 이사회를 무력화하고 해임 시도를 차단할 거라는 걸 우리는 알고 있었습니다."

이러한 인식은 이사회가 올트먼에 대해 신뢰를 잃게 된 주요 원인이었다. 일부 임원들은 올트먼이 '유독한 업무 환경'을 만들고 있다고 보고했으며, 그의 관리 방식을 '논리적 학대'라 표현하기도 했다. 이들은 그가 AGI를 이끌 적임자가 아니라고 판단했다. 그렇다면 왜 당시 올트먼을 지지한 직원들이 그렇게 많았을까? 이에 대해 토너는 두 가지를 들었다.

"첫째, 직원들은 이 일로 인해 회사가 사라질까 봐 두려워했습니다. 대부분은 자신이 속한 팀을 좋아했고, 일자리를 잃고 싶지 않았죠. 경영진 교체가 회사의 안정성과 자신의 커리어에 영향을 미칠까 걱정했습니다. 둘째, 경제적 이익 때문이기도 했습니다. 일부 직원은 스라이브 캐피털의 공개 매수를 통해 큰 수익을 눈앞에 두고 있었거든요. 그들은 자신의 경제적 이익을 보호하려 올트먼 지지에 나선 겁니다."

토너는 이어, 거의 언급되지 않은 사실 한 가지를 강조했다. "직원들은 올트먼과 척지기를 두려워했습니다. 일부는 공개적으로 반기를 들 경우, 그가 반드시 보복할 거라고 믿었습니다."

일리야는 어디 갔나

'쿠데타' 이후, 일리야 수츠케버가 반년 넘게 모습을 드러내지 않자 사람들은 그의 행방과 근황을 궁금해했다. 그러나 샘 올트먼은 이에 대해 입을 굳게 다물었다. 한 인터뷰에서 사회자가 농담처럼 물었다.

"혹시 일리야를 지하 핵시설에 인질로 잡아두신 건가요?"

올트먼은 그저 웃고 말았다.

그러던 2024년 5월, 자취를 감춘 지 6개월 만에 수츠케버가 자신의 소셜미디어에 오픈AI를 떠나겠다는 뜻을 밝혔다.

거의 10년 만에 오픈AI를 떠나기로 결정했습니다. 이 회사의 발전은 그야말로 기적이었고, 샘과 미라(최고 기술 책임자)를 포함한 훌륭한 리더십 아래 오픈AI는 안전하고 이로운 AGI를 이루게 될 것이라 믿습니다. 함께 일할 수 있어 영광이었고, 여러분이 무척 그리울 겁니다. 모든 일에 감사드리며, 다음 여정이 기대됩니다. 이 프로젝트는 저에게 매우 특별한 의미를 지닙니다. 적절한 시기가 되면 자세히 말씀드리겠습니다.

이에 대해 올트먼도 짧은 메시지를 남겼다.

그가 이곳에서 해낸 모든 일과 우리가 함께 시작한 사명을 완수하려 했던 노력에 영원히 경의를 표할 것입니다.

올트먼은 오픈AI의 새로운 수석 과학자로 야쿠브 파초키를 지명했다. 그는 기존에 연구 총괄 역할을 맡고 있던 인물이다.

그리고 한 달 뒤인 6월, 수츠케버는 AI 스타트업 설립을 발표하며 다시 모습을 드러냈다. 바로 'SSI Safe Superintelligence'였다. 블룸버그와의 인터뷰에서 그는 이 회사를 '순수한 연구기관'이라 소개했다.

"우리는 안전하고 강력한 AI 시스템을 만들기 위해 존재합니다. 당분간 제품이나 서비스를 출시하지 않을 예정입니다."

회사의 이름에서도 드러나듯, 수츠케버는 AI의 '안전성'을 최우선으로 생각하고 있었다. 그는 단순히 기술 위에 가드레일을 덧붙이는 임시방편이 아닌, AI 시스템 자체에 안전을 임베딩하는 새로운 공정을 추구한다고 암시했다. 그러나 구체적으로 무엇이 안전한 AI인지, 그것을 어떻게 평가할 것인지에 대해서는 아직 명확히 밝히지 않았다. 그는 이렇게 말했다.

"우리가 말하는 '안전'은 '신뢰와 안전'이 아니라, '핵안전 nuclear safety'을 의미합니다."

그러나 정작 '쿠데타'와 관련해서는 말을 아꼈다. 올트먼과의 관계를 묻는 질문에는 "좋다"고만 짧게 답했고, 올트먼이 자신의 새로운 사업에 대해 "대강 이해하고 있다"고 덧붙였다.

지난 몇 달간의 경험에 대해서는 이렇게만 말했다.

"매우 이상했고, 아주 기괴했습니다. 이보다 더 나은 표현을 찾기 어렵네요."

하지만 그의 스승인 제프리 힌턴은 침묵하지 않았다.

2024년 10월 8일, 존 홉필드John Hopfield와 함께 노벨물리학상을 수상한 힌턴은, 인공신경망을 통해 현대 머신 러닝의 기반을 다진 공로를 인정받았다.

당시 77세였던 힌턴은 캘리포니아의 한 저가 호텔에 머무르고 있었고, 그날은 MRI 촬영을 앞두고 있었다. 한밤중, 그는 스웨덴에서 걸려 온 전화를 받았다. 처음엔 장난 전화로 오해했지만, 전화를 건 이의 억양과 상황으로 보아 진짜임을 깨달았다.

다음 날, 토론토대학교는 온라인으로 힌턴의 노벨상 수상을 축하하고 표창장을 수여했다. 힌턴은 수상 소감에서 연구를 함께했던 교수와 제자들의 이름을 언급하며, 다음과 같은 말을 덧붙였다.

"내 제자 중 한 명이 샘 올트먼을 해고한 것이 자랑스럽습니다."

힌턴은 후속 인터뷰에서 이 사태에 관해 자신의 입장을 더욱 분명하게 밝혔다.

"오픈AI는 처음 설립될 때 AGI의 안전성을 최우선 목표로 삼았습니다. 그러나 시간이 흐르며, 샘 올트먼이 AI 안전보다는 이윤에 더 관심이 있다는 사실이 점점 명확해졌습니다. 매우 안타까운 일입니다."

그리고 놀랍게도, 그다음 날 또 한 건의 AI 관련 노벨상 수상이 이어졌다.

딥마인드의 CEO 데미스 허사비스와 연구원 존 점퍼John Jumper는 알파폴드AlphaFold 프로젝트를 통해 AI가 단백질 구조를 예측한 공로를 인정받아 노벨화학상을 수상했다.

영리 기업으로의 전환

2024년 10월, '쿠데타'가 발생한 지 약 1년이 지났을 때, 오픈AI는 이미 66억 달러의 신규 자금 조달에 성공해 기업 가치가 1,570억 달러에 이르렀다고 공식적으로 알렸다.

1년쯤 전에 870억 달러였던 것에 비해, 이번 자금 조달로 오픈AI의 기업 가치는 두 배로 뛰었다. 이는 2023년 4월의 다섯 배나 되는 규모였다.

이번 투자 라운드는 오픈AI의 오랜 주주인 스라이브 캐피털이 주도했으며 출자액은 13억 달러였다. 스라이브 캐피털은 2025년까지 같은 가치로 10억 달러를 더 투자할 수 있는 독점 옵션을 확보했다. 마이크로소프트, 엔비디아, 소프트뱅크, 타이거 글로벌Tiger Global 등도 투자에 참여했는데 그중 마이크로소프트는 7.5억 달러를 또 투자했다.

이는 사상 최대 규모의 벤처 투자로, 오픈AI의 기업 가치를 단번에 1,570억 달러로 끌어올렸을 뿐 아니라 오픈AI를 일론 머스크의 스페이스X, 장이밍의 바이트댄스와 함께, 세계 3대 스타트업의 반열에 올렸다. 시가총액도 우버, 골드만 삭스 등 상장 기업들과 비슷한 수준이 되었다.

올트먼은 머스크와 힘겨루기를 하는 양상이었다. 이번에 오픈AI가 조달한 66억 달러는 머스크의 xAI가 몇 달 전 조달한 60억 달러보다도 많은 규모였다. 《파이낸셜 타임스》는 올트먼이 투자자들에게 오픈AI의 경쟁자, 특히 머스크의 xAI에 투자하지 말 것을 특별히 강조했다고 폭로했다.

오픈AI의 기업 가치는 폭발적으로 상승하는데 2019년에 설립한 '제한적 이윤' 기업 구조로는 대규모의 자금을 끌어들일 수 없게 되었다. 그래서 오픈AI는 새로운 자금 환경과 시장 전망에 맞게, 비영리 단체에서 영리 법인으로의 완전한 전환을 고려해야 했다.

기존 오픈AI 투자자와 달리, 이번 라운드 투자자는 '이익 제한'의 제약을 받지 않는다고 한다. 또 2년 안에 영리 기업으로의 구조 개편을 완료하지 못할 경우, 투자자는 자금 반환을 요구할 수 있었다. 다시 말해 오픈AI가 비영리 단체에서 영리 기업으로 완전히 탈바꿈하려 한다는 뜻이었다.

그 외에 올트먼이 이사회와 지분 보유 문제를 두고 대화를 시작했다는 소식이 전해졌다. 투자자들은 올트먼이 오픈AI에서 지분이 없는 것에 대해 염려했으며, 지분을 가져야 그의 이익과 회사가 깊이 엮일 수 있다고 생각했다. 예전에 올트먼이 오픈AI 지분 7%를 받을 것이라는 소문이 돈 적이 있다. 오픈AI의 현재 시가총액인 1,570억 달러를 기준으로 계산하면, 올트먼은 오픈AI의 약진으로 약 110억 달러의 재산을 얻게 된 셈이었다. 그러나 올트먼은 이 소문이 사실이 아니라고 직접 부인했다.

오픈AI 이사회 의장 브렛 테일러도 이 점을 확인해 줬다.

"샘에게 스톡옵션을 줘서 회사 사명을 추진케 하는 방안을 이사회에서 토론한 적이 있는 것은 맞다. 그러나 구체적인 숫자는 이야기된 바 없고 아직 어떤 결정도 내리지 않았다."

이러나저러나 전례 없는 엄청난 자금의 유입으로 급한 불을 끌 수 있게 되었다. 이제 오픈AI는 인사 문제와 안전 논쟁 등 다방면의 압박에도 어느 정도 여유가 생겼다.

2025년 5월 기준으로 오픈AI가 개발한 챗GPT의 주간 활성 사용자 수는 7억 명이고 이중 챗GPT Plus 사용자 1,550만 명이 매달 20달러씩 요금을 내고 있다. 오픈AI는 2024계획으로는 연말까지 이용 요금을 22달러로 올리고, 5년 안에 44달러로 요금을 인상할 계획이었으나 현재까지 요금 변동은 없었다.

오픈AI의 영업수익도 비약적으로 늘었다. 2023년 초 이후로 1,700%가 증가했다. 오픈AI는 2024년 총수익이 37억 달러에 달할 것이고 2025년에는 116억 달러까지 늘 것으로 내다봤다.

그러나 《더 인포메이션》의 분석에 따르면, 2024년 오픈AI는 여전히 50억 달러에 적자를 볼 수도 있다고 했다. 엔비디아 GPU 대량 구매, 데이터센터 건설 가속화, 직원 임금 및 사무실 임대 비용 등 지출로 인해 운영 비용이 대폭 증가했기 때문이다.

현재 오픈AI 직원은 약 1,700명으로, 이 중 1,000명 이상이 최근 9개월 안에 새로 입사했다.

경쟁이 치열해지면서, 이번에 새로 유치한 거액의 자금이 그저 오픈AI의 목숨을 연장하는 역할을 할 뿐, 회사가 직면한 위태로운 상황을 바꾸지는 못할 것이 분명했다.

이데올로기로 움직이던 연구 단체에서
제품 생산 기업으로

거액의 자금을 유치하고 영리 기업으로 전환한다는 소문이 꼬리에 꼬리를 물고 이어지면서 오픈AI 내부에서도 동요가 잇따랐다.

2024년 9월 25일, 오픈AI 최고 기술 책임자 미라 무라티가 회사를 떠나겠다고 발표했다. 무라티는 소셜미디어에 글을 올렸다.

나만의 탐색을 위한 시간과 공간을 만들고 싶어서 떠난다. 지금 나의 주된 임무는 온 힘을 다해 매끄러운 전환을 이루고 우리가 만든 모멘텀을 유지하는 것이다.

같은 날, 오픈AI 최고 연구 책임자 밥 맥그루Bob McGrew와 연구 담당 부사장 바렛 조프Barret Zoph도 퇴사 의사를 밝혔다. 이에 올트먼은 브리핑을 통해 직원들을 다독였다. '맥그루, 조프, 미라티가 독립적이고 우호적으로 이 같은 결정을 내렸다. 그런데 무라티는 딱 좋은 시기에 이런 결정을 내렸다. 이제 우리가 함께 노력해서 회사 관리 기능을 다음 리더에게 순조롭게 넘겨줄 수 있다.' 그런데 얼마 전, 오픈AI 회장 브록만이 현재 장기 휴가 중이며 그도 오픈AI를 떠날 수 있다는 소문이 돌았다. 이에 대해 브록만은 어쩔 수 없이 직접 나서 소문을 반박했다.

"나는 올해 말 이전에 1년 동안 쉴 계획이다. 9년 전에 오픈AI 설립에 참여한 이래, 처음으로 편안히 쉴 기회가 왔다. 그러나 우리의 위대한 사명은 아직 이루어지지 않았다. 우리는 여전히 안전하고 믿을 수 있는 AGI 기술을 개발하기 위해 전력을 다해야 한다."

올트먼과 브록만이 인재 이탈로 인한 충격을 줄이려고 안간힘을 썼지만, 오픈AI 내부에 격렬한 변화가 일어나고 있다는 것은 누구나 알 수 있는 사실이었다.

《파이낸셜 타임스》와의 인터뷰 도중, 인터뷰에서 오픈AI의 전·현직 직원들은 오픈AI의 상업화와 수익성 높은 제품 개발 압박으로 인해 회사 내부에 갈등이 발생했다고 토로했다. 오픈AI에 몸담았던 한 사람은 이렇게 말했다.

"오픈AI는 점차 보통의 IT 기업으로 변해 가고 있다. 훨씬 더 제품 지향적, 승리 지향적이며 그다지 이타주의적이지는 않은 모습으로 변했다."

그러면서 이렇게 덧붙였다.

"핵심 연구 인력은 여전히 올트먼 개인에게 충성하고 있다. 그들이 오픈AI에 참여한 이유는 AGI를 구축하기 위해서이지 돈을 벌기 위해서가 아니다."

실리콘 밸리의 스타트업 창업자 나빈 라오 Naveen Rao는 많은 이의 생각을 대변한다.

올트먼은 불가능한 임무를 앞에 두고 있다. 즉, 이데올로기로 움직이던 연구 단체를 제품 생산 기업으로 바꾸려 하고 있다. 그러지 않으면 투자가 끊길 것이다.

그중 몇 가지 문제는 그 스스로 만들었다. 그러나 미래를 내다보면, 이것은 언젠가는 일어났어야 할 일이다. 세계는 내부의 연구 이데올로기가 아니라, 제품의 영향을 더 많이 받는다.

이에 대해 초기 오픈AI 연구원이자 현 AI 스타트업 크레스타^{Cresta} 최고 기술 책임자인 팀 쉬^{Tim Shi}는 이렇게 말했다.

"제품을 우선시하는 문화는 연구 중심의 문화와 크게 다릅니다. 다양한 유형의 인재를 끌어들여야 하죠. 어쩌면 당신은 지금, 완전히 다른 성격의 회사를 세우고 있는지도 모릅니다."

초기 연구원들이 퇴사하면서, 올트먼의 계획 속에는 이미 팀 쉬가 말한 '다른 유형'의 회사가 들어섰을 가능성이 매우 높다.

6월 10일, 오픈AI는 케빈 웨일^{Kevin Weil}을 최고 제품 책임자, CPO로 기용한다고 밝혔다. 나빈라오의 생각이 맞았음이 증명됐다. 케빈 웨일은 실리콘 밸리에서 오랜 세월 커리어를 쌓았다. 인스타그램과 트위터에서 부사장을 역임했다. 여러 번의 인터뷰를 통해 알게 된 그는 올트먼의 사업 방향성을 구체화하여, 연구 이데올로기가 아닌 제품의 영향력을 강화할 것으로 예상됐다.

이밖에도 올트먼은 넥스트도어^{Nextdoor}의 CEO였던 사라 프라이어^{Sarah Friar}를 최고 재무 책임자로 영입해, 오픈AI의 복잡한 재무 업무를 맡겼다.

무라티가 떠난 후, 올트먼은 난롯가에서 대담을 나누는 파이어사이드 챗^{Fireside Chat} 행사에서 이런 말을 한다.

나는 이것이 모든 관련자에게 위대한 전환이 되기를 바란다. 나는 오픈AI가 우리가 그간 겪은 모든 전환에서와 마찬가지로, 전환을 통해 더 강력해지기를 바란다.

창업팀이 깨지고 동반자들이 흩어진다고 세상이 끝나는 것은 아니다. 이런 일은 실리콘 밸리에서 다반사이고 특히 조직 구조가 개편되는 중요한 때에는 팀이 깨지는 일이 비일비재하다. 유명한 기업 중에서 예를 들자면 페이스북이 그러했다. 2006년, 야후가 설립된 지 2년 된 페이스북을 10억 달러에 인수하겠다고 제안하자, 젊은 CEO 마크 저커버그는 단칼에 거절했다.

"그렇게 많은 돈으로 뭘 할 수 있을지 모르겠다. 아마 다른 소셜미디어를 만들지 않을까? 그런데 난 지금 내가 하는 일을 아주 좋아한다."

그런데 저커버그의 결정에 페이스북 창업팀은 난리가 났다. 다들 저커버그가 미쳤다고 생각했고 어떤 사람은 삿대질까지 하며 평생 후회할 거라고 악담을 퍼붓기도 했다. 그리고 저커버그를 비난했던 사람들은 1년 안에 하나둘 회사를 떠났다. 그들은 대부분 저커버그의 대학 동창이거나, 심지어 중고등학교 시절에 사귄 친구들이었다. 초기 페이스북은 회사라기보다는 친한 친구들의 모임에 더 가까웠다. 저커버그는 그때가 인생에서 가장 힘들었던 때였으며 몹시 외로웠다고 회상했다.

그러나 그 이후 저커버그는 전문적인 경영진을 적극적으로 고용했다. 특히 셰릴 샌드버그Sheryl Sandberg를 최고 운영 책임자로 기용함으로써 페이스북은 중대한 전환점을 맞이한다. 셰릴 샌드버그는 저커버그에게 부족한 관리 경험과 상업적 시각을 보완해, 페이스북이 빠르게 성장한 소셜미디어 플랫폼 스타트업에서 진정한 기업으로 거듭나게 했다. 또 막강한 광고 업무 시스템을 구축해 회사의 장기적 수익의 기반을 마련했다.

이후의 이야기는 실리콘 밸리 역사의 일부가 되었다. 페이스북(현 메타)은 시가총액 1.5조 달러의 IT 업계 거물이 되었으며 당시 인수를 제안했던 야후는 이미 역사의 뒤안길로 사라졌다.

세상에는 무한게임 하나만 있다

『유한게임과 무한게임』은 뉴욕대학 종교역사학 교수 제임스 카스 James P. Carse의 저서이다. 이 책은 두껍지도 않다. 101개의 짧은 장으로 이루어져 있다. 『통제 불능』의 저자 케빈 켈리 Kevin Kelly는 이 책이 삶과 우주, 다른 모든 일에 대한 그의 생각을 바꿨다고 극찬했다. 제임스 카스는 1장에서 짧고 굵은 한 문단을 던진다.

세상에는 적어도 두 가지 게임이 있다. 하나는 유한게임이라고 부르고 다른 하나는 무한게임이라고 부를 수 있다. 유한게임의 목적은 이기는 것이지만 무한게임의 목적은 게임을 이어 가는 것이다.

그리고 책을 마무리하는 101장은 그보다 더 짧은 한 문장이 다였다.

세상에는 무한게임 하나만 있다.

2024년 10월, 오픈AI 이사회의 유한게임은 결국 올트먼의 승리로 막을 내렸다. 올트먼은 죽음에서 살아 돌아온 카이사르처럼 다시 우뚝 일어났을 뿐 아니라 이전 어느 때보다도 강해졌다.

그렇다면 무한게임은? 끝이 없는 것 같다. 올트먼이 언젠가는 오픈AI를 떠날까? 그럴 수도 있다고 생각한다. 올트먼에게 오픈AI 지분이 없음을 기억해야 한다. 게다가 그의 스승인 폴 그레이엄의 말을 되새기자면, 올트먼은 돈보다 권력을 훨씬 좋아했다.

이 책에서 제임스 카스는 말했다.

"권력은 유한게임의 특징일 뿐이다. (…) 권력의 수량에는 한계가 있고 힘은 평가될 수 없다. 막히지 않고 열린 행위이기 때문이다. (…) 유한게임 참여자는 권력을 좇기 위해 참여하고 무한게임 참여자는 힘을 믿고 참여한다."

권력을 좇는 유한게임에서는 운명의 홀sceptre이 올트먼의 손에 넘겨졌다. 그는 아마 오픈AI를 떠나 더 큰 권력을 좇을 것이다.

그렇다면 힘에 기댄 무한게임은? 이 문제에 답하려면 올트먼이 그리는 미래 세상을 이해해야 한다. 이것이 그의 힘의 원천이다.

올트먼이 서른이 되던 해부터 이 책을 쓰기 시작했다. 그해, 올트먼은 오픈AI를 설립했다. 3부는 오픈AI 이전의 세월을 떠올리게 한다. 그가 평범한 대학생에서 실리콘 밸리에서 가장 강한 권력자 중 하나가 되는 과정과 위대한 청사진을 차근차근 이뤄온 과정을 볼 수 있다. 올트먼은 뭔가 다른 것을 시도할 때마다 더 큰 권력을 얻었고, 오픈AI도 사실 그가 그리는 미래 청사진의 한 조각일 뿐임을 알 수 있었다.

그가 그리는 미래의 청사진은 책 마지막 장에서 살펴보겠다.

PART 3

한 사람을 이해하려면 그가 스무 살 때의 세계가
어땠는지를 알아야 한다.

―나폴레옹

실리콘 밸리의
기린아

CHAP 1

청소년기:
세인트루이스에서
실리콘 밸리로

큰 비밀이 하나 있는데, 사실 사람은 어느 정도 자기 뜻에 따라 세상을 바꿀 수 있다. 그런데 사람들은 대부분 시도조차 하지 않는다.

—올트먼

타고난 지도자

1985년, 샘 올트먼은 미국 시카고의 한 유대인 가정에서 태어나 미국 중서부 미주리주 세인트루이스에서 자랐다.

올트먼 밑으로 남동생 두 명과 여동생 한 명이 있었다. 그의 아버지 제리 올트먼Jerry Altman은 부동산 중개인이었고 어머니 코니 깁스타인Connie Gibstine은 피부과 의사였다. 한마디로 올트먼은 상당히 잘 사는 중산층 가정에서 자랐다. 제리 올트먼은 서민 주택affordable housing 비영리 단체 활동가로 왕성히 활동했으나 2018년에 갑작스러운 심장마비로 눈을 감는다.

올트먼은 아버지가 남긴 중요한 가르침을 기억했다.

"가진 방법을 총동원해 다른 사람을 도와라. 시간이 부족하더라도 할 수 있는 최선을 다해야 한다."

올트먼은 자신이 자란 세인트루이스에 대해서는 이렇게 말했다.

아이에게 그곳은 전원시田園詩 같은 환경이었다. 청소년이던 내겐 좀 무료했다. 그런데 성인이 된 나는 그곳에 강렬한 끌림을 느낀다. 그곳 사람들은 서로 사이좋게 지냈기 때문이다.

올트먼의 부모는 결속감이 강한 가정 환경을 만들었다. 매일 저녁 함께 밥을 먹고, 제곱근 구하기와 수수께끼 놀이를 하고 탁구, 비디오 게임, 당구를 즐기고 형제들끼리 수구를 했다. 샘은 어린 여동생 앤이 잠들기 전 이야기책을 읽어 주기도 했다. 올트먼의 남동생 잭은 그들이 어릴 때 '전사 보드 게임warriors board game'을 자주 했다면서 이렇게 말했다.

형은 늘 이겼어요. 늘 자기가 전사들의 지도자라고 했거든요. 자기가 꼭 이겨야 하고 다 주도해야 한다고요.

샘의 여동생 앤도 당시를 이렇게 기억했다.

아홉 살이던 내 눈에 그건 독단이었어요. 오빠는 '세 번째 부모'가 되어 자기가 다 통제하고 싶어 했어요.

유대인 가정이었지만 크리스마스가 되면 크리스마스트리를 꾸몄는데, 올트먼이 극렬하게 반대했다고 한다.

나는 크리스마스트리에 대한 기억이 없어요. 샘이 열세 살 때 우리는 유대인이니까 크리스마스를 축하할 수 없다고 정해 버렸거든요.

올트먼은 유대인 가정의 끈끈한 관계와 부모의 전폭적인 지지 속에서 자랐다. 훗날 샘은 어린 시절을 이렇게 회상했다.

부모님이 내게 해 주신 가장 좋았던 일은 그들이 나를 사랑하고 있음을 꾸준히(하루에도 몇 번씩) 확인시켜 주고 내가 어떤 일이라도 할 수 있음을 믿어 준 것이다.

올트먼의 어머니 코니 깁스타인이 기억하는 샘은 무척 조숙했다. 그녀는 올트먼이 열 살 때 혼자 뉴욕에 보내도 될 것 같았다고 했다. 샘은 두 남동생과 사이가 무척 좋았다. 나중에 같이 창업 투자도 하고 함께 살기도 할 정도로 가까웠다. 하지만 여동생과는 별로 살가운 사이가 아니었다. 올트먼의 어머니는 세 아들의 관계에 대해 이렇게 말했다.

샘은 남동생들이 곁에 있는 걸 좋아했다. 동생들이 그의 과거를 이해하고 다른 사람들이 할 수 없는 방식으로 그에게 반대 의견을 주기 때문이다.

학교에서의 올트먼은 타고난 리더였다. 그의 모교인 존 버로우 스쿨

John Burroughs School은 미주리 최고의 명문고 중 하나였다. 가치관의 다양화와 개방적인 학풍을 숭상해 온 이 학교는 미국 고등학교 중 아이비리그 대학 진학률도 가장 높았다.

올트먼에게 영어를 가르쳤던 앤디 애보트Andy Abbott는 그가 매우 뛰어난 학생이었으며 글짓기 실력이 탁월했다고 했다.

공부벌레만 모인 이 학교에서는 성적과 성과가 매우 중요했다. 샘은 이런 환경에서도 유독 눈에 띄는 아이였다. 타고난 리더였고 매력적이었으며 호기심이 남달랐다. 연감 편집위원이었고 모의 UN 회의에도 참여했으며 학교 홈페이지를 디자인했다. 수구도 했는데, 그마저도 굉장히 잘했다.

올트먼이 자신만만한 데는 다 그만한 이유가 있었다. 앤디 에보트는 이렇게 말했다.

샘은 반에서 가장 영리한 학생이었고 굉장히 매력적이었다. 나는 샘이 IT 업계로 가지 않기를 바랐다. 창의력이 너무 뛰어나고 작문 실력이 탁월했기 때문에 작가가 되기를 바랐다. 오픈AI가 이토록 엄청난 영향력을 미칠 거라고는 아무도 예상하지 못했다. 이제 사람들은 샘이 대부분의 일에서 우리보다 뛰어나다는 것을 안다.

비록 당시 올트먼은 아직 십 대에 불과했지만, 성숙한 어른처럼 자주적이고 자신감에 차 있었다. 그의 학창 시절은 훗날 사회생활에서 드러난 특징을 미리 보여 주는 듯하다. 그때나 지금이나 그는 사람들에게 강렬한 인상을 남겼다. 특히 연장자나 영향력 있는 인물, 자신을 도울 수 있는 사람들에게 그러했다. 주변 사람들은 올트먼이 권력자를 정확히 찾아내고, 그들로 하여금 자신을 호감 가게 만드는 특별한 능력을 지녔다고 말한다. 이 재능이야말로 그의 성공의 밑거름이 되었다.

매킨토시 모먼트

올트먼이 태어날 무렵, 미국은 IT 혁명의 거센 물결 속에 있었다. 1984년, 애플은 1세대 PC인 매킨토시를 선보였다. 이를 홍보하기 위해 제작된 광고 〈1984〉는 지금도 미국 광고사에서 가장 뛰어난 작품으로 꼽힌다. 거물 IBM에 도전하는 이미지를 깊이 각인시켰고 PC가 각 가정으로 파고드는 데 큰 역할을 했다. [8]

1년 후, 올트먼이 태어난 바로 그 해에, 서른 살이던 스티브 잡스는 자신이 세운 애플에서 쫓겨났고 마이크로소프트는 최초의 윈도우 운영체제인 Windows 1.0 버전을 출시한다. 이는 PC 그래픽 사용자 인터페이스 시대의 시작을 의미했다.

1993년, 올트먼이 여덟 살 생일에 부모님에게서 매킨토시 컴퓨터를 선물받을 당시 그 컴퓨터는 2,200달러로 매우 고가의 제품이었다.

---

8   매킨토시는 세계 최초로 그래픽 사용자 인터페이스, GUI를 채택한 PC로, 텍스트 기반의 DOS 명령줄 인터페이스를 사용하던 IBM과 뚜렷한 대조를 이루었다. 매킨토시의 출현은 PC 세계에 일대 혁명을 불러일으켰다. 애플은 이 혁명을 사회적 관심사로 확장하기 위해 1984년에 매우 '애플다운' 광고인 〈1984〉를 선보였다.

올트먼은 그의 어린 시절이 컴퓨터가 없던 때와 있던 때로 명확하게 나뉜다고 했다. 이 컴퓨터는 세상과 소통하는 연결고리가 되었다. 올트먼은 프로그래밍을 배우고 컴퓨터를 분해하기도 했다. 어느 날 저녁, 밤늦도록 컴퓨터를 가지고 놀던 올트먼은 문득 이런 생각이 들었다. '언젠가 이 컴퓨터는 생각할 수 있을 거야.' 이 생각은 수시로 올트먼의 머리를 스치고 지나갔다.

이 컴퓨터로 올트먼은 프로그래밍만 배운 게 아니라 인터넷을 사용할 줄 알게 되었다. 1993년은 인터넷 발전사에서 가장 중요한 해였다. 미국 일리노이대학 어바나 샴페인Urbana-Champaign 캠퍼스 국립 슈퍼컴퓨팅 응용 센터the National Center for Supercomputing Applications NCSA에서 개발한 웹 브라우저 모자이크Mosaic가 보급되었다. 모자이크는 광범위하게 사용된 첫 번째 그래픽 인터페이스 웹 브라우저가 되어 일반인의 인터넷 접근성을 높이고 흥미를 일깨웠다. 모자이크의 보급은 과학 연구와 교육 용도로만 쓰이던 인터넷이 대중이 사용하는 도구가 되었음을 상징했다. 같은 해 유럽 입자 물리 연구소Conseil Européen pour la Recherche Nucléaire 'CERN'가 월드와이드웹 'WWW' 기술을 누구나 자유롭게 이용할 수 있도록 대중에 무료로 공개한다. 이 결정은 인터넷의 급속한 확산에 날개를 달아 주었다. 그래서 올트먼은 운 좋게 1세대 네티즌이 될 수 있었다.

얼마 후, 아메리카온라인 AOL은 실시간 통신 서비스AOL Instant Messenger, AIM을 출시한다. AIM은 사용자에게 고유한 'AIM ID'를 부여해 이를 통해 친구나 가족과 인터넷으로 실시간 대화를 나눌 수 있게 했다. 이 서비스는 빠르게 새로운 온라인 교제 방식으로 자리 잡았고, 특히 청소년과 젊은 층 사이에서 폭발적인 인기를 얻었다. 올트먼은 그 시절을 떠올리며 이렇게 회상했다.

> AOL 채팅룸은 내 삶을 바꿔 놓았다. 휴대폰이 나오기 전에는 친구에게서 전화가 오면 부모님이 모를 수가 없었다. 그런데 갑자기 모든 사람에게 자신만의 비밀스러운 공간이 생겨 친구와 이야기를 나누더라도 부모님이 알 도리가 없어져 버렸다. 이는 청소년들의 삶을 완전히 바꿔 놓았다.

이 경험은 훗날 그의 창업에도 영향을 미쳤다.

바로 그 애플 컴퓨터 때문에, 애플의 공동 창업자인 스티브 잡스는 올트먼의 어린 시절 우상이 되었다. 몇 년이 흘러, 올트먼은 스티브 잡스를 직접 만나 이야기를 나눈 순간을 떠올리며 너무 긴장해서 꼼짝도 할 수 없었다고 회상했다. 샘이 매킨토시를 선물받았을 때, 스티브 잡스는 이미 애플을 떠나고 없었다. 잡스는 넥스트Next라는 회사를 세우고 픽사Pixar를 인수했다. 1993년, 당시 애플 CEO였던 존 스컬리John Sculley는 최악의 실적으로 인해 자리에서 내려온다. 이후 애플은 4년 후 스티브 잡스가 복귀할 때까지 혼돈 속을 헤맨다.

로봇은 인류에게 해를 입혀서는 안 된다

바로 그 1993년, 훗날 올트먼과 깊은 우정을 나눴다가 끝내 철천지원수가 되는 머스크가 캐나다에서 미국으로 건너와 펜실베이니아대학에서 공부를 시작했다. 남아프리카공화국 출신으로 큰 체구를 자랑하는 이 청년도 한때는 왜소하고 괴팍한 아이였다.

질풍노도의 시기를 건너는 머스크를 구한 것은 SF 소설이었다. 1985년에 출간된 아이작 아시모프Isaac Asimov의 『파운데이션 시리즈 Foundation Series』중 『로봇과 제국Robots and Empire』은 그가 가장 좋아하는 작품이었다. 소설의 마지막 장에서, 작가는 '제0원칙'을 제시한다.

로봇은 인류에게 해를 입혀서는 안 되며, 인류가 해를 입는 것을 모른 척해서도 안 된다.

많은 세월이 흐른 뒤, 머스크는 이 책이 자신에게 얼마나 큰 영향을 주었는지 떠올리며 말했다. 인류를 다행성 문명으로 이끌고, 인류를 위해 봉사하는 AI를 만들겠다는 집념으로 전력투구하게 된 배경에는 바로 『파운데이션 시리즈』와 '제0원칙'이 있었다는 것이다.

IT 업계의 뛰어난 창업자들은 대체로 어린 시절부터 SF 소설의 열렬한 팬이었다. SF 소설은 미래의 IT 지도자들에게 뚜렷한 세계관을 심어 주었다.

"과학 기술은 세상을 바꾸고, 우주에 자신의 흔적을 남기는 가장 강력한 도구다."

아마존 창업자 제프 베이조스는 어린 시절부터 〈스타트렉Star Trek〉의 열성 팬이었다. 영화 속 커크 선장은 모든 결정을 직접 내리는가 하면, 대원들을 이끌고 별들을 탐험했다. 벤처 투자자 피터 틸은 몇몇 영웅이 세상을 구하는 서사시 영화 〈반지의 제왕〉을 특히 좋아했다. 그는 자신이 세운 회사에 '팔란티어Palantir', '미스릴Mithril', '발라Valar'라는 이름을 붙였는데, 모두 〈반지의 제왕〉에서 가져온 것이다.

올트먼 역시 SF를 무척 좋아해 밤새도록 SF 소설을 읽곤 했다. 그중에서도 그가 가장 아끼는 작품은 단연 『파운데이션 시리즈』였다. 그는 이 작품을 두고 대부분은 그냥 아주 웃기지만, 실제로 어떤 일이 끔찍하게 잘못될 수 있는 상황도 쉽게 상상이 된다고 했다.

올트먼은 '킬러봇' 같은 단순한 위협에는 큰 관심을 두지 않았다. 오히려 그는 '매우 미묘한 사회적 부조화'에 훨씬 더 깊은 관심을 가졌다.

실리콘 밸리의 요람

2003년 여름, 열여덟의 올트먼은 고등학교를 졸업했다.

성인이 된 그의 체격은 키 약 170cm, 몸무게 60kg 미만으로 꽤 왜소한 편이었다. 그래서 실제 나이보다 더 어려 보였다. 서른 살 무렵 스탠퍼드대에서 창업 수업을 맡았을 때조차 그는 학생 같은 인상을 주었다.

올트먼의 초록빛 눈은 어둠 속 수리부엉이처럼 날카롭게 빛났고, 앉는 자세는 다소 특이했다. 늘 몸을 둥글게 말고 앉는 탓에 '아스퍼거 증후군'이 있다는 오해를 사기도 했다. 아스퍼거 증후군은 자폐 스펙트럼 장애의 일종으로, 사회적 상호작용에 어려움이 있고 또래와 소통하기보다는 성인과 어울리려 하며, 특정 분야(과학, 역사, 디자인 등)에 과도하게 몰두하는 특징을 보인다.

올트먼은 자신이 아스퍼거 증후군 환자라는 의혹을 부인했다. 그러나 그의 여동생은 이런 말을 한 바가 있다.

"나처럼 오빠에게도 자폐 성향이 있다. 다만 그는 컴퓨터와 수학을 좋아했고, 나는 인문 분야를 좋아할 뿐이다."

올트먼은 고등학교를 졸업하면서 선택의 기로에 섰다. 미국 동부의 전통적 명문 대학과 서부의 스탠퍼드대학 중 어디를 갈까? 미국 중부에서 자란 올트먼에서는 어느 쪽이나 상관없었다.

저널리스트이자 작가, 말콤 글래드웰Malcolm Gladwell은『아웃라이어Outliers』에서 이렇게 말했다.

기회와 함께한 사람은 늘 탁월한 성취를 거뒀다. 그들의 성공은 노력의 성과만이 아니라 독특한 성장 환경이 만들어 낸 결과다.

만약 올트먼이 동부 명문대에 갔다면 다른 많은 유대인처럼 월가의 은행가가 되었을 수도 있다.

그러나 올트먼은 스탠퍼드대학을 선택했다. 스탠퍼드대학은 세계적인 명문대이며 실리콘 밸리의 요람이다. 1885년 설립된 이래, 스탠퍼드대학은 상당히 오랫동안 그저 그런 학교에 머물러 있었다. 그러다가 1950년대에 1,000에이커(약 40만 제곱미터)나 되는 땅을 상공업계 또는 회사를 설립하는 졸업생에게 매우 싼 임대료만 받고 장기 임대하기 시작했다. 그리고 그들이 학교와 협력해 학생들에게 각종 연구 프로젝트와 실습 기회를 제공하도록 했다. 이 대담한 조치는 스탠퍼드의 역사를 바꾸었으며 이후 실리콘 밸리의 탄생을 이끌었다.

스탠퍼드대학의 10대 학장인 존 헤네시John Hennessy는 학술계와 상업계의 혁신이 합쳐져야 한다고 강력히 주장했다.

"학술계와 상업계의 공생의 진정한 힘은 혁신적인 생각과 상업적 응용을 합칠 수 있다는 데 있다."

그 덕분에 스탠퍼드대학은 수많은 하이테크 제품의 리더와 창업

정신을 가진 인재를 길러 냈다. HP, 구글, 야후, 로지텍, 테슬라 자동차, 파이어폭스Firefox, 일렉트로닉 아츠Electronic Arts, 선 마이크로시스템Sun Microsystems, 엔비디아Nvidia, 시스코Cisco, 실리콘 그래픽스Silicon Graphics, 이베이eBay 등의 창업자가 모두 스탠퍼드대학 출신이다.

그러나 2003년, 올트먼이 스탠퍼드에 입학했을 당시 실리콘 밸리는 침체에 빠져 있었다. 인터넷 붐이 잦아들면서 터진 버블의 잔해가 실리콘 밸리를 뒤덮었고, 사람들의 마음속에는 거대한 그림자가 드리워졌다. 올트먼에 따르면, 그때 창업에 관심을 보이면 사람들로부터 비웃음을 살 뿐이었다.

스탠퍼드에서 보낸 2년 동안, 그는 여가 시간 대부분을 포커에 쏟았다. 학교 근처의 Bay 101 카지노를 자주 찾았고, 큰돈을 벌진 못했지만 대학 생활비를 충당할 정도는 벌었다. 무엇보다 포커를 통해 사람의 마음을 읽고 리스크를 평가하는 법을 익힌 것은 그에게 무엇과도 바꿀 수 없는 큰 수확이었다.

1학년을 마친 올트먼은 컴퓨터과학자 우언다吳恩達 교수의 AI·로봇 연구실에서 실습했다. 몇 년 뒤, 우언다는 구글에서 구글브레인을 설립하고, 이후 바이두에 합류해 '바이두 브레인'을 세우는 데에도 참여했다.

당시 올트먼의 머릿속에는 어린 시절부터 품어 온 '생각할 줄 아는 컴퓨터'에 대한 생각이 떠돌았다. 그는 AI 수업을 통해 이 목표를 실현하고자 했지만, 훗날 스스로 "아무런 성과도 없었다"고 회상했다. 그 당시 AI 분야는 여전히 이른바 'AI 겨울'의 한복판을 지나고 있었기 때문이다.

〈소셜 네트워크〉와 〈오펜하이머〉

어느새 2학년 여름 방학을 맞은 올트먼은 좋은 기회를 얻어 골드만삭스에서 실습할 계획이었다. 만약 골드만삭스에 갔다면 올트먼은 아마도 월가 투자 은행에서 일하고 있었을지도 모른다.

그런데 바로 그때, 상황이 서서히 변하기 시작했다. 새로운 IT 물결이 물보라를 일으키고 있었다. 바로 소셜 네트워크였다. 그 물결의 중심에는 구글이 있었다.

그해 여름, 스탠퍼드대학 근처에 있는 건물에 하버드대학 2학년생인 청년이 입주한다. 그의 이름은 마크 저커버그였다. 같은 유대인에, 컴퓨터 전공자였던 저커버그는 올트먼보다 딱 한 살 많았다. 그는 미국 전역의 대학생들을 소셜 네트워크로 연결하겠다는 야심 찬 계획을 세웠다. 몇 년 뒤, 유명 감독 데이비드 핀처David Fincher는 저커버그의 이야기를 스크린으로 옮겼다. 바로 〈소셜 네트워크The Social Network〉라는 제목의 영화다. 이 영화는 그해 오스카에서 3관왕을 했다. 영화의 줄거리는 이러하다. 여자에게 환심을 사기 위해 주인공 마크는 소셜 네트워크 제국 '페이스북'을 만든다. 각고의 노력 끝에 페이스북은 폭발적인 인기를 끌었고, 그의 재산도 날로 불어났다. 그러나 갈등과 소송은 끊이지 않았으며, 오랜 친구와는 남보다 못한 사이가 되고 만다. 영화의 마지막 장면에서 마크는 홀로 회의실에 앉아 끊임없이 새로고침 버튼을 누르며, 예전에 마음을 두었던 여자가 자신의 친구 요청을 받아주기를 기다린다.

올트먼은 〈소셜 네트워크〉를 무척이나 좋아한 듯하다. 그리고 그로부터 거의 20년 뒤, 올트먼은 또 다른 우상 오펜하이머의 이야기를 담은 〈오펜하이머〉를 보러 간다. 영화를 보고 돌아온 그는 X에 이런 글을 올렸다.

> 〈오펜하이머〉가 아이들에게 물리학자가 되고 싶다는 꿈을 심어 주기를 바랐지만, 그 목표에 확실히 도달하지는 못했다. 그렇다면 우리가 직접 그 영화를 찍어 보자!
> (이에 비해 〈소셜 네트워크〉는 이런 점에서 성공을 거두어 많은 스타트업 기업가에게 영감을 주었다고 생각한다.)

올트먼은 20년 전의 자신이 〈소셜 네트워크〉라는 물결을 만나 망설임 없이 뛰어들었던 기억을 떠올렸을 것이다.

CHAP 2

창업 단계:
거래 성사의 달인

보통 사람들은 쉬이 리스크를 감수하지 못한다. 특히 사회에 첫발을 내디딜 때는 더욱 그렇다. 그러나 젊음과 무명 그리고 가난은 오히려 커다란 선물일 수 있다. 어느 정도 위험을 감당할 여지가 있기 때문이다. 그럼에도 사람들은 이 점을 충분히 활용하지 못하는 듯하다.

—올트먼

일은 사람들이 참여하고 노력하는 것만으로 훨씬 더 나아진다. 당신을 구하러 올 사람은 없다. 당신 스스로 구해야 한다.

—올트먼

천재일우의 창업 시기

2005년의 실리콘 밸리는 아직 아이폰이 세상에 등장하기 전이었다. 당시 사람들은 유선 인터넷을 연결한 휴대폰을 사용했지만 사용자 경험은 대체로 형편없었다. 자판이 있는 블랙베리 휴대폰과 노키아 폴더폰이 당시 가장 인기를 끌었다.

그와 더불어 GPS 기술이 발전하고 정확해지면서 GPS칩 탑재 비용이 감소해 점점 더 많은 휴대폰에 GPS가 탑재되기 시작했다. 인터넷과 GPS를 결합한 위치 기반 휴대폰 애플리케이션Location-Based Services, LBS가 등장했다. 기업과 개발자들은 사용자의 위치 정보를 이용해 맞춤형 서비스와 광고를 제공하는 방법을 모색하기 시작했고 이는 위치 기반 서비스의 발전을 촉진했다. 예를 들어 사용자의 위치와 행동 습관을 분석해 맞춤형 광고와 우대 정보를 제공해 마케팅 효과를 높일 수 있었다.

소셜 네트워크의 급성장도 LBS에 새로운 기회를 가져다주었다. 페이스북, X 같은 플랫폼이 확산되면서 사람들은 온라인에서 자신의 일상을 공유하기 시작했다.

그 무렵 'SoLoMo'라는 신조어가 등장했는데 Social(사교), Local(현지), Mobile(이동)의 앞 글자를 딴 합성어로, 당시 창업자들이 추구한 대표적 패러다임을 보여 준다. 이는 곧 훗날 자주 언급되는 Web 2.0 시대의 개막을 알리는 신호탄이기도 했다. 스탠퍼드대 2학년이던 올트먼 역시 그 물결에 몸을 싣고자 했다. 그리고 세월이 흐른 뒤, 그는 창업 당시의 심정을 이렇게 회고했다.

그 시절에는 이해하지 못했던 일이 있었지만 금세 깨달을 수 있었다. 만약 조금만 더 일찍 알았더라면 불필요한 괴로움을 피할 수 있었을 것이다. 바로 얼마나 위험한지를 가늠하는 일이다. 대다수 사람은 리스크를 지나치게 걱정한다. 젊고, 잃을 것이 없는 시기는 오히려 모험을 하기에 가장 좋은 때다. 그러나 안타깝게도 대다수가 이 시기를 허비하며 어떻게든 리스크를 피하려고 안간힘을 쓴다. 먼저 몇 년간 직장에 다니며 돈을 모은 뒤 다시 도전하려하거나, 부모가 원하는 길을 따르는 식이다. 나는 결국 옳은 길로 향하긴 했지만, 선택에 따라 전혀 다른 결과를 얻었을지도 모른다. 그때 나는 위험 앞에서 어리석을 만큼 긴장했기 때문이다. 하지만 돌이켜 보면, 세상 일 대부분은 겉으로 보이는 것만큼 위험하지 않다. 이런 관점은 굉장한 힘을 가졌다. 나는 이런 상황에 놓인 사람에게 늘 이런 관점을 설파한다.

"당신은 지금 돈도, 명예도, 아무런 기반도 없는 대학생이다. 창업에 실패한다고 해도 잃을 것은 없다. 달라지는 건 단지 시간과 약간의 나이뿐이다."

루프트 공식 사이트에 있는 글을 보면, 2005년 봄, 스탠퍼드대학 컴퓨터과학 전공 2학년생 올트먼은 교실을 나가다가 갑자기 영감이 떠올랐다고 한다. 그는 친구이자 동창이며 훗날의 공동 창업자인 닉 시보Nick Sivo에게 물었다.

"휴대폰을 열었는데 친구들의 위치가 표시된 지도를 볼 수 있다면 정말 끝내주지 않을까?"

시보는 상당히 내향적이었던 것 같다. 그의 X계정 팔로워는 겨우 2,000명이었다. 그런 그가 자기소개 부분에 이런 글을 썼다.

나는 재미없는 사람이지만, 내가 팔로우한 사람은 무척 재미있는 듯하다.

두 사람은 이 애플리케이션을 루프트Loopt라고 이름 지었다. 그후 올트먼과 시보는 스탠퍼드대학을 자퇴했다. 세계적인 대학의 학위를 포기하는 것은 미국 창업가들이 꼭 치르는 성년식 같다. 빌 게이츠, 스티브 잡스, 마크 저커버그 등이 과감히 학위를 포기하고 창업의 길로 뛰어들었다.

올트먼이 스탠퍼드대학에 들어가기 5년 전, 그와 마찬가지로 컴퓨터과학 전공생 두 명이 동시에 자퇴했다. 바로 래리 페이지와 세르게이 브린이었는데, 두 사람은 무려 박사 학위를 포기하고 자퇴해서 구글을 설립했다. 십수 년 뒤 올트먼은 구글이 가장 두려워하는 도전자가 된다.

그러나 스탠퍼드대학을 중퇴한 청년들이 모두 이런 성공 신화의 주인공이 되는 것은 아니다. 엘리자베스 홈즈Elizabeth Holmes는 올트먼보다 한 해 전에 학교를 자퇴하고 테라노스Theranos라는 혈액 검사 스타트업을 설립했다. 테라노스의 기업가치는 한때 90억 달러에 달했으나, 몇 년 뒤 엘리자베스 홈즈는 금융 사기 혐의로 징역 11년형을 선고받았다.

해커와 화가

올트먼과 시보는 이렇게 그들의 모험을 시작했다. 시보는 기술에 밝은 뛰어난 프로그래머였기 때문에, 올트먼은 비즈니스와 운영에만 집중할 수 있었다. 두 사람 모두 영리하고 야심이 넘쳤지만, 한 가지 문제가 있었다. 2005년 당시 인터넷 업계는 막 닷컴 버블에서 회복하는 중이었기 때문에, 창업을 배울 만한 곳이 거의 없었다. 특히 열아홉 살 대학생에게 창업 관련 정보를 접할 기회는 매우 제한적이었다.

올트먼은 인터넷에서 정보를 찾다가 폴 그레이엄이란 사람의 블로그를 발견한다. 거기서 발견한 〈어떻게 창업할까〉라는 글은 올트먼에게 어둠 속 등불과도 같았다.

그레이엄은 올트먼의 반생애에 가장 큰 영향을 미친 사람이라고 할 수 있다. 올트먼을 이해하려면 먼저 그레이엄을 이해해야 한다. 그에 관해서는 세 가지 특징을 말할 수 있다. 하나, 정상급의 프로그래머이다. 둘, 글을 잘 쓴다. 셋, 다른 사람을 돕는 것을 즐긴다. 이 특징들을 하나씩 떼어 놓으면 특별할 게 없지만, 한데 모아 놓은 결과, 폴 그레이엄은 스타트업의 '구루Guru'와 같은 존재가 되었다.

폴 그레이엄은 청소년기에 프로그래밍을 처음 접했다. 그러나 그가 좋아하는 것 중 상당수는 컴퓨터와 무관했다. 뛰어난 프로그래머 중에서 이런 사람은 매우 드물다. 중고등학교 시절, 그는 소설을 즐겨 썼다. 코넬 대학에 진학해서는 철학을 전공했지만 철학이 너무 난해하다는 사실을 깨닫고 대학원은 하버드대학 컴퓨터학과를 선택해 AI를 전공했다. 그러나 AI 연구가 순조롭게 진행되지 않는 데 낙담한다(그러나 연구 툴인 Lisp 언어는 훗날 그에게 중대한 영향을 미쳤다). 박사 과정 도중에는 하버드대학 예술학과에서 청강을 했다. 박사 학위를 받고 나서 로드 아일랜드 디자인 스쿨Rhode Island School of Design, RISD 여름 학기 반에 등록해 화가가 되고자 회화 과정을 들었다.

여름 학기 반을 마치고는 유럽으로 건너가 500년 역사를 자랑하는 피렌체 국립 미술원Accademia delle Belle Arti di Firenze에서 회화 공부를 이어 갔다. 이듬해, 가지고 있던 돈이 바닥나 미국으로 돌아갈 수밖에 없었던 그레이엄은 보스턴에 있는 스타트업에서 프로그래머로 일했다. 그때가 1992년이었다.

이후 2~3년 동안 그레이엄은 상당히 불안한 생활을 이어 간다. 뉴욕의 협소한 아파트에 살면서 예술가의 꿈을 좇았지만, 수입이 극히 적은 데다 불안정하기까지 해 삶이 무척 곤궁했다. 나가는 돈보다 들어오는 돈이 적은 탓에 어쩔 수 없이 프로그래밍 아르바이트를 해서 생활비를 벌었다.

그러던 어느 날, 그레이엄은 더 이상 이렇게 살 수는 없다는 생각이 들었다. 훗날 그때를 떠올리며 그레이엄은 이렇게 말했다.

"나는 화가가 되기를 포기했다. 수입 문제 해결이 먼저였다."

1995년 초여름, 그레이엄은 학교 다닐 때 친구인 로버트 모리스Robert Morris를 찾아가 소프트웨어 하나를 같이 프로그래밍해 돈을 벌어보자고 제안한다.

그레이엄은 앞으로 인터넷 기반 전자상거래가 늘어난다면 소매업자들을 위한 소프트웨어가 필요할 거라고 판단했다. 그래서 사람들이 인터넷 쇼핑몰을 쉽게 만들 수 있는 소프트웨어를 개발하기로 한다.

처음에는 완전히 전통적인 모델을 만들었다. 즉, 사용자가 먼저 프로그램을 다운로드해 설치하고 자신의 하드디스크에서 인터넷 쇼핑몰의 기본적인 틀을 만든 다음, 다시 서버로 업로드하는 식이었다. 그러던 차에 번뜩이는 아이디어가 떠올랐다. '사용자가 웹브라우저를 통해 직접 서버를 조작하게 하면 되지 않을까?' 그러면 프로그램을 설치하고 업로드하는 과정을 없앨 수 있다. 그래서 그레이엄은 소프트웨어를 인터넷 프로그램으로 만들기로 한다.

이는 세계 최초의 인터넷 기반 소프트웨어였다. 그래서 폴 그레이엄과 로버트 모리스는 이 제품을 '비아웹Viaweb'이라고 이름 지었다.

1998년, 야후는 4,900만 달러에 비아웹을 사들였다. 그 결과, 그레이엄은 엄청난 부를 거머쥐었을 뿐 아니라 인터넷 업계 최초로 창업에 성공하고 큰 부를 일군 사람 중 한 명이 되었다.

비아웹이 야후에 인수되면서 그레이엄은 야후 직원으로서 프로그래밍 업무를 계속했다. 야후에서 일한 1년 반 동안, 그레이엄은 늘 뭔가 답답함을 느꼈다. 이때 야후는 이미 덩치가 어마어마한 대기업이었다. 그레이엄은 야후의 기업 문화가 불편했다. 그의 말을 빌리자면, 대기업의 관료주의적 환경에 적응할 수 없었다.

"스타트업을 운영하면 날마다 전투를 치르는 것 같지만, 대기업에서 일하면 숨이 막혀 발버둥 치는 것 같다."

결국 얼마 지나지 않아 그레이엄은 회사를 그만둔다.

경제적 자유를 얻은 그레이엄은 붓을 드는 대신 펜을 잡았다. 그는 머릿속에 떠도는 생각을 글로 써내 2004년 『해커와 화가』를 출판한다. 이 책은 미국과 전 세계 각국에서 큰 화제를 모았다.

그레이엄이 하고자 한 가장 중요한 말은 이것이었다.

"소프트웨어 개발의 새 시대가 도래했다. 인터넷은 소프트웨어 산업을 완전히 바꿔 놓을 것이다. 새로운 패러다임을 먼저 장악한 사람이 앞서 나가게 될 것이다."

열아홉 살의 빌 게이츠도 아마 이랬을 걸!

2005년 3월, 하버드대학 학생 모임인 '컴퓨터협회'는 그레이엄을 연사로 초청한다. 그의 강연 주제는 '스타트업, 어떻게 시작하나'였다.

"스타트업을 준비하는 사람들에게 엔젤 투자자를 고를 때는 직접 창업한 경험이 있는 사람을 고르는 것이 좋다고 말해 준다."

그 말을 하고 난 그레이엄은 기대감이 넘치는 눈빛의 학생들을 보고 서둘러 뒷말을 덧붙였다.

"저는 엔젤 투자자가 아닙니다."

강연을 마치고 학생들과 커피를 마시며 이야기를 나누자니, 실력과 아이디어가 탁월한 학생들이 눈에 띄었다. 그러자 자연스럽게 자신이 겪은 일들이 떠올랐다. 만약 엔젤 투자자가 없었더라면 비아웹은 존재하지도 않았을 테고 지금의 자신도 없었을 것이다. 그래서 그레이엄은 이 학생들에게 창업 기회를 줘 그들이 무엇을 해낼 수 있는지 지켜보기로 결심한다.

2005년 3월, 그레이엄은 'SFP'라고 이름 지은 여름 창업자 프로그램Summer Founders Program을 준비한다. 이 프로그램이 바로 훗날 수많은 창업가를 배출한 스타트업 액셀러레이터 YC의 전신이다. 그는 블로그에 이런 글을 올렸다.

"SFP는 여름 일자리 같은 것이다. 다만 우리가 당신에게 주는 것은 임금이 아니라 종잣돈이다. 이것으로 친구들과 함께 당신들만의 회사를 만들어 보라."

참가자는 각각 약 6,000달러의 종잣돈을 받아 여름 동안 자신들의 사업을 키워 가면서 그레이엄과 그의 친구들로부터 배움의 기회까지 얻을 수 있었다. 그레이엄은 이렇게 글을 마무리했다.

"이 프로그램이 여름 내내 사무실에 처박혀 있는 것보다 더 설렌다면, 신청해 보기를 바란다."

이 소식을 듣자마자 올트먼은 곧바로 그레이엄에게 연락했다. 당시 그레이엄은 미국 동부 메사추세츠주 케임브리지에 살고 있었고 올트먼은 서부 샌프란시스코에 살고 있었다. 그레이엄은 올트먼에게 비행기를 타고 와 면접에 응하라고 했다. 그런데 당시 올트먼은 샌프란시스코에서 설명회 일정이 잡혀 있어서 면접 시간을 바꾸고 싶었다. 그러나 굳이 일정을 바꾸고 싶지 않았던 그레이엄은 적당한 말로 올트먼을 설득한다.

"당신은 아직 대학교 1학년생이니 내년에 다시 신청하세요."

올트먼은 곧바로 답장을 보냈다.

"전 벌써 2학년이니까 꼭 갈게요."

그날의 만남은 성공적이었다. 올트먼은 그레이엄과 그의 파트너인 제시카 리빙스턴Jessica Livingston을 만났다.

리빙스턴은 그날을 이렇게 기억했다.

"그를 처음 만났을 때 알았다. 이 아이가 제 나이를 뛰어넘는 지혜를 가졌다는 것을."

그레이엄도 올트먼을 높이 평가했다.

"그를 만난 지 3분도 안 돼서 생각했다. '아, 열아홉 살의 빌 게이츠도 이랬겠구나!'"

총 227건의 신청서 중에서 8개의 프로젝트가 선택되었다. 그중 하나가 바로 루프트였다. 루프트는 YC 1기 여름 캠프에 참여해 시드머니 5,000달러를 얻었다. 올트먼은 메사추세츠주 케임브리지에 있는 YC 사무실로 거처를 옮겼고 시보는 텍사스주 알링턴Arlington에 있는 집에서 일했다. 두 사람의 스탠퍼드대학 동창인 알록 데쉬판데Alok Deshpande도 루프트에 합류해 인도에서 업무를 하기 시작했다.

그레이엄의 도움으로, 9월에 여름 캠프가 끝날 무렵에는 첫 프로토타입 제품을 내놓을 수 있었는데 반향이 꽤 괜찮았다. 올트먼의 어린 시절 친구이자 MIT에 다니는 릭 퍼니코프 Rick Pernikoff와 그의 형제인 톰 퍼니코프 Tom Pernikoff도 루프트에 합류했다.

2005년 10월, 제품이 어느 정도 완성되자, 올트먼은 더 많은 자금을 조달해 사업을 키울 방도를 생각한다. 이때 올트먼은 중대한 결정을 내린다. 바로 스탠퍼드대학을 자퇴하고 자신의 꿈인 창업에 전력을 다하기로 한 것이다. 여러 오퍼를 두루 살펴본 뒤, 올트먼은 세쿼이아 캐피털과 NEA New Enterprise Associates가 제공하는 500만 달러 오퍼를 받아들이기로 한다. 이 두 회사는 세계 최대의 벤처 투자회사로, 구글, 야후, 페이팔, 티보 Tivo를 비롯한 수많은 다른 기업의 투자자이기도 하다. 이후 루프트는 세쿼이아 캐피털의 액셀러레이터 공간으로 옮겨간다. 마침내 제대로 된 사무실이 생긴 것이다. 루프트 옆 사무실은 또 다른 스타트업인 유튜브가 사용했다.

올트먼은 릭 퍼니코프에게 이렇게 말했다.

"맞아, 난 우리가 성공할 줄 몰랐어."

나중에 퍼니코프는 늘 이 일을 가지고 올트먼을 놀려댔다.

"그건 샘이 유일하게 틀린 것이었다."

모든 문을 다 두드려 보라

아이폰이 출시되기 전에는 통신사업자의 입김이 막강했다. 휴대폰 애플리케이션의 보급은 반드시 통신사업자를 통해 이루어졌고 앱 개발자는 통신사업자와 협력해야만 자신의 앱을 출시할 수 있었다.

그 시기, 올트먼은 통신사업자와 긴밀한 관계를 맺기 위해 많은 시간과 노력을 쏟아부었다. 미국의 통신사업자 업계는 매우 폐쇄적이어서, 이제 겨우 스무 살인 데다 인맥도 없는 청년이 뚫고 들어가기에는 너무 어려워 보였다. 훗날 올트먼은 이 시기의 경험이 중요한 인생의 교훈을 남겼다고 했다.

"어떤 일을 해내는 데 가장 중요한 것은 끈기다. 나는 모든 문을 다 두드려 봐야 한다고 믿는다."

마침내 그 문 중 하나가 살짝 열렸다. 우연한 기회에 올트먼은 미국 최대 통신사업자인 스프린트Sprint 산하 자회사인 부스트Boost가 위치 기반 소셜 앱 개발을 고려 중이며 협력 파트너를 찾고 있다는 사실을 알게 된다. 이 소식을 듣자마자 올트먼은 시연에 쓸 제품 프로토타입을 밤새워 제작했다. 그날, 올트먼은 4시에 잠들고 6시에 일어나 7시에 공항으로 가 부스트 본사가 있는 캘리포니아 남부의 오렌지카운티로 향하는 첫 비행기에 올랐다. 그는 사전 약속도 없이 곧바로 담당자의 사무실로 들어갔다. 한참 뒤에 사무실 안에 들어선 담당자는 웬 청년이 앉아 있는 것을 발견한다.

"이상하네, 왜 내 사무실에 있는 겁니까?"

"제게 10분만 주십시오."

담당자는 그를 쫓아내려고 했지만 올트먼은 끝까지 나가지 않고 버텼다. 훗날 그 담당자는 당시를 이렇게 이야기했다.

"이 업계의 사람들은 대부분 40~50대이고 늘 같이 일을 했다. 그런데 제품에 대한 이해도와 자신감은 그 나이대에서 볼 수 없는 것이었다. 그런 상황은 처음 겪어 봤다."

또 하나 깊은 인상을 남긴 것은, 올트먼이 입고 있는 작업복이었다. 그는 젊은 시절에 늘 작업복을 입었다. 사람들이 늘 그것을 가지고 놀리자, 올트먼은 리드 호프만의 팟캐스트에서 특별히 그 이유를 설명하기도 했다.

"솔직히 말해 저는 작업복이 그렇게 보기 흉한지 모르겠어요. 제가 볼 때는 무척 편하거든요. 이것저것 다 담을 수 있어요. 저는 종이책을 가지고 다니는 걸 좋아해요. 전 종이책이 좋거든요. 아이폰도 작업복 호주머니에 담긴 딱 알맞죠. 또 컴퓨터 충전기도 늘 가지고 다니는데, 작업복은 제 효율을 높여 줘요. 왜 사람들이 이 점을 그렇게 신경 쓰는지 도무지 이해가 안 가요."

그 담당자는 올트먼의 설명을 듣고 생각을 바꿔 상사에게 이 일을 보고한다. 결국 부스트는 스무 살짜리 올트먼에게 판돈을 걸기로 한다. 그의 끈기가 마침내 보답받은 것이다. 스프린트와 계약한 이후에도 올트먼은 계속 다른 사업자와 접촉을 시도한다.

YC에서 진행한 이벤트에서, 올트먼은 그의 대담성을 엿볼 수 있는 또 다른 일화를 소개했다. 그는 중요한 고객을 확보하기 위해 비행기를 타고 이 회사 본사까지 찾아가 그들이 접견을 허락할 때까지 로비에서 하루 종일 기다린 적도 있다고 했다.

이 일화를 아는 사람에 따르면, 몇 번 회의를 가진 뒤, 고객 기업의 경영진이 올트먼의 사무실을 방문하고 싶다는 뜻을 전했다고 한다. 당시 그의 회사는 직원이 다섯 명뿐이었기 때문에 그는 회사 직원인 척 연기할 대학 친구들을 고용했다고 한다. 결국 잔꾀가 먹혀, 올트먼은 그 회사와 계약을 맺게 된다.

스티브 잡스의 면접

2007년, 아이폰이 등장한다. 올트먼은 당시 팜폰^{Palm Phone}을 쓰고 있었지만 아이폰을 한번 사용해 보고는 자신이 다시는 팜폰으로 돌아가지 않을 것을 직감했다. 새로운 시대가 시작된 것이다.

2008년, 스티브 잡스는 앱스토어를 출시해 개발자들이 앱스토어에서 자신이 개발한 소프트웨어를 판매했다. 울트먼은 미래에 앱스토어가 주류가 된다면 통신 사업자의 입김이 크게 줄 것을 깨달았다. 그리고 루프트를 애플 앱스토어에 올리면 많은 사용자를 끌어모을 수 있으리라 확신했다. 그는 곧바로 행동에 나서 애플에 연락을 취했다.

얼마 후, 올트먼은 애플의 면접 통지를 받았다. 놀랍게도 면접관은 그의 어린 시절 우상이었던 스티브 잡스였다. 어두컴컴한 회의실 안에 홀로 앉아 있는 스티브 잡스는 아무 표정이 없었다. 그저 그의 상징과도 같은 안경만이 어둠 속에서 반짝 빛을 내고 있었다. 올트먼은 그 당시를 회상하며, 긴장으로 바짝 얼었던 적은 그때가 유일하다고 털어놓았다. 다행히 올트먼은 순조롭게 면접을 통과하고, 또 운 좋게 위치 기반 서비스 회사의 대표가 되어 무대에 올라 자사 제품을 소개할 기회를 얻었다.

그때의 영상을 보면, 올트먼은 차분한 표정으로 비쩍 마른 몸을 꼿꼿이 세우고 있다. 그날 그는 폴로 셔츠를 두 겹으로 겹쳐 입었다. 안에는 칼라를 빳빳이 세운 녹색 셔츠를, 그 위에는 네온 컬러 셔츠를 걸쳤다. 올트먼은 활동 초기에 이처럼 남다른 스타일을 고수했다.

그는 연단에 올라 당당하게 이야기한다.

"아이폰에서 루프트를 실행할 수 있게 되어 무척 설렙니다. 루프트는 다른 사람, 당신 주변의 재밌는 장소와 연결하는 앱입니다. 화면 위의 주황색 핀이 내가 현재 있는 위치이고 파란색 핀이 내 친구의 위치입니다."

발표 시간은 3분이 채 되지 않았지만, 그건 아무런 문제도 아니었다. 중요한 점은 그가 자신의 우상이 지켜보는 무대 한가운데에 섰다는 사실이었다. 무대를 내려오며 올트먼은 마지막 말을 남긴다.

"아이폰은 새 시대의 도래를 이끌고 있습니다. 우리가 이 시대의 일부가 되어 영광입니다."

이후로도 올트먼은 '아이폰'만 다른 단어로 바꿔 이런 식의 말을 자주 했다. 애플 발표회에서 제품을 소개한 덕분에 올트먼은 주류 언론 매체의 스포트라이트를 받게 된다. 올트먼은 곧 찰리 로즈Charlie Rose, 〈CNN〉, 《이코노미스트》, 《뉴욕타임스》, 《월스트리트저널》 등 여러 매체와 인터뷰를 가진다. 또 그해에 올트먼은 Inc. 매거진이 뽑은 '30세 이하 우수 기업가'이자, 《뉴스위크》가 뽑은 'IT 업계 최고 기업가'가 되었다.

IT 전문 매체인 더인포메이션 창업자 제시카 레신은 2008년에 그녀가 아직 《월스트리트저널》의 초보 기자이던 시절에 올트먼과 만났던 일을 칼럼에 실었다. 당시 레신은 루프트가 불러올지도 모르는 사생활 침해 위험에 관한 부정적인 기사를 준비 중이었다. 그런데 이 소식을 들은 스물세 살의 올트먼은 화를 내기는커녕 오히려 루프트가 이미 알아낸 모든 리스크와 대응조치에 관한 상세한 문건을 보내 왔다.

레신은 올트먼에 대해 이렇게 말했다.

《월스트리트저널》이 모바일 사생활 침해 위험에 관한 보도에서 자신들의 회사를 집중적으로 조명할 거라고 하면, 어느 창업자라도 몹시 당황해 일단 도망치고 봤을 것이다. 그런데 올트먼은 정반대로 행동했다. 그는 제어문control statement을 시도했고 자신의 이름을 신문 1면에 싣는 데 성공했다.

회사 매각

루프트의 시가총액은 1.75억 달러까지 치솟았고 잘 나갈 때는 50명이 넘는 직원을 뒀다. 그러나 루프트에 대한 사용자의 반응은 예상만큼 긍정적이지는 않았다. 올트먼은 이렇게 말했다.

"우리는 위치 정보가 매우 중요하다고 낙관적으로만 생각했다. 그런데 비관적인 현실은, 사람들이 소파에 누워 콘텐츠를 소비하기를 더 원한다. 실제로도 그러했다. 나는 한 가지 진리를 깨달았다. 다른 사람에게 그들이 하기 싫어하는 일을 억지로 시켜서는 안 된다."

2007년 하반기부터 루프트 사용자 증가세가 주춤한다. 올트먼은 비용을 줄이기 위해 감원까지 했지만 상황은 나아지지 않았다. 또 루프트를 운영하면서 그는 지나치게 급진적인 성향과 경험 부족 등의 문제를 드러냈다. 루프트의 최고 운영 책임자였던 마크 제이콥스타인Mark Jacobstein은 이렇게 말했다.

"그가 어떤 일이 진짜라고 생각하면, 그 일은 그의 머릿속에서 정말로 '진짜'가 된다. 뭔가 큰일을 해보고 싶은 기업가에게 이건 비범한 자질이다. 다만 그러다 보니 올트먼은 일을 급진적으로 추진하려고 했다. 사람들은 이 점을 불편하게 생각했다."

올트먼이 루프트를 이끌던 시절, 루프트 임원진은 두 차례나 이사회에 그의 해고를 요청했다. 올트먼이 회사에서 하는 행동이 '사기'에 가까워 회사 내부의 혼란을 일으킨다는 이유에서였다. 그러나 올트먼은 루프트의 주요 투자자인 세쿼이아 캐피털의 전폭적인 지지를 받았기에, 해고 요청은 결국 흐지부지되고 말았다.

루프트의 창업 과정은 실리콘 밸리 기준으로 보자면 성공적이라 할 수 없었다. 올트먼 역시 제품이나 운영 면에서 천부적인 자질을 드러내지는 못했다. 다만 올트먼은 아주 중요한 자질을 유감없이 발휘했다. 바로 인맥을 쌓고 거래를 이루는 자질이었다. 비즈니스 협상이든 융자 협상이든, 올트먼은 물 만난 고기처럼 여유롭게 성공시켰다.

2012년, 올트먼은 또 한 번 이 자질을 제대로 발휘한다. 올트먼은 당시 유명 투자자였던 마이클 모리츠Michael Moritz가 이끄는 세쿼이아 캐피털과 깊은 관계를 맺는 데 성공한다. 루프트가 구매자를 찾으려고 애쓸 때, 모리츠가 세쿼이아 캐피털이 지지하는 금융 IT 기업 그린도트Green Dot의 루프트 인수를 계획한다.

2012년, 올트먼과 다른 창업자는 4,300만 달러에 루프트를 매각한다. 대다수 벤처 투자자에게 있어 마이너스인 이 매각으로 그는 500만 달러를 손에 쥐게 된다.

영원히 열여덟 살에 머물러 있는 사람

루프트 인수를 마친 후, 올트먼과 닉 시보는 새 삶을 시작한다.

두 사람은 차례로 YC에 합류했다. 시보는 여전히 앞에 나서지 않았다. 그는 YC에서 '해커 뉴스Hacker News' 운영 보수를 맡았다. 7년 동안 동고동락한 두 사람의 정은 매우 깊었다.

《뉴요커》 전속 기자인 태드 프렌드Tad Friend가 두 사람을 인터뷰하며 서로에 대해 물은 적이 있다. 갑자기 감성적이 된 올트먼이 말했다.

"내게 닉은 영원히 열여덟 살에 머물러 있는 것처럼 보이고, 그 역시 나를 그렇게 여기리라 생각한다."

시보가 고개를 갸웃했다.

"무슨 말이야?"

"아무도 모르고, 아무도 관심 없는 대학생 같다는 뜻이지."

이후 올트먼은 이렇게 회고했다.

보통 사람들은 쉬이 리스크를 감수하지 못한다. 특히 사회에 첫발을 내디딜 때는 더욱 그렇다. 그러나 젊음과 무명 그리고 가난은 오히려 커다란 선물일 수 있다. 어느 정도 위험을 감당할 여지가 있기 때문이다. 그럼에도 사람들은 이 점을 충분히 활용하지 못하는 듯하다.

앞에 나서지 않는 시보와 달리, 올트먼은 실리콘 밸리 최고 권력자의 왕좌를 향해 한발 한발 나아갔다.

CHAP 3

YC의 수장 :
실리콘 밸리의 중심으로

당신이 낙관주의자가 아니라면, 아주 끔찍한 벤처 투자자가 될 것이다.

—올트먼

내가 아는 가장 인상 깊은 창업가들은 다 오랫동안 전심전력을 다해 일을 완수하는 데 매진한 사람들이다. 모든 모임, 업계 회의, 언론 인터뷰, 트위터 등 소셜미디어를 건너뛰고 위대한 제품을 만드는 데 매진해 고객을 사로잡고 승리를 쟁취할 수 있었다.

—올트먼

일시 정지 버튼을 누르다

루프트를 매각한 뒤, 올트먼은 거의 1년을 온전히 쉬며 건강 관리에 힘썼다. 올트먼은 의사인 어머니 코니에게 자주 전화를 걸어 머리가 아프다면서 뇌수막염이나 림프종일지도 모른다고 앓는 소리를 했다. 코니는 피부과 의사라서 전공 분야가 달랐기에, 생각을 너무 많이 해서 그렇다, 스트레스를 너무 많이 받아서 그렇다는 식의 말로 올트먼을 위로했다.

《뉴욕 매거진New York Magazine》에 따르면, 그해 올트먼은 독서와 비디오 게임을 하면서 시간을 보냈고, 심지어 수도원에 가서 수련을 하기도 했다. 그런데 뜻밖에도 수련의 효과가 놀라웠다.

"내 삶을 완전히 바꿔 놓았다. 비록 아직도 많은 부분에서 불안하고 스트레스를 받지만, 마음이 편안하고 즐겁고 평온하다."

훗날 올트먼은 이 당시를 떠올리며, 실리콘 밸리처럼 경쟁이 치열한 곳에서 1년을 쉰다는 것은 말도 안 되는 일이라고 했다. 실리콘 밸리의 사회적 지위는 하는 일과 현재 진행하는 프로젝트에 의해 달라지기 때문이다. 예를 들어, 파티에 참석한 당신에게 누군가가 물었다.

"무슨 일을 하세요?"

만약 당신이 좀 난감한 기색으로 이렇게 대답한다고 해 보자.

"아, 지금 1년째 쉬고 있어요."

그렇다면, 그 사람이 곧 등을 돌리고 다른 사람에게 말을 거는 광경을 보게 된다. 그럴 때는 꽤 비참해진다.

그런데 올트먼은 이 장기휴가로 자신의 커리어가 완전히 바뀌었다고 생각했다.

"그건 내 커리어에서 가장 중요한 결정 중 하나였어요." 팟캐스트에 출연한 올트먼은 그 1년 동안 어떻게 지냈는지 들려줬다.

그해 나는 이런저런 교과서를 찾아 읽으며 관심 있는 분야를 공부했다. 원자력공학, AI, 합성생물학 같은 것도 보고, 투자도 시작해서 엔젤 투자를 네 번 정도 했다. 여행을 다니며 다양한 사람들을 만나 이야기를 나눴고, 덕분에 친구들과 가족과도 다시 이어질 수 있었다. 시간이 많아지면서 선량하고 흥미롭고 도움이 필요해 보이는 사람들을 돕는 게 내게 중요한 일이 되었다. 그 과정에서 그들이 내게 가르침이나 기회를 주었고, 나중에는 그들의 스타트업에 투자하기도 했다. 다른 나라에서 열리는 회의에도 몇 번 참석했다.

그 모든 일 중 크게 성공한 것은 많지 않았다. 하지만 그 경험들이 뿌린 씨앗은 나중에 깊고 중요한 역할을 하게 되었다.

투자 업계에 들어가 '제임스 본드' 같은 창업자들을 사귀다

폴 그레이엄은 올트먼에게 뛰어난 창업자의 원형은 '007' 시리즈 속 제임스 본드와 같다고 했다. 온갖 문제가 터져도 태연하고 침착하게 대처할 줄 알며, 악재가 줄을 이어도 결국 끝까지 살아남고, 눈에 보이는 것 중 무엇이라도 이용해 해결책을 찾아내기 때문이다. 이것이 위대한 창업가의 정신이다. 그때부터 올트먼은 '제임스 본드'가 될 잠재력을 가진 창업자를 사귀려고 노력하고 그들을 돕기 위해 최선을 다했다.

2010년, 올트먼은 YC를 통해 아일랜드에서 온 형제를 사귄다. 바로 패트릭 콜리슨Patrick Collison과 존 콜리슨John Collison이다. 두 사람은 중소기업이 더 편리하고 신속하게 온라인 결제를 진행하게 할 방법을 생각 중이었다(훗날 두 사람은 미국 온라인 결제 솔루션 스트라이프를 창립했다).

세쿼이아 캐피털의 마이클 모리츠는 형제를 이렇게 평했다.

"그들은 아일랜드의 시골에서 실리콘 밸리에 온 뒤로도 이곳의 경박한 분위기에 물들지 않았다. 두 사람은 겸손하면서 성숙하기까지 하다."

올트먼도 그와 비슷한 인상을 준다. 비슷한 배경과 성격을 가진 세 사람은 곧 절친한 사이가 되었고 올트먼은 스트라이프의 최초 투자자 중 한 명이 되었다. 올트먼은 그때를 떠올리며 이렇게 말했다.

"당시 나도 여유롭지는 않았다. 은행 계좌에 17,000달러뿐이었는데 그중 15,000달러를 스트라이프에 투자해 지분 2%를 가졌다."

현재 스트라이프의 시가총액은 이미 650억 달러를 넘어섰다.[9] 그리고 스트라이프의 다섯 번째 직원인 브록만은 훗날 올트먼이 오픈AI를 설립할 때 가장 중요한 파트너가 된다.

또 이 투자를 통해 스트라이프의 또 다른 초기 투자자인 피터 틸과 인연을 맺었다. 피터 틸은 온라인 결제 회사인 페이팔의 창업자이자 페이스북의 초기 투자자로, 이를 통해 실리콘 밸리에서 가장 부유한 투자자 중 한 명이 되었다.

페이팔을 창업할 때, 피터 틸과 페이팔의 다른 창업자, 그리고 초기 직원들은 매우 견고한 동맹을 맺었다. 페이팔을 매각한 후에도 계속 관계를 이어 가 '페이팔 마피아'라고 불리는 창업자 그룹을 형성했다. 이 그룹의 다른 멤버로는 일론 머스크, 링크드인 공동 창업자 리드 호프만 등이 있다.

피터 틸은 후진 양성에 적극적이었다. 그는 청년들에게 자금을 지원

---

9 IT 전문 온라인 매체 〈테크 크런치〉의 2024년 2월 28일자 보도. '핀테크 거물 스트라이프의 기업 가치가 직원 주식 매각 거래로 650억 달러로 치솟았다.'

하고 전략에 대한 조언을 아끼지 않았다. 그런데도 앞에 나서기를 극도로 꺼려 공공장소에 나타난 적이 거의 없다. 대신 자기 집에서 소규모 파티를 열어 창업자와 투자자를 연결해 주는 데 힘썼다.《월스트리트저널》의 보도에 따르면, 올트먼은 피터 틸과 가까운 몇 안 되는 사람 중 하나라고 한다. 스트라이프 투자로 안면을 튼 이후, 피터 틸은 여러 부분에서 올트먼에게 큰 영향을 미쳤다.

특히 피터 틸은 올트먼을 자신의 인간관계 테두리 안에 들어올 수 있게 해 주었다. 그 안에서 알게 된 사람들은 이후 올트먼의 창업과 투자 과정에서 중대한 역할을 한다.

피터 틸은 올트먼을 이렇게 평했다.

> 샘은 특별히 종교를 믿지 않지만, 문화적으로 유대인의 특색이 강하다. 그는 낙관주의자이면서도 생존 본능이 강하다. 그에게 완전한 귀속감을 줄 곳은 세상 어디에도 없다.

2012년, 올트먼은 루프트를 떠나며 약 500만 달러를 챙겼다. 이후 그는 스타트업에 투자하는 펀드를 설립한다.

2012년 4월, 올트먼과 그의 동생 잭 올트먼은 소규모 벤처 캐피털 펀드인 하이드라진 캐피털Hydrazine Capital을 설립했다. '하이드라진'은 로켓 연료로 사용되는 액체 화학 화합물로, 이 펀드를 통해 변혁을 추진하겠다는 결심을 상징했다.

올트먼은 총 2,100만 달러를 조달했는데, 피터 틸로부터 받은 거액의 투자금과 루프트를 매각해 얻은 500만 달러 중 대부분을 이 펀드에 쏟아부었다.

이 정도 규모의 펀드는 아주 작은 편에 속했다.

YC 액셀러레이터, 실리콘 밸리 혁신 창업의 신기원을 열다

피터 틸 외에, 폴 그레이엄도 올트먼의 투자 여정에서 중요한 나침반이 되어 주었다.

2005년, 1기 여름 창업 캠프를 성공적으로 개최한 그레이엄은 아예 이를 미래 사업 아이템으로 삼고자 했다.

그레이엄은 창업에 대한 자신의 생각을 '곡선'으로 정리했다. 대부분의 스타트업은 설립 후 오랫동안 침체기를 겪으며, 그중 극히 일부만이 끝까지 살아남아 서광을 맞이한다. 그는 창업자들이 가능한 한 순조롭게 사업을 이어 가 최소한의 대가로 침체기를 벗어나 안정적인 성장 단계에 도달하길 바랐다.

그레이엄은 특정 단체를 통해 이 계획을 실현하겠다는 혁신적인 아이디어를 떠올린다. 그는 이 단체를 와이 콤비네이터 Y Combinator, 줄여서 YC라고 이름 지었다.

와이 콤비네이터라는 이름은 컴퓨터 프로그래밍 분야에서 쓰는 표현으로, 함수 내에서 자기 자신을 호출하는 재귀함수를 뜻한다. 이 이름은 와이 콤비네이터가 스타트업을 지원하는 데 있어 추구하는 혁신과 자체 능력 강화라는 목표를 상징했다.

그레이엄이 이끄는 YC는 미국 창업 생태계를 완전히 바꿔 놓았다.

1990년대, YC와 같은 액셀러레이터가 출현하기 전에는 대개 경력이 풍부한 직업 설계사나 연쇄 창업가가 스타트업을 시작했다. 이들은 수백만 달러에 달하는 벤처 투자금을 구해 비밀리에 복잡한 제품을 연구 개발했는데, 제품을 출시하기까지 몇 년씩 걸리는 일이 비일비재했다. 그러나 웹 호스팅 비용이 크게 줄어들고 PC와 스마트폰이 보급되면서, 마크 저커버그 같은 대학 중퇴생도 자기 노트북에서 인터넷 관련 제품을 개발할 수 있게 되었다.

그레이엄은 가능성 있는 대학생들이 창업 캠프를 통해 그들의 창업 여정을 단축하길 바랐다. 이런 창업 캠프도 액셀러레이터라고 불린다.

그레이엄은 이 대학생들이 스타트업을 만들 수 있도록 도왔다. 마치 그의 스승이자 변호사인 줄리안 웨버Julian Weber가 비아웹에 10,000달러를 투자해 준 것처럼 말이다.

그레이엄의 『해커와 화가』는 스티브 블랭크Steve Blank의 〈깨달음에 이르는 4단계The Four Steps to the Epiphany〉, 에릭 리스Eric Ries의 〈린스타트업The Lean Startup〉과 함께, '자력갱생', '가장 작고 실현 가능한 제품'에서 시작해 '신속히 업그레이드한다', '당신 제품을 그럭저럭 좋아하는 사람 만 명보다 죽도록 좋아하는 열 명을 가져라' 등 당시의 창업 정신을 만들어 갔다.

1기 창업 캠프가 고무적인 성과를 내자, 그레이엄은 스타트업 육성을 사업으로 발전시켜도 되겠다는 생각이 들었다. 그래서 YC를 실리콘 밸리로 옮겼다. 그레이엄이 생각하는 YC는 스타트업 액셀러레이터이자 강사이며 투자자와 연결하는 중개자였다.

YC는 매년 창업 캠프를 연다. 매번 약 500명이 캠프에 지원하지만 그중 20개의 프로젝트만 선정된다. 프로젝트 초기 자금이 지원되고 모든 프로젝트를 개별적으로 지도한다. 단순히 프로젝트에 도움이 되는 조언만 하는 것이 아니라 방법론과 가치관까지 전수한다. 매주 목요일 오후에는 모든 창업자들이 YC 사무실에 모여 그레이엄이나 다른 파트너와 만나 프로젝트 진행 상황을 보고하고 걸림돌이 되는 문제를 해결할 방법을 함께 고민한다.

면담을 마치면 회식이 이어진다. 모두 식사를 함께하면서 서로 어울린다. 또한 특별 게스트를 초빙해 창업자들과 만나게 하는데, 페이스북 창업자 마크 저커버그, 그루폰Groupon 창업자 앤드루 메이슨Andrew Mason 등, 초빙된 사람들 대부분이 IT 업계의 거물들이었다.

3개월 과정이 끝나갈 즈음, 계획에 따라 창업자들은 실행 가능한 성과를 내놓아야 한다. YC는 '데모데이'를 개최해 벤처 투자자와 창업자가 서로 만나는 자리를 마련한다. 창업자가 무대에 올라 자신의 프로젝트를 소개하면 벤처 투자자가 해당 프로젝트를 평가하고, 투자 의향이 있으면 개인적으로 접촉한다.

그레이엄은『해커와 화가』에서 이런 말을 한다.

> YC의 최대 장점이 뭐 줄 아는가? YC는 대기업에 들어가지 않아도 대기업의 장점을 누릴 수 있게 해 준다. 창업의 어려움은, 당신이 여러 분야에서 뛰어나더라도, 기본적인 자원이 없으므로 성공하기 어렵다는 데 있다. 창업은 매우 외롭다. 누구도 당신에게 아이디어를 주지 않고 모든 일을 당신 혼자 해야 한다. 만약 대기업에서 일한다면, 여러 부분에서 제약은 있겠지만, 어떤 문제가 생기더라도 함께 해결해 줄 사람 1,000명은 찾을 수 있을 것이다.

YC는 문제를 함께 해결해 줄 1,000명을 찾을 수 있게 해 주면서도 대기업처럼 속박하지 않는다. 여태껏 이런 관계 네트워크는 존재하지 않았지만, YC는 이를 현실로 만들었다.

언론은 그레이엄에 대해 이렇게 말했다.

"샌프란시스코 거리를 걷다 보면 그에게서 돈을 받은 적이 있는 사람을 꼭 만나게 될 정도로, 그는 많은 스타트업에 자금을 지원했다."

"샘 때문에 안심하고 물러날 수 있겠다는 생각이 들었다"

실리콘 밸리 투자 업계에서는 농담조로 이런 말을 한다.

"올트먼의 가장 큰 재능은 삶에서 가장 중요한 두 사람인 폴 그레이엄과 피터 틸을 기쁘게 하는 것이다."

오랜 세월 동안, 올트먼은 줄곧 YC와 그레이엄과 긴밀한 관계를 유지했다.

2008년, 그레이엄은 YC에서 오랫동안 파트너로 함께 한 제시카 리빙스턴과 결혼했다. 올트먼도 초청받아 이들의 결혼식에 참석했다.

YC에는 네 명의 공동 창업자가 있었지만, 주면접관 역할, 창업자를 지도하는 역할 등 핵심적인 업무는 그레이엄만이 감당할 수 있었다. 그레이엄은 갈수록 힘에 부친다는 생각이 들었다.

일부 업무를 분담하기 위해, 그레이엄은 YC 창업 캠프 참가자 중 적당한 사람을 찾아 조수로 삼고, 점차 '겸직 파트너' 제도로 발전시켰다. 그레이엄이 가장 먼저 요청한 사람 중 한 명이 바로 올트먼이었다. 그리하여 올트먼은 2011년에 YC의 겸직 파트너가 되었다.

2012년, 올트먼이 새로 설립한 하이드라진 캐피털은 75%의 자금을 모두 YC 창업 캠프에 참여한 기업에 투자했다. YC의 규모도 점점 커져 2013년 겨울 캠프 때는 신청 건수가 2,000건이 넘었다. 2014년, 그레이엄은 50세가 되었고 리빙스턴과의 사이에 두 아이를 두고 있어 퇴직을 생각하게 되었다. 그레이엄과 리빙스턴은 후임자를 물색하기 시작했다.

그레이엄이 말했다.

"샘 덕분에 안심하고 물러날 수 있겠다는 생각이 들었다."

그레이엄이 볼 때, 올트먼은 완벽한 후계자였다. 올트먼은 자신과 생각이 똑같아, 얼핏 정신 나간 것처럼 보이는 생각에 큰 열정을 보였다. 더 중요한 점은 올트먼이 YC를 더 먼 곳으로 데려가 줄 것이라는 확신이 든다는 점이었다.

아내이자 파트너인 리빙스턴은 이렇게 말했다.

"YC를 관리할 사람의 명단이 있는 것은 아니지만 샘이 1순위이다."

그렇다면 올트먼은 승낙할까? 그레이엄은 확신이 없었다.

당시 나는 주방에서 샘에게 물었다. "YC를 맡아 볼래?" 그 말에 샘은 웃기 시작했다. 샘이 그렇게 편안하게 웃는 것은 처음 봤다. 남자아이가 쓰레기 뭉치를 휙 던져 단번에 쓰레기통에 집어넣었을 때 짓는 그런 웃음이었다.

그레이엄은 올트먼이 YC 회장 자리를 기꺼이 받아들였다고 암시하는 듯하지만 사실 올트먼의 생각은 달랐다.

나는 엔젤 투자자나 벤처 투자자가 되고 싶지 않았다. 나는 회사를 경영하는 것을 좋아한다.

한쪽에 비켜서서 지켜보는 것은 성미에 안 맞다. 투자를 시작했을 때, 회사를 경영할 때 느꼈던, 아드레날린이 치솟는 느낌은 들지 않았다.

나는 내가 하고 싶은 일을 생각 중이었는데 폴 그레이엄은 농담조로 자신이 곧 은퇴할 테니 YC를 맡아달란 말을 여러 번 했다.

나는 늘 그 일을 염두에 두고 있었다. YC를 맡으려면 투자자가 되어야 하는데, 나는 투자를 좋아하지 않았다. 그러나 나는 폴과 더 진지하게 이 문제를 토론하기 시작했다.

폴과 나는 거의 20시간 동안 이 문제를 상의했다. 우리는 제품 회사가 아니라 대학에 가까웠으며 똑똑한 사람들이 한데 모여 서로 돕고 공동체를 형성했다.

결국 올트먼은 그레이엄과 의견 일치를 보았다. 사실 그레이엄은 오랫동안 줄곧 올트먼 앞에 탄탄대로를 깔아 주었으며 그에게 창업 '반신'의 이미지를 만들어 주었다. 그레이엄은 그를 젊은 빌 게이츠라고 치켜세우며 올트먼의 비즈니스 능력을 언급한 적이 있다.

만약 올트먼을 식인종이 사는 섬에 떨어뜨리면, 5년 뒤에 그곳의 왕이 되어 있을 것이다.

 또 2009년에는 올트먼을 스티브 잡스, 래리 페이지 등과 비견하는 글을 블로그에 올린 바 있다.

"나는 디자인 문제를 생각할 때는 잡스라면 어떻게 할까를 자문하고, 야심이나 전략과 관련한 문제를 생각할 때는 올트먼은 어떻게 할까를 자문한다."

그때 올트먼은 겨우 스물네 살이었다.

그레이엄은 올트먼을 위한 성대한 대관식을 열기로 결정했다. YC는 실리콘 밸리의 중심이고 올트먼은 이제 그 YC의 수장이 될 터였다.

그렇게 해서 올트먼은 날로 번창하는 거물, YC를 맡았다. 실리콘 밸리의 유명 벤처 투자자이자 a16z의 파트너 크리스 딕슨Chris Dixon은 이렇게 말했다.

"YC는 역사상 가장 위대한 비즈니스 모델을 만들었다. 기본적으로 거의 한 푼도 쓰지 않고 실리콘 밸리의 수많은 훌륭한 스타트업의 지분 7%를 확보했다!"

2014년 기준, YC는 스트라이프, 에어비앤비, 도어대시DoorDash, 트위치, 레딧을 비롯해 550개가 넘는 스타트업에 투자했다. 그레이엄은 2014년의 트위터 글에서, YC가 투자한 기업의 기업 가치는 총 800억 달러에 달하며 2009년에 비해 5년 사이 17배나 늘었다고 밝혔다.

YC를 넘겨받고 나서 얼마 후에 가진 인터뷰에서, 사회자의 거듭된 추궁에 못 이긴 올트먼은 YC가 액셀러레이터 업계에서 절대적인 독점적 지위를 가지고 있다고 인정했다.

어떤 회의에 참석한 그레이엄은 올트먼을 후계자로 고른 이유를 묻는 말에 이렇게 답했다.

YC는 이미 거대해졌다. 나는 거대한 것을 관리하는 재주가 없는데 샘은 그런 방면으로 아주 뛰어나다.

YC를 올트먼에게 넘기고 얼마 후, 그레이엄과 리빙스턴은 두 아이를 데리고 영국으로 떠난다.

아이 하나를 잃었다, 모두 눈물을 흘리자

YC 1기 캠프 참가자들의 단체 사진 한 장이 널리 퍼졌다. 그레이엄과 그의 파트너, 그리고 미래의 아내인 리빙스턴이 사진 양 끝에 서 있고, 중간에 십여 명의 젊은 창업자들이 서 있는 것이, 꼭 부부가 자녀들과 함께 찍은 가족사진 같아 보인다.

그레이엄의 오른쪽에는 올트먼이 있고 올트먼의 오른쪽에는 더 여위고 앳돼 보이는 곱슬머리 청년이 서 있다. 그가 바로 에런 스워츠Aaron Swartz다. 올트먼보다 한 살 어렸던 스워츠는 올트먼과 달리 순수한 해커로, 평생 해커의 이상을 실현하기 위해 애쓴 대가로 목숨을 잃는다.

스워츠의 삶은 비범함의 연속이었다. 열네 살도 안 돼 인터넷의 아버지 팀 버너스 리Tim Berners-Lee와 함께 작업하고 기본 인터넷 규격 RSS[10] 제정에 참여했으며, 위키백과보다 앞서 지식 공유 플랫폼인

---

[10] 'really simple syndication'의 약자로, 업데이트된 웹사이트의 최신 정보를 빠르게 제공하기 위한 XML 기반의 콘텐츠 배급 규격이다. 새로운 RSS 게시물이 올라오면, 이 게시물에 포함된 정보가 자동으로 다른 사이트로 '호출'돼, 누구나 다 정보 제공자가 될 수 있다.

TheInfo.org를 만들었다. 어렸을 때부터 저작권 문제에 관심이 많았던 스워츠는 워싱턴까지 날아가 저작권에 관한 대법원 청문회에도 참석했다. 이후 크리에이티브 커먼즈Creative Commons, CC 프로젝트에 참여해 인터넷 지식 공유 솔루션을 제공하기 위해 노력했다. 앞 장에서 언급한 레딧의 공동 창업자 중 한 명이기도 하다.

스워츠는 이렇게 말했다.

> 현재에 안주하는 것만으로는 부족하며 다른 사람이 주는 것만 받아들여서는 안 된다. 질의하는 정신을 가져야 한다고 생각한다. 과학적인 측면에서 문제를 보면, 우리가 배운 지식은 다 일시적이며 수정과 반박, 질의당할 수 있다. 사회 문제에 대해서도 그러하다. 만약 내가 최선을 다해 진짜 기초 문제를 해결할 수 있다면, 난 반드시 그렇게 할 것이다.

그러나 현실 세계는 해커에게 우호적이지 않았다. 2011년 7월 19일, 스워츠는 MIT에서 대량의 JSTOR 학술지 논문을 무단으로 다운로드한 혐의로 연방정부에 기소당해, 유죄가 확정되면 수백만 달러의 벌금과 최고 35년의 징역형을 선고받을 수도 있었다. 기소되기 전, 법원은 그가 중죄를 저질렀음을 인정하면 징역 3개월에 가택연금 1년, 컴퓨터 사용 전면 금지로 감형해 준다는 합의서를 보냈다.

적당히 타협해 자신을 지킬 길이 있었음에도 스워츠는 굴복을 거부했다. 결국 스워츠는 죄를 인정하지 않고 합의를 포기했다.

2013년 1월 11일, 스워츠는 뉴욕에 있는 아파트에서 스스로 목숨을 끊었다. 그의 가족을 비롯해 많은 사람이 스워츠의 자살은 연방정부의 과도한 기소가 불러온 결과라고 생각했다. 스워츠가 죽고 사흘 뒤, 연방정부는 스워츠가 이미 사흘 전에 사망했다는 이유로 스워츠에 대한 기소를 철회한다고 공식적으로 발표했다.

스워츠의 죽음은 전 세계 인터넷 세상을 발칵 뒤집어 놓았다. 분노와 질타의 목소리가 여기저기서 터져 나오는 가운데, 해커 조직 어나니머스Anonymous는 MIT 웹사이트를 대놓고 공격했으며 거센 항의 물결이 잇따랐다. 결국 여론에 등 떠밀린 MIT 학장은 공개적으로 스워츠의 죽음에 사과를 표했다. 인터넷의 아버지 팀 버너스 리는 비통한 마음을 글로 적었다.

에런이 죽었다. 이 미친 세상의 방랑자들이여, 우리는 멘토, 현자를 잃었다. 권리를 위해 싸우는 해커들이여, 우리 중 한 사람이 쓰러졌다. 모든 부모들이여, 우리는 아이를 하나 잃었다. 우리 모두 눈물을 흘리자.

2014년, 스워츠의 일생을 담은 다큐멘터리 〈누가 에런 슈워츠를 죽였는가?The Internet's Own Boy: The Story of Aaron Swartz〉가 개봉해 많은 사람의 가슴을 울렸다.

해커인가, 정치가인가

해커철학자였던 그레이엄도 비통함을 감추지 못했다. 스워츠의 이상주의와 저항정신은 그레이엄과 매우 닮았다. 그레이엄의 핵심 철학은, 창업 곡선 외에 하나가 더 있었는데, 그게 바로 해커정신이었다.

해커정신은 그레이엄이 세상을 바꾸는 방식이었다. 예전에 그레이엄은 그가 YC를 해커의 방식으로 본다고 말한 적이 있다. 더 많은 스타트업을 배양해 결국 이 세계의 사고방식과 그가 사랑해 마지않는 야심만만한 해커들의 사고방식을 일치시키기 위함이었다.

그레이엄은 이런 글을 썼다.

괴상하게 행동하고 세상의 부조리에 분개하는 사람들이 보통 사람들보다 해커가 될 가능성이 더 높다. 컴퓨터 세계는 지능 세계의 서부와 같아, 당신이 모험의 결과를 책임지려고만 한다면, 그곳에서는 생각하지 못할 일이 없다.

해커들에게 닫힌 문은 도발이고, 잠긴 문은 치욕이다.

해커정신의 밑바닥에 깔린 논리는 이상을 고수하고, 속박을 거부하고, 대담히 탐색하고, 기존의 방식을 타파하고, 의혹을 제기하는 것이라는 뜻이다.

해커는 타고난 혁명가다. 스워츠는 자신의 짧은 생을 불태워 그레이엄의 인생철학을 실행에 옮겼다.

그레이엄은 열여덟 살밖에 안 된 스워츠를 YC 1기 캠프에 불러들였다. 스워츠가 아직 살아있었다면, 그레이엄은 그를 후임자로 삼지 않았을까? 누구도 알 수 없는 일이다.

올트먼은 단 한 번도 공개석상에서 친구의 죽음에 대해 언급하지 않았다. 다만 스워츠가 자살하고 얼마 지나지 않아 〈창업자 우울증

Founder Depression〉이라는 글을 블로그에 올린다.

> 실패는 끔찍하다. 이것을 가릴 방법이 없다. 그러나 창업은 생사와 관련된 문제가 아니라 일일 뿐이다.

올트먼에게는 해커정신이 있을까? 2007년, 아이폰이 처음 출시됐을 무렵 그는 한 팟캐스트에서 iOS의 취약점을 이용해 루트 권한을 얻는 행위인 탈옥을 시도한 기억을 꺼냈다.

"그땐 그게 정말 멋지다고 생각했어요. 그런데 지금은 정반대 입장에 서 있죠. 기분이 참 이상해요."

잠시 말을 멈춘 올트먼은 조용히 덧붙였다.

"좀 괴롭네요."

올트먼의 친구이자 스승이었던 에런 스워츠의 죽음은 그의 삶에 깊은 흔적을 남겼다. 특히 이상과 현실의 균형 그리고 국가 권력과의 관계에 대해 많은 고민을 하게 만들었을 것이다. 그 무렵부터 올트먼은 스워츠가 지녔던 해커 정신과는 다른 길을 걷기 시작했다.

그는 이제 매사에 조심스럽다. 살얼음판을 걷듯 행동하고, 강자 앞에 고개를 숙이며, 원수에게 은혜를 베풀고, 옛 친구를 적으로 돌리며, 때로는 적과 손을 잡는다. 해커가 걷는 '혁명의 길' 대신, 그는 '권력의 길'을 선택한 것이다.

올트먼이 YC 회장이 되었을 때, 그의 나이는 겨우 스물여덟 살이었다. 그는 실리콘 밸리의 핵심 인물들과 긴밀한 관계를 맺었고, 피터 틸과 폴 그레이엄의 전폭적인 지지를 얻었다. 그리고 그들은 올트먼에게

자금과 인맥, 영향력, 직함은 물론, 자신들이 지닌 권력까지 넘겨주었
다. 그들의 비호 아래, 젊은 올트먼은 실리콘 밸리 권력의 중심으로 빠
르게 올라섰다.

CHAP 4

YC 개조:
미래로 나아가자

"샘의 리더십 아래, YC의 야심이 10배 더 커졌다"

2005년에 YC 1기생이 된 올트먼은 YC의 발전사를 몸소 겪고 2014년에 YC 수장이 되었다.

경영진 변동에 관한 블로그 글에서, 그레이엄은 '스타트업이 이 시대의 결정적인 순간이 될 것'이라는 신념을 키우게 되었다고 밝혔다.

"10년 후에는 더 많은 스타트업이 있을 것이다. 만약 YC가 그들에게 자금을 지원한다면 그만큼 규모가 커질 것이다."

그래서 올트먼이 부임 후에 할 첫 번째 임무는 YC 창업 캠프 규모를 키우는 것이었다.

그레이엄은 은퇴를 알리는 블로그 글에서 이렇게 적었다.

샘은 YC가 앞으로 나아가는 과정에 필요한 사람이다. 효율적인 업무 처리 능력은 물론이고 자애로운 관리 능력까지 갖춘 보기 드문 인재 중 하나이다. 이는 초기 단계 투자 과정에서 필수적인 자질이지만 이를 알아차리는 사람은 거의 없다. 샘은 내가 아는 사람 중에서 가장 똑똑한 사람 중 한 명이고, 나 자신을 포함해 내가 아는 그 누구보다도 스타트업을 잘 이해하고 있다.

YC는 성장해야 하는데 나는 성장을 위한 최선의 인물이 아니다. 샘이 바로 지금의 YC에 꼭 필요한 인재다.

성장은 올트먼이 YC 수장을 맡은 5년의 기본 방향이 되었다. 이 5년 동안, YC는 기존의 YC 핵심 계획을 확장해 YC 연속성 계획, YC 연구 계획, YC 창업 학교, YC 성장 프로젝트 등을 발전시켰다. 더불어 YC의 글로벌 확장을 추진해, 중국, 인도 등 창업이 활발한 나라로 영향력을 확대했다.

실리콘 밸리의 유명 벤처 투자자인 마크 앤드리슨Marc Andreessen은 '샘의 리더십 아래, YC의 야심이 10배 더 커졌다'고 했다.

존 쿠건John Coogan은 식사 대용 파우더 회사 소이렌트Soylent의 창업자다. 그는 YC 창업 캠프에 두 번이나 참가했다. 쿠건은 올트먼의 리더십 아래, YC가 스타트업 여름 캠프에서 각종 프로젝트, 벤처 투자와 연속성 펀드, 비영리 업무와 YC 연구를 포괄하는 종합적인 조직으로 거듭났다고 했다.

YC에 있는 동안, 쿠건은 올트먼의 몇 가지 특징을 발견했다.

"샘은 화제 전환을 잘하고 상대방의 말을 집중해서 들어 준다. 이건 그가 가진 초능력이라고 생각한다. 샘을 '경청계의 마이클 조던'이라고 부르는 말까지 들어 봤다. 이런 샘의 집중력에 놀라움을 표하는 사람은 한둘이 아니었다. 그는 이야기를 경청하는 내내, 상대방이 불안해할 정도로 시종일관 상대방을 뚫어지게 쳐다본다. 루프트에서 일할 때 이미 거래 성사 기술을 갈고닦았고, 지금 그의 인맥과 영향력은 훨씬 더 커졌다. 문제가 생기면 전화 한 통으로 신속히 해결할 수 있다.”

쿠건은 올트먼과의 일화를 소개했다.

비즈니스를 시작한 지 얼마 되지 않아 매우 어려운 협상을 앞두고 있었다. 그때 샘에게 메일을 보내 협상과 관련해 이야기를 나누고 싶다고 하자, 샘이 곧바로 전화를 걸어왔다. 이야기를 나눈 지 5분 만에 샘은 내 문제를 완전히 파악했다. 그건 내 인생 최고의 거래 중 하나였다. 확실히 그 일은 내게 엄청난 영향을 미쳤다. 나는 샘이 15분짜리 통화로 1억 달러짜리 문제를 해결하는 것을 직접 지켜봤다. 정말 대단했다. 샘은 그냥 인간의 시점에서, 이 사람은 X를 원하고 저 사람은 Y를 원하는데 어떻게 이 두 사람의 의견을 하나로 모을까를 생각하는 것 같다.

긴 세월, 올트먼은 줄곧 YC 회장으로서 하던 일상 업무를 이어 갔다. 그는 날마다 창업자들에게 무수히 많은 문자메시지와 이메일을 보내고 나서, 그들이 얼마나 빨리 응답하는지 확인했다. 블로그에서 밝혔듯이, 올트먼은 응답 시간이 ‘뛰어난 창업자와 평범한 창업자의 가장 눈에 띄는 차이 중 하나’라고 생각했다.

올트먼은 이렇게 말했다.

내가 15,000달러짜리 수표를 써서 어떤 회사에 시드머니로 투자할 때, 내가 아니면 이 회사들은 존재할 수 없다. 나는 내가 세상에 더 좋은 영향을 미친다고 생각한다. 나는 이미 성공한 기업들에 내 돈을 투자하고 싶지 않다. 새로운 기업이 성공하게 하고 싶다.

하드 테크를 키워 세계의 골칫거리를 해결하다

1년에 두 번, YC 창업 캠프에는 잠재력이 넘치는 수백 명의 창업자가 모인다. 이들 중에 미래의 유니콘기업을 만들 이가 적지 않다. 그러나 올트먼에게 이것은 시작일 뿐이었다. 그는 YC가 더 많은 사람에게 힘을 실어줘, 창업을 누구나 쉽게 선택할 수 있는 직업 경로로 만들고, 이미 있는 기업이나 공공기관에 취업하는 것 외의 새로운 선택지가 되게 할 수 있다고 믿었다. 올트먼은 더 많은 스타트업이 지구를 더 풍성하고 아름답게 만든다고 생각했다. 세계가 골머리를 앓는 문제들(기후변화부터 주차공간 부족까지)을 혁신적으로 해결할 방안을 낼 주인공들이 바로 스타트업이라고 확신했다. 그래서 YC의 규모를 키우기로 한다. 현재 YC의 목표는 스타트업 육성 외에, 스타트업과 비슷한 혁신을 장려해 세계의 여러 문제를 해결하는 더 좋은 '처방'을 제공하는 것이다.

예를 들어 지금까지 YC는 주로 인터넷 분야, 특히 애플리케이션 소프트웨어 기업에 투자했다. 그러나 올트먼은 미래의 '하드 테크'와 관련된 에너지, AI, 바이오 테크놀로지 등에 더 흥미가 있었다.

올트먼은 YC를 전통적인 스타트업 액셀러레이터를 넘어서는 플랫폼으로 여겼다.

"우리는 스타트업에만 관심이 있는 것이 아니다."

YC의 수장이 된 지 얼마 지나지 않아, 올트먼은 YC의 포지셔닝에 대한 생각을 밝혔다.

"우리는 혁신에 주목한다. 그래야만 더 멋진 미래를 만들 수 있다고 믿기 때문이다."

올트먼이 봤을 때, 그 유니콘기업들이 얻은 이윤을 현금화하는 것은 단순히 파트너들의 호주머니를 채워주기 위해서가 아니라, 생물종 등급의 전환을 지원할 자금을 확보하기 위해서였다. 올트먼은 세상의 가장 큰 문제들을 해결하는 야심만만한 프로젝트에 자금을 지원할 수 있도록 연구부서를 만들었다. 올트먼은 AI가 모든 분야의 혁신을 좌우하는 관건이라고 본다. AI가 인류가 직면한 문제를 인류보다 더 잘 해결할 수 있으며 초지능까지 갖춘 존재라고 보는 것이다.

실리콘 밸리에서 올트먼은 완전히 새로운 경제 시스템을 구축하고 있다. 이 시스템은 기존의 실리콘 밸리 모델(슈퍼 자본주의 기업가로 이루어진 조합이 있고, 이들이 서로 도와 산산조각 난 세상을 복구하려고 함)을 대체하려는 것 같다. 원래도 실리콘 밸리는 지나친 야심으로 유명했지만, 올트먼의 비전에 여기저기서 경고음이 들려왔다. 벤처 투자자 리드 호프만은 이렇게 말했다.

"웅대한 포부를 품는 것은 좋다. 그러나 고전적으로, 실리콘 밸리에서 새로운 분야를 다시 만들어 내려는 시도는 늘 끝이 안 좋았다."

어느 만찬 자리가 마무리된 뒤, 올트먼은 직접 만든 네그로니Negroni 칵테일을 음미하며 YC의 비전에 회의적인 사람들에게 경고했다.

"민주주의는 성장형 경제 안에서만 돌아갈 수 있다. 경제 성장 시대로 돌아가지 않으면 민주주의 실험은 실패할 것이다. 그래서 나는, YC

가 이런 성장에 극히 중요하다고 생각해야만 한다.”

성공을 발판으로, YC는 더 자유롭게 사명을 확장할 수 있게 되었다. 이 과정에서 이 계획에 참여하는 스타트업에 대한 자금 지원 규모를 늘리는 것이 매우 중요하면서도 꼭 필요한 일이 되었다. 올트먼이 이끄는 YC는 스타트업 정신 강화에 힘써, 스타트업을 세상을 개선하는 도구로 활용한다. 비록 지금 당장은 이런 노력이 세상을 바꾼다는 확실한 증거가 없지만, YC 경영진은 이를 믿어 의심치 않았다.

YC는 단순히 조직을 현재 시장과만 엮지 않고 혁신과 창업의 과정에 뿌리를 내리게 했다. YC는 앞으로도 계속 영향력을 발휘할 것이며 우리의 생명이 끝나도 그 영향력은 이어질 것이다.

2016년, 마이클 시벨Michael Siebel이 YC의 새 CEO가 된다. 마이클 시벨은 바로 이 비전이 자신을 YC 운영에 집중하게 했다고 전했다.

“나를 설득한 것은, 바로 YC가 100년의 역사를 쓸 조직이라는 폴과 샘의 생각이었다.”

YC를 떠난 진짜 이유

2019년 3월, YC는 올트먼이 오픈AI 업무에 더 집중할 수 있도록, CEO였던 그를 이사회 의장으로 삼는다고 발표한다. 올트먼이 YC를 떠난 것과 관련해서는 이미 상세하게 살펴봤다. 그러나 2023년 11월, 오픈AI의 이사회 ‘쿠데타’를 겪은 뒤, 《워싱턴포스트》는 생각지도 못한 내용을 보도한다. 올트먼이 실은 YC에서 쫓겨났고, 그를 쫓아낸 사람이 다른 사람도 아닌 바로 그레이엄이며, 올트먼이 회사의 이익보다 사익을 추구할 것을 염려해 아예 축출한 것이라고 했다.

몇 달 뒤, 오픈AI 전 이사회 멤버였던 헬렌 토너가 팟캐스트에 출연해, 그때는 올트먼이 처음으로 당한 해고가 아니며, 2019년에 올트먼이 YC를 떠난 진짜 이유는 당시에 '감춰졌다'고 폭로했다.

그러나 며칠 뒤, 폴 그레이엄이 직접 나서서 YC는 2019년에 샘 올트먼을 해고한 적이 없다면서 《워싱턴포스트》와 다른 매체의 보도에 반박했다.

그레이엄의 설명은 이러했다.

"올트먼은 계속 YC와 오픈AI 사이를 오갔다. 오픈AI가 영리 목적의 자회사를 설립한다고 발표하고 올트먼을 CEO로 임명하자, 제시카 리빙스턴은 올트먼이 오픈AI 업무에 매진한다면 YC를 관리할 다른 사람을 찾아야 한다고 했다. (…) 그도 동의했다."

그러면서 덧붙였다.

"우리는 그가 떠나는 것을 원치 않았다. 그저 그에게 둘 중 하나를 선택하라고 했을 뿐이다."

올트먼의 재산

대중은 실리콘 밸리에서 오랫동안 활동한 올트먼의 재산이 어느 정도일지 궁금해했다. 일단 오픈AI에서는 연봉 65,000달러만 받고 있으며 보유 지분은 없다. 그런데 개인적으로는 재산이 꽤 많은 듯하다. 종종 거액을 투자하기 때문이다.

올트먼은 왜 그렇게 돈이 많을까? 투자 업계에서는 그 부분에 관심이 많았다.

2016년, 올트먼은《뉴요커》에 재산 규모를 밝힌 적이 있다. 그는 모든 불필요한 재산을 포기하고 샌프란시스코 미션 지구에 있는 방 네 개짜리 집 한 채, 차, 캘리포니아 어느 휴양지에 있는 부동산과 예비비 1,000만 달러만 남겨 두기로 했다.

남은 재산은 인류 복지를 위해 쓰겠다고 했다. 당시 그 말을 들은 사람들은 올트먼의 진의를 의심하며 그저 잘 보이기 위해 꾸며낸 말로 치부했다.

그런데 2024년 6월,《워싱턴포스트》는 일련의 조사를 통해 놀라운 사실을 알아냈다.

올트먼은 오랫동안 그의 거래 은행인 JP모간 체이스JPMorgan Chase로부터 채무 한도를 얻어 스타트업에 대한 투자를 늘려왔고, 그것이 올트먼이 사기업에 수억 달러를 투자할 수 있었던 이유였다.

《더인포메이션》의 보도에 따르면, 올트먼과 그의 벤처 투자 펀드는 이미 400여 개 기업에 투자를 진행했다. 스트라이프, 에어비앤비, 레딧 등 대기업을 비롯해 핵융합 에너지 스타트업인 헬리온 에너지Helion Energy, 생명과학 기업 레트로Retro, 올트먼이 형제들과 함께 세운 벤처 투자 회사 아폴로 프로젝트Apollo Projects 등 다양한 곳에 투자했다.

대출을 받아 벤처 투자를 하는 경우는 극히 드물어 올트먼의 투자 전략은 여태껏 보도된 적이 없었다. 스타트업은 투자 위험이 극도로 높다. 대다수 스타트업의 말로가 파산이기 때문에 대출을 받아 스타트업에 투자하는 벤처 투자자는 거의 없었다. 그 정도의 개인 채무를 지는 것은 너무 모험적인 도박이었다.

IT 업계 변호사들과 벤처 투자자들은 올트먼의 전략(그의 재산 대부분은 외부 기업과 연계돼 있고 오픈AI와는 무관하다)이 전통적인 기업 거버넌스의 한계를 뛰어넘었다고 생각했다. 스타트업 창업자의 재산은 대개 회사와 연계돼 있다. 그래서 스타트업 창업자는 전심전력을 다한다.

다른 기업이 수익을 보게 함으로써 더 많은 돈을 버는 사람이 있을까? 이렇게 높은 위험을 무릅쓰고 투자를 감행한 것을 보면, 올트먼의 목적은 금전적인 보상이 아님이 확실하다. 마치 철학 이념 같아 보인다. '미래를 향해 살고, 그런 뒤에 현재 잃은 부분을 창조하라'는 그레이엄의 말처럼 말이다. 그렇다면 올트먼이 그리는 미래는 어떤 모습일까? 마지막 장에서 알아보자.

CHAP 5   샘이 그린 미래도

이것은 샘의 세계이고 우리는 그저 그 안에서 살 뿐이다.

—릭 버튼Ric Burton

미래는 아마 상상할 수 없을 만큼 위대해질 것이다.

—올트먼

이 책의 맨 앞에서 언급했듯이, 정말로 지금 인류가 AI 시대로 들어서는 초입에 서 있는 것이라면, 샘 올트먼과 일론 머스크와 같은 인물들은 역사에 굵은 흔적을 남기고 있다고 봐야 한다.

지금까지의 모든 장이 사실 지나온 역사를 기록한 것이다. 이번 장에서는 미래를 이야기 하고 싶다. 우리는 올트먼이 그리는 세계 청사진이 무엇인지 알아볼 것이다.

일론 머스크의 청사진은 다들 잘 알고 있다. 머스크는 인류를 다행성 문명으로 만들고자 한다. 스페이스X의 중형급 로켓은 지구와 화성 사이를 오갈 수 있는 수송력을 제공하고, 더 보링 컴퍼니The Boring

Company는 화성 지하도시를 건설할 수 있는 터널 굴착 능력을 제공할 것이다. 테슬라는 태양에너지 기술과 전동기술을 탐색하고 머스크가 440억 달러를 들여 인수한 트위터(X)는 화성에서 통신과 커뮤니티 거버넌스에 쓰일 것이다.

그렇다면 올트먼의 미래 청사진은 어떠할까?

과거 그의 행적을 보면, 오픈AI CEO직을 수행한 것 외에, 캘리포니아 주지사 경선 참가를 고려한 적이 있다. 또 AI가 불러올 수 있는 대규모 실업 문제에 대비한 보편적 기본 소득을 연구한 적이 있다. 홍채 스캔 기술을 통해 소득을 분배할 수 있도록 월드코인 암호화폐 프로젝트를 추진한 적도 있다. 이밖에 충분한 에너지를 창조하기 위해 핵융합 기술 기업에도 투자했다. 그리고 AI 발전을 추진할 수 있는 칩을 만들기 위해 자금을 모으고 있다.

앞장에서 알아봤듯이, 올트먼은 현실주의자이고 각종 거래를 통해 권력을 얻고 이를 공고히 해왔다.

그러나 한편으로는 미래주의자이기도 하다.

현실주의자는 대개 미래에 관심이 없지만 올트먼은 다르다. 그는 세상의 가장 큰 문제는 혁신, 과학, 기술로 해결할 수 있다고 확신하는 것 같다.

우리는 이미 미래에 대한 집단적인 낙관을 잃어버렸다. 이런 낙관을 회복하는 것은 우리 모두의 책임이다. 유일한 길은 기술을 이용해 풍요로운 세상을 창조하는 것이다.

바로 앞 파트에서도 말했듯이, 실리콘 밸리의 전통적인 벤처 투자자와 달리, 올트먼은 줄곧 하드 테크 분야에 집중했다. 하드 테크는 미래를 위한 기술로, 현재는 아직 존재하지 않지만 미래에 지대한 영향을 미칠 혁신을 의미한다. 올트먼은 오픈AI에서 AI 관련 기업들에 투자를 진행했다.

그런 행동의 논리적 근거는 무엇일까?

올트먼은 머스크처럼 자신의 청사진을 일찌감치, 그리고 반복해서 공표하지는 않았지만, 그의 블로그와 소셜미디어, 온갖 인터뷰에서 흘린 단서들을 하나둘 긁어모아 마치 퍼즐을 맞추듯 그럴듯한 모양으로 맞춰볼 수는 있겠다.

비록 이 단서들 사이에 모순이 존재할 수도 있고 지나친 과장이 섞여 있을 수도 있겠으나, 핵심이 되는 단서는 명확하다.

그가 그리는 미래도는 확실히 존재하고 끊임없이 발전하고 있다.

왜 올트먼이 그리는 미래도가 이토록 중요할까? 현재 기술이 공전의 속도로 발전하고 있기 때문이다.

미국 UC버클리 경제학 교수 브래드퍼드 들롱J. Bradford DeLong은 자신의 저서 『20세기 경제사』에서 1870년이 역사의 분기점이었다고 지적했다. 그때부터 기술 진보의 속도가 현저히 빨라졌고 세계 경제 성장에 가속도가 붙었기 때문이다.

1870년 이전, 인류는 극도의 빈곤 속에서 살았다. 느린 기술 진보로 인한 성과는 폭발적으로 증가하는 인구에 집어삼켜졌다. 그러나 산업혁명으로 세계는 천지개벽에 버금가는 변화를 겪는다. 발명과 창조의 속도가 빨라지고 기술 능력이 세대를 지날 때마다 두 배씩 성장해 결국 전 세계 경제 생활의 모습을 바꿔 놓았다.

> 1870-1914년, 인류의 기술과 조직 능력은 매년 약 2%의 속도로 진보했는데, 이는 이전 100년(1770-1870)의 네 배가 넘는 빠르기였다. 초기 세계 경제의 선두 주자는 미국, 독일, 그리고 빠르게 낙오된 영국이었다. 1870년 이전에, 이들은 다른 지역보다 더 빠른 성장 속도를 보여, 매년 약 0.9%P 더 빨리 성장했다. 그러나 이후로는 성장에 박차를 가해, 매년 약 2.5%의 빠른 성장 속도를 유지했는데, 이는 1870년 이전의 성장 속도보다 거의 세 배나 빠른 수준이었다.

인류의 수천 년 문명사에서 인류의 운명과 미래의 방향을 결정한 중요한 순간은, 대개 화산 폭발을 비롯한 자연이나 전쟁 및 강자의 의지였다. 그러나 지난 150년 동안에는, 기술의 영향력이 갈수록 커졌다.

올트먼은 인류가 머지않아 변곡점에 이를 것이라고 믿었다. 앞으로 100년 안에, 인류의 전체 역사 동안 이룬 것보다 더 많은 기술의 진보를 이룰 것이다.

실리콘 밸리에도 변화가 일어나고 있다. 스티브 잡스와 같은 예전의 실리콘 밸리 기업가는 제품 개발에 매진하고 워싱턴 정치권과는 최대한 거리를 뒀다.

그러나 저커버그와 올트먼 같은 새 시대의 실리콘 밸리 기업가들은 규모와 영향력에 큰 관심을 보이며 실리콘 밸리 밖에서 더 큰 영향력을 발휘하기를 갈망한다.

2014년에 YC 수장을 맡은 이후로 올트먼은 지난 10년 내내 실리콘 밸리 사교계의 중심에 서 있었다. 그의 지인에 따르면, 올트먼은 주말만 되면 나파나 샌프란시스코에 있는 집으로 친구들을 데려가 피자를 먹으며 진지한 토론을 나누곤 했는데, 암 연구부터 핵전쟁까지 온갖 주제가 테이블에 올라왔다고 한다. 사실 오픈AI도, 끊임없이 이어진 만찬 모임 속에서 서서히 잉태된 것이다.

그래서 이 청사진은 올트먼 개인의 염원이기도 하지만 실리콘 밸리의 집단적 의지를 반영한 것이기도 하다. 올트먼의 지인이라는 익명의 제보자는 블룸버그 통신 기자에게 '올트먼은 세계의 왕이 되어 온 세상을 자기가 맡아 관리하고 싶어 한다'고 전했다. 올트먼의 스승 폴 그레이엄도 비슷한 말을 한 적이 있다.

"미래 전체를 지배하는 것이 올트먼의 목표인 것 같다."

모든 것에 대한 무어의 법칙

2021년 3월, 코로나바이러스 감염증이 전 세계로 퍼지면서 미국이 심각한 경제 침체를 겪는 와중에, 올트먼은 〈모든 것에 대한 무어의 법칙Moore's Law for Everything〉이라는 제목의 뜬금없는 장문을 블로그에 올린다. 이 글을 다 읽고 나서, 이것이야말로 그의 마음속에 있는 청사진에 가장 가깝다는 사실을 깨달았다.

올트먼은 그의 스승 그레이엄과 같이 우아하고 아름다운 글을 쓰지는 못한다. 그중에서도 이 글은 특히나 난해하다. 아마 여태껏 그가 쓴 모든 글 중에서 이 글이 가장 길 것이다.

게다가 웹디자이너에게 부탁해 화면 배경에 초록색 지폐까지 가득 깔았다.

글을 마무리하며, 올트먼은 그의 가장 가까운 스승인 리드 호프만과 오픈AI 동료 수츠케버 등 많은 사람에게 고마움을 전한다.

이 글이 막 올라왔을 때는 별다른 파문을 일으키지 못하고 코로나바이러스 감염증이 몰고 온 공황에 묻힌다. 《파이낸셜타임스》는 '기술미래주의자의 망상'이라는 제목의 글로 비웃기까지 했다.

올트먼이 쓸데없이 반복되고 난해하기까지 한 이 글에서 말하고자 하는 바는 무엇이었을까? 그 의미를 파헤치기 전에 먼저 무어의 법칙이 무엇인지 알아보자.

무어의 법칙은 인텔 공동 창업자 고든 무어Gordon Moore가 1965년에 쓴 글에서 제기한 것으로, 반도체 칩에 들어가는 트랜지스터 수가 약 2년마다 두 배씩 증가한다는 내용이다.

우선, 무어의 법칙은 사실 법칙이 아니라 관찰과 예측에 더 가깝다.

다음으로, 반도체 칩의 트랜지스터 수가 많을수록 연산 능력도 그만큼 커진다. 2년마다 두 배씩 성장한다는 것은 이러한 성장이 선형적 성장이 아니라 기하급수적 성장이라는 뜻이다.

그로부터 반세기가 흐르는 동안, 무어의 법칙은 반도체 칩 업계가 앞으로 나아가는 데 '메트로놈' 역할을 한다. 실리콘 밸리의 고위직들은 그 박자에 맞춰 비즈니스 전략을 짰고 무어의 법칙은 투자와 규모를 통해 목표를 실현하는 기준이 되었다.

무어의 법칙은 본질적으로 '의견 일치'였다.

사실 올트먼의 〈모든 것에 대한 무어의 법칙〉도 '의견 일치'를 바라는 글이다. 그리고 이 '의견 일치'가 바로 그가 그리는 미래도다. 전문은 다섯 개 부분으로 나뉜다. 브래드퍼드 들롱과 마찬가지로, 올트먼도 글의 시작부터 '기술 진보의 가속화'를 지적한다.

거시적인 시간의 척도에서 보자면, 인류 사회의 기술 진보는 지수 곡선을 보인다. 15년 전에 우리는 스마트폰이 없었다(진짜로 분명히 그랬다) 150년 전에는 내연기관이 없었고 가정용 전기도 없었다. 1,500년 전에는 산업용 기계가 없었다. 15,000년 전에는 농업이 없었다.

앞으로 다가올 변혁은 인류의 가장 인상적인 능력. 즉 생각, 창조, 이해, 추리라는 경이적인 능력을 둘러싸고 벌어질 것이다. 위대한 기술 혁명인 농업 혁명, 산업 혁명, 컴퓨터 혁명에, 우리는 AI 혁명이라는 네 번째 혁명을 추가할 것이다. 만약 우리가 공동의 사회로서 책임감 있게 이 혁명을 추진한다면, 이 혁명은 모든 사람이 그들이 원하는 것을 얻을 수 있을 만큼 충분한 부를 발생시킬 것이다.

우리가 앞으로 100년 동안 이룰 기술적 진보는 우리가 처음으로 불을 통제하고 바퀴를 만든 이후로 이룬 모든 진보보다 훨씬 더 클 것이다. 우리는 이미 스스로 배우고 유용한 일을 할 수 있는 AI 시스템을 만들었다. 비록 아직 원시적 단계이기는 하지만, 발전의 추세가 뚜렷이 보인다.

두 번째 부분에서 올트먼은 자신의 '모든 것에 대한 무어의 법칙'을 내놓았다.

대체로 좋은 삶을 사는 길은 두 가지다. 하나는 개인이 더 많은 돈을 갖는 것(그 사람만 더 부유해지는 길), 다른 하나는 물가가 떨어지는 것이다(모두가 더 부유해지는 길). '부'란 곧 구매력이다. 우리가 현재 가진 자원으로 얼마나 많은 것을 얻을 수 있는지를 보여 준다.

사회의 부를 늘리는 가장 효과적인 방법은 제품 가격을 낮추는 것이다. 음식에서 비디오 게임에 이르기까지, 기술은 다양한 제품의 가격을 빠르게 떨어뜨릴 수 있다. 반도체와 무어의 법칙을 떠올려 보자. 수십 년 동안 칩의 성능은 2년마다 두 배로 향상됐지만, 가격은 거의 변하지 않았다.

지난 수십 년 동안 미국에서는 TV, 컴퓨터, 엔터테인먼트 등 기술이 접목된 분야의 비용은 줄어든 반면, 다른 분야의 비용은 급격히 상승했다. 가장 눈에 띄는 항목은 주거비, 의료비, 고등 교육비다. 이런 비용들이 계속 오르기만 한다면, 부의 재분배만으로는 문제를 해결할 수 없다.

AI는 제품과 서비스의 비용을 낮출 것이다. 여러 단계의 공급망에서 가장 큰 비용 요인은 인건비다. 만약 로봇이 당신의 땅에서 자원을 캐내고 다듬어, 태양에너지를 활용해 집을 짓는다면, 이 집의 비용은 '로봇을 빌리는 데 드는 비용'에 가까울 것이다. 게다가 그 로봇이 다른 로봇에 의해 만들어졌다면, 비용은 더욱 줄어들 것이다. 인간이 만든 로봇보다, 로봇이 만든 로봇은 훨씬 저렴할 수 있기 때문이다.

마찬가지로, 인간 의사보다 건강 문제를 더 정확히 진단하는 AI 의사, 학생이 이해하지 못하는 개념을 파악하고 설명해 주는 AI 교사도 상상할 수 있다.

〈모든 것에 대한 무어의 법칙〉은 원하는 것을 살 수 없는 세대를 위한 외침이다. 유토피아처럼 들릴지 모르지만, 기술은 우리가 그 목표를 실현할 수 있도록 돕는다(실제로 몇몇 분야에선 이미 실현되고 있다). 한번 상상해 보자. 앞으로 수십 년 동안, 주택·교육·음식·의류 등 모든 것이 2년마다 반값이 되는 세상을.

기술 혁명은 늘 그랬듯 새로운 일자리를 만들어 낼 것이다. 그때가 되면 우리는 지금으로서는 상상하기 힘든 자유 속에서, 지금으로서는 상상조차 못한 직업들을 만들어 낼 것이다.

풍부한 지능과 에너지 그리고 미래

올트먼이 제시한 〈모든 것에 대한 무어의 법칙〉이 보통 사람이 보기에는 지나치게 모호한 구석이 있을 수 있다. 그후 올트먼은 그가 보는 미래를 설명하기 위해 틈만 나면 풍부하다는 의미의 단어 'abundance'를 언급했다. 2024년 5월, 올트먼은 X에 글을 올려 그 의미를 설명했다.

기술을 활용해 풍부한 지능, 에너지, 수명 등을 창조한다고 해도, 세상의 모든 문제를 해결할 수는 없고 모두를 행복하게 만들 수도 없다. 그러나 그것은 분명 위대한 일이며, 인간의 선택지를 획기적으로 넓혀 준다. 올트먼은 이것이 마치 도덕적 명령처럼 느껴진다고 말한다.

그가 말하는 '풍요의 창조'란 사실상 〈모든 것에 대한 무어의 법칙〉과 같은 의미다. 그는 인터뷰에서, 초지능과 에너지를 공정하고 번영하는 미래 세계의 기반에 비유했다.

"만약 풍부한 지능과 에너지를 얻을 수 있다면, 그 어떤 일보다 인류에게 큰 도움이 될 것이다."

2024년 1월, 다보스 세계경제포럼에서 블룸버그 기자가 그의 세계관을 묻자, 올트먼은 이렇게 답했다.

"내 세계관에서 미래를 결정짓는 자산은 단 두 가지뿐이다. 지능과 컴퓨팅, 다른 하나는 에너지이다. 이 두 가지에서 돌파구를 찾지 못한다면, 우리가 염원하는 미래는 실현될 수 없다."

오픈AI는 초지능 개발에 전력을 다하고 있다. 동시에, 올트먼은 오래전부터 에너지에도 깊은 관심을 두어 왔다. 그는 AI를 통해 지능을 확장하는 동시에, 에너지의 풍요를 실현하기 위한 전략도 꾸준히 준비해 왔다.

글에서 언급한 태양에너지 외에도, 올트먼이 특히 주목하는 것은 원자력에너지다. 그는 다음과 같이 말한 적이 있다.

돈과 시간을 들여 기술을 이용해 풍요를 창조하고 싶다. 에너지의 역사를 연구하다 보면 에너지 비용이 대폭 줄어들면 삶의 질이 크게 향상된다는 사실을 발견하게 되어 놀라지 않을 수 없다. 원자력에너지는 내가 상상할 수 있는, 단시간 안에 에너지 비용을 가장 큰 폭으로 줄이는 방법 중 하나다. 이는 지금 세상에서 작동하는 여러 사회, 경제 방정식을 바꿀 것이다.

원자력에너지는 두 가지 방식으로 나뉜다. 하나는 무거운 원자핵을

쪼개 에너지를 얻는 핵분열, 다른 하나는 가벼운 원자핵을 융합해 에너지를 얻는 핵융합이다. 올트먼은 이 둘 모두에 판돈을 걸었다.

2015년, YC의 CEO였던 올트먼은 원자력에너지에 깊은 관심을 갖고 이 분야를 집중적으로 검토한 끝에, 오클로Oklo라는 회사에 투자했다. 2013년에 설립된 오클로는 차세대 고속 원자로 기술을 설계하고 배치하는 것을 목표로 한다. 이 원자로는 고순도 저농축 우라늄을 연료로 사용하며, 연료 교체 없이 수십 년간 운전이 가능하다. 오클로는 핵분열 상업화를 바탕으로 전력 판매와 연료 회수라는 이중의 비즈니스 모델을 만들었으며, 데이터센터, 지역 커뮤니티, 공장, 공공 서비스 시장 등을 겨냥하고 있다.

같은 해, 올트먼은 여러 핵융합 회사들을 직접 방문하고 검토한 끝에, 헬리온 에너지Helion Energy에 초기 투자금 950만 달러를 넣었다. 그는 핵물리 교과서를 들고 헬리온 본사를 찾아가 직원들과 함께 핵융합 설계를 논의하기도 했다. 이후 추가로 3억 7,500만 달러를 투자하며, 헬리온은 올트먼의 최대 규모 투자처가 되었다. 현재 그는 헬리온 에너지의 이사회 의장을 맡고 있다.

2023년, 마이크로소프트는 헬리온이 2028년부터 제공할 전력을 사들이기로 계약했다. 이는 핵융합 상업화에 대한 최초의 대규모 수요 확보 사례 중 하나다.

올트먼에게 헬리온 에너지는 단순한 투자 프로젝트가 아니다. 실리콘 밸리 뉴스레터 스트릭틀리VCStrictlyVC와의 인터뷰에서 그는 이렇게 말했다.

"오픈AI 외에 제가 가장 많은 시간을 쓰는 곳은 바로 헬리온 에너지이다."

현재 헬리온은 '폴라리스Polaris'라는 7세대 프로토타입 핵융합 시설을 건설 중이며, 2028년 이전 상업적 핵융합 발전 실현을 목표로 하고 있다. 그러나 올트먼이 그리는 비전은 여기서 끝나지 않는다. 그는 헬리온이 발전소 한두 곳을 짓는 데 그치지 않고, 핵융합 발전기를 매일 한 대씩 만들 수 있는 초대형 공장을 건설해야 한다고 말한다.

2021년, 올트먼은 CNBC와의 인터뷰에서 이렇게 말했다.

> 지금 세상에서, 어느 곳에나 존재하는 두 가지 유한한 자원은 지능과 에너지다. 우리는 AI를 통해 지능 문제를 해결하려고 하고 있다.

올트먼은 에너지 창조 비용을 줄이면 비용만 절감하는 게 아니라 지구 에너지도 절약할 수 있으며, 더 나아가 대규모 탄소 포집 기술로 두 세기 동안 대기 중에 쌓인 탄소 오염을 깨끗이 해결할 수 있으리라 믿는다.

올트먼은 이 기술이 성공한다면, 그가 세계에 일으킨 가장 긍정적인 변화 중 하나가 될 것이라고 했다.

AI 훈련은 많은 에너지를 소모한다. 데이터에 따르면 챗GPT는 매일 약 2억 건의 요구에 응답하느라 하루 50만 킬로와트시kWh 이상의 전력을 소비한다. 2027년에는 AI 업계가 매년 소모하는 전력량이 85~134 테라와트시TWh(1 테라와트시는 10억 킬로와트시)에 이를 것으로 예상된다.

머스크도 AI 산업의 발전이 전력 부족을 일으킬 수 있다고 예언했다. 원자력에너지는 이 문제를 해결하는 중요한 열쇠다.

올트먼은 AI와 싸고 친환경적인 에너지가 '풍부한' 미래 세계를 실현하는 데 있어 서로 시너지 효과를 내는 요소라고 본다. AI와 원자력에너지의 관계는 '상부상조' 관계라고 볼 수 있다. 원자력에너지는 AI에 더 경제적인 전력을 제공할 수 있고 AI 기술도 원자력에너지 시스템의 설계 수준과 운영 효율을 높이는 데 도움이 된다.

보편적 기본 소득이 많은 새로운 부를 창출한다

브래드퍼드 들롱이 『20세기 경제사』에서 말한 것처럼, 기업 연구소, 현대적 대기업, 세계화가 전례 없는 물질적 번영을 가져왔지만, 이런 성장은 이상적인 사회를 건설하는 데 도움이 되기는커녕 전 세계를 기후 온난화, 경기 침체, 불확실성과 불평등 심화라는 구렁텅이로 밀어 넣었다. 기술의 진보가 분배 문제를 해결하지 못했기 때문이다.

올트먼은 부의 분배 문제도 고민했다.

〈모든 것에 대한 무어의 법칙〉의 세 번째 부분에서, 올트먼은 분배 문제를 집중적으로 다뤘다. 원가가 0에 가까워지고 사회의 부가 무한히 증가할 때, 이 부를 어떻게 분배해야 할까?

올트먼이 제시한 방법은, 노동이 아니라 기업과 토지를 비롯한 자본에 대해 세금을 징수하는 것이다.

올트먼은 'AI를 이용하는 기업'을 콕 집어 강조했다.

올트먼은 이렇게 말했다.

우리는 노동이 아니라 자본에 과세하는 데 중점을 두고 이렇게 거둔 세금을 시민에게 소유권과 부를 직접 분배하는 기회로 사용해야 한다. 다시 말해 자본주의를 개선하는 최선책은 모두가 평등한 소유자로서, 그것으로부터 직접적으로 이득을 얻을 수 있게 하는 것이다. 이것은 새로운 아이디어가 아니지만, AI가 더 강력해지면서 세상에 부가 극적으로 늘어나 새롭게 실현 가능해질 것이다. 미래 부의 주요 원천 두 가지는 기업, 특히 AI를 이용하는 기업과 한정적인 토지일 것이다.

우리는 '미국 주식형 펀드American Equity Fund'라고 불리는 것을 해볼 수 있다. 미국 주식형 펀드는 매년 일정 가치를 뛰어넘는 회사들에, 그들의 시장 가치 2.5%의 지분을 펀드에 이전하는 것으로 세금을 징수하고 모든 사유지에, 그 가치의 2.5%에 해당하는 달러를 세금으로 징수하는 식으로 자본화한다.

18세 이상의 모든 시민은 매년 그들의 계좌로 달러와 회사 지분을 분배받는다. 사람들은 더 나은 교육, 의료, 주거, 회사 설립 등등 무엇이든 그들이 필요하거나 원하는 것에 마음껏 그 돈을 쓸 수 있을 것이다. 더 많은 사람이 경쟁이 치열한 시장에서 그들이 원하는 서비스를 선택함에 따라, 정부 지원 산업은 비용 상승의 실질적 압박에 직면할 것이다.

AI가 대부분의 기본적인 상품과 서비스를 만들어 내면서 인류는 해방될 것이다. 그러면 그들이 마음 쓰는 사람과 함께 있고, 타인에 관심과 애정을 보이고, 예술과 자연을 감상하고, 아니면 사회 공익사업을 하는 데 더 많은 시간을 쓸 수 있다.

올트먼은 이를 실현하기 위한 구체적인 아이디어는 말하지 않았다. 하지만 사실 2016년에 '보편적 기본 소득Universal Basic Income' UBI라는 이름의 연구 프로젝트를 이미 시행한 바 있다. 당시는 오픈AI가 이제 막 설립된 때였다. 이 연구는 YC 리서치가 맡아, 미국 2개 주에서 임의로 뽑힌 사람 1,000명에게 매달 아무런 조건없이 인당 1,000달러씩 나눠줄 계획이었다.

올트먼은 프로젝트를 시작할 때 이런 글을 썼다.

우리는 기본 소득에 관한 연구(조건 없이 사람들에게 충분한 돈을 줘서 생활을 유지하게 하는 연구)에 자금을 지원하고 싶다. 이것에 관심을 가진 지 꽤 됐다. 토론은 많이 했지만, 어떻게 운영할지에 관한 실질적인 데이터가 매우 적다.

지금부터 이 문제를 연구하는 것은 유익하다고 생각한다. 향후 어느 시기에, 기술이 전통적인 일을 계속 도태시키고 대량의 새로운 부를 창조함에 따라 국가적인 차원에서 어떤 형식의 이런 상황을 보게 될 것이라고 상당히 확신한다.

그러므로 지금 몇몇 이론적인 문제들에 답하는 것이 도움이 된다. 가만히 앉아 비디오 게임을 하면서도 새로운 것을 창조할 수 있을까? 즐거워하고 만족할까? 굶주림에 대한 두려움이 없다면 더 큰 성취를 거둬 사회에 더 큰 이익을 가져다줄 수 있을까? 종합적으로 봐서, 연구 참가자들은 그들이 얻은 돈보다 더 많은 경제적 가치를 창조했는가?(이러한 계획이 전체 생활비에 어떻게 영향을 미쳤는가에 관한 문제는 우리 연구 범위를 벗어나지만, 그것도 분명히 매우 중요하다).

올트먼은 경제적으로 자유롭지 않으면 사람들은 일을 그만둘 용기를 낼 수 없고 배우고 싶은 것을 깊이 배울 수도 없다고 생각했다. 그러면 사람은 '차선' 상태에 빠져 임금의 노예가 돼 돈과 잠재력의 심각한 부조화를 일으키게 된다.

이 개념은 과거 수많은 사상가가 오매불망 꿈꾸던 유토피아적 사상이다. 우리가 사는 시대는 유사 이래 '보편적 기본 소득'을 실현할 수 있는 조건을 갖춘 황금시대다. 빈곤 인구나 실업 인구만을 대상으로 한 전통적인 사회 복지와 달리, '보편적 기본 소득'은 모든 사람에게 아무 조건 없이 지급된다.

1980년대부터 1990년대 말까지, 유럽의 몇 개 국가는 이런 구상에 대해 적극적인 토론을 진행했다. 21세기에 들어선 후, AI가 불러온 IT발 실업 공포가 커지면서 '보편적 기본 소득' 개념은 노벨경제학상 수상자를 비롯한 수많은 전문가의 지지를 얻었다.

실리콘 밸리에서도 비슷한 연구가 많아졌다. 일론 머스크는 이런 말을 했다.

"미래에 대다수 일자리가 AI로 대체되면 보편적 기본 소득이 반드시 이루어져야 할 것이다."

저커버그도 비슷한 말을 한다.

"모두가 새로운 아이디어를 시도할 완충 공간을 마련하기 위해, 보편적 기본 소득과 같은 아이디어를 더 많이 연구해야 한다."

한편 올트먼은 이 프로젝트에 정말로 투자를 감행했다. 그가 개인적으로 투자한 액수는 무려 1,000만 달러였다.

2020년 11월, 3년 기한의 '보편적 기본 소득' 실험 프로젝트가 시작되었다. 3년 동안, 미국 텍사스주와 일리노이주에 거주하는 시민 약 3,000명이 이 프로젝트에 참여했다. 그들의 나이대는 21~40세였으며 평균 가정 소득은 2.9만 달러 이하였다.

이중 1/3은 매달 1,000달러를 수령했고, 나머지 대조군은 매달 50달러를 받았다.

2024년 7월, 오픈리서치OpenResearch 전신인 YC 리서치는 이 프로젝트의 첫 연구 결과를 발표했다.

1,000달러를 수령한 사람은 미래에 대해 훨씬 계획적이었으며 여윳돈을 주로 주거비, 교통비, 식비 등 필수품 소비에 사용했다. 매달 50달러를 받는 대조군에 비해, 1,000달러를 받은 사람의 매주 근무 시간은 1.3~1.4시간 줄었는데, 남는 시간에 여가를 즐겼다. 또 1,000달러를 받은 사람은 미래에 대해 훨씬 계획적이었다. 미리 예산을 정하고, 저축하고, 고등교육을 받을 계획을 세웠으며 창업까지도 생각했다. 그러나 연구에 참여한 사람들이 이 기간에 모든 목표를 실현했는지는 또 다른 문제라고 연구원들도 인정했다. 대조군에 비해, 1,000달러를 받은 사람들이 확실히 더 많은 교육을 받거나 실제로 더 많이 창업하지는 않았기 때문이다.

정리하자면, '보편적 기본 소득' 실험 프로젝트는 '보편적 기본 소득'이 개인의 삶의 질을 높이면서도 일할 의지를 현저히 꺾기는커녕 오히려 더 광범위한 사회 활동 및 경제 활동 참여를 촉진한다는 사실을 뒷받침했다.

2023년, 올트먼은 렉스 프리드먼Lex Fridman의 팟캐스트에 출연해 '보편적 기본 소득' 실험 프로젝트에 대해 언급했다. 올트먼은 '바닥을 높이는 것이지, 천장을 걱정할 필요는 없다. 풍요로운 미래는 모든 사람이 적어도 중산계급 정도의 생활을 하게 하는 것'이라고 했다.

2024년 5월, 팟캐스트에 출연해서 AI 규제를 토론하고 사회 정책에 대해 건의할 때도, 올트먼은 '보편적 기본 컴퓨팅'으로 '보편적 기본 소득'을 대체할 수 있다는 생각을 밝혔다.

"모든 사람이 GPT-7의 컴퓨팅 능력을 얻은 것처럼, 누구나 사용할 수 있고, 전매도 할 수 있으며, 암 연구 등에 사용할 수 있도록 다른 사람에게 기부할 수도 있다."

올트먼은 이어서 말했다.

"AI가 갈수록 발전하고 우리 삶의 곳곳에 파고듦에 따라, 고급 언어 모델을 소유하는 것이 돈을 소유하는 것보다 더 가치 있을 수 있다. 단순히 돈이 아니라 생산력을 부분적으로 소유하는 것이다."

이 말은 오픈AI 초기 투자협정에서 잠재 투자자에게 했던 경고를 떠올리게 한다.

"포스트 AGI 세계에서 돈이 어떤 역할을 하게 될지 잘 모르겠다."

올트먼은 미래에 돈이 완전히 없어질 거라고 믿는 듯하다.

월드코인, 부를 분배하는 혁신적 방식

'보편적 기본 소득' 외에도, 올트먼은 부를 분배하는 혁신적 방식의 하나인 '월드코인Worldcoin' WLD를 개발했다. 2023년 7월, 올트먼과 월드코인 CEO 알렉스 블라니아Alex Blania는 월드코인 프로젝트가 전 세계에서 시행될 것이라고 발표했다. 발표 내용에 따르면, 3년 전에 월드코인이 설립된 이후로, 모두가 가질 수 있는 새로운 신분과 금융 네트워크를 창조하고자 했고 믿을 수 있는 솔루션을 제공해 인류와 AI를 구분할 수 있게 하려 했다.

만약 성공한다면, 월드코인은 경제적 기회를 크게 늘리고 세계적으로 개인에 대한 권한 부여와 기회 평등이 늘어날 것이며 인류와 AI를 구분할 수 있는 신뢰할 만한 솔루션을 제공하는 동시에 사생활을 보호해, 결국 '보편적 기본 소득'으로 가는 잠재적 경로가 될 것이다. 월드코인Worldcoin은 프라이버시를 보호하는 디지털 신원World ID과 디지털 화폐WLD로 이루어진다. 법률 규정이 분명하지 않은 부분은 적극적으로 조치를 마련해, 더 많은 사람이 혜택을 보게 할 것이다.

'월드코인' 프로젝트의 핵심은 새로운 디지털 화폐를 발행하는 것이다. 올트먼은 '보편적 기본 소득' 개념에서 영감을 얻어 이런 아이디어를 떠올렸다. 기존의 다른 디지털 화폐와 비교해, 월드코인의 혁신성은 오픈 소스 홍채 스캔 장치를 통해 개인의 신원을 확인해, 기존 디지털 화폐 발행과 관련해 발생하는 사기와 중복 수령 행위를 막아 발행의 공정성을 확보한 데 있다.

공식 사이트에서는 '월드코인' 프로젝트가 세 부분으로 이루어져 있다고 소개한다.

하나, 월드 ID는 홍채 스캔 기반 디지털 신원 시스템으로, 기술을 통해 사용자의 프라이버시를 보호하는 한편, 위변조가 불가한 개인 신분 인증을 제공한다.

둘, WLD는 등록된 모든 사용자에게 동일한 기준으로 배분되는 디지털 화폐다.

셋, 월드 앱은 월드 ID와 WLD 기반, 결제, 송금, 디지털 자산 관리 앱이다.

2021년, 일부 국가와 지역에서 테스트한 이후로, '월드코인' 프로젝트에 참여하는 사용자는 이미 전 세계에서 150만 명이 넘는다. 이 프로젝트는 추진 과정에서 많은 저항에 시달렸고, 운영이 금지된 지역도 일부 있다. 일단 디지털 화폐 발행 약속이 지켜지지 않아, 참여자와 오프라인 홍보 그룹의 의심을 사고 있기도 하다. 또, 홍채 데이터를 수집하는 행위는 지금의 규제 환경에서 갈수록 민감해지고 있다. 더군다나 국경을 넘어 프라이버시 데이터를 전파하는 행위는 많은 국가에서 선을 넘은 것으로 여겨진다.

'월드코인' 프로젝트는 야심 차게 시작했으나 가시밭길이 예상된다. AI로 인한 일자리 감소가 전 세계적으로 논란을 일으켰음에도, '보편적 기본 소득'의 실시는 자원과 정치 권리의 분배와 관련된 문제이므로, 주권 국가에서 이 의제의 통제권을 다국적 기업이나 국제조직에 넘길 리 만무하다.

월드코인 프로젝트의 성공 여부와 상관없이, 이 디지털 화폐의 출현은 취업문이 갈수록 좁아지는 오늘날, '보편적 기본 소득'을 실현 가능한, 사회적 분배의 궁극적인 해결 방안으로 여기는 사람이 점점 더 많아질 것을 예고했다. 월드코인 프로젝트의 경험과 난관도 AGI 시대 부와 자원 분배에 관해 귀한 시사점을 제공한다.

2024년 9월, 올트먼은 블로그에 〈지능 시대 The Intelligence Age〉라는 제목의 긴 글을 올려 시선을 끌었다. 이번에는 초록색 지폐 대신, 무지갯빛으로 물든 길을 배경으로 깔았다. 페이지 넘버 밑에 디자이너의 이름도 남기지 않은 것으로 보아 AI가 생성한 배경일 가능성이 높다.

올트먼은 글에서 이런 말을 한다.

> 나는 미래가 매우 밝을 것이라 믿는다. 지금 그것을 글로 쓰려 해도 제대로 표현하지 못할 것이다. 지능 시대의 눈에 띄는 특징 중 하나는 유례없는 번영일 것이다.
>
> 비록 그 진전이 점진적일 테지만 기후 문제 해결, 우주 식민지 건설, 모든 물리학 법칙 발견과 같은 경이로운 성취가 결국 아주 흔한 일이 될 것이다. 거의 무한한 지능과 풍부한 에너지가 뒷받침되는 상황에서, 위대한 아이디어를 만들어 낼 수 있는 능력과 그것을 실현할 수 있는 능력을 갖춘 우리는 상당히 많은 것을 할 수 있을 것이다.

실리콘 밸리의 몇몇 약속은 너무도 달콤해 홀리지 않을 수가 없다. AGI, 불로불사, 암호화폐, 하늘을 나는 자동차, 화성 등등, 피츠제럴드 Scott Fitzgerald의 『위대한 개츠비 The Great Gatsby』의 내용처럼, 우리는 해를 거듭할수록 점차 우리 앞에서 멀어지는 아름다운 미래에서 영원히 헤어나지 못한다.

올트먼은 서른 살 생일날 블로그에 글을 올렸다.

"여름이 제일 좋다."

그 말을 하고 나서 얼마 지나지 않아 그는 머스크와 함께 오픈AI를 설립했다. 여름은 풍성함을 의미하고 풍성함은 올트먼이 그리는 인류의 미래다. 2024년 8월, 올트먼은 또 X에 글을 올린다.

"나는 정원의 여름을 좋아한다."

배경 사진은 화분에서 자란 딸기였다.

평범하기 이를 데 없는 이 사진에 AI 업계는 극도로 흥분했다. 사람들은 올트먼이 오픈AI가 현재 '딸기Strawberry'라는 모델, 바로 모두가 목 빠지게 기다려 온 GPT-5를 개발 중이라는 소문이 사실임을 인정한 것이라고 생각했다. GPT-5는 올트먼이 꿈꾸는 '풍부'한 세계에 한 발 더 다가섰음을 의미한다.

이에 머스크는 X에 조롱이 담긴 글을 올린다.

"원래 AI 세계 최후의 날은 무한한 페이퍼클립이라고 생각했는데, 영원한 딸기밭일 줄은 몰랐다."

'딸기밭은 영원해Strawberry Field Forever'는 비틀스The Beatles가 1960년대에 만든 유행곡으로, 가사에 이런 내용이 있다.

딸기밭은 영원해. 눈을 감으면 사는 게 편해져, 눈앞의 모든 것을 오해한 채로.

억만장자가 인류를 위해 그리는 미래를 믿어야 할까? 작년, 올트먼의 어머니는《월스트리트저널》에 올트먼이 벌써 4~5년째 가게에서 물건을 산 적이 없다고 했다.

올트먼도 자신이 평범한 사람들과 사귀는 데 부족한 점이 있다고 인정했다. 그의 지지자들은 그가 완벽한 세상을 창조하고 있다고 말하고, 회의론자들은 그가 인류의 미래를 취약한 생태계에 맡겨, 지나친 모험을 하고 있다고 생각한다.

2023년 3월 24일, 고든 무어가 세상을 떠났다. 공교롭게도, 그가 죽기 며칠 전, 올트먼은 소셜미디어에 새로운 버전의 '무어의 법칙'에 관해 적었다.

우주 속 지능은 18개월마다 두 배가 된다.

이는 〈모든 것에 대한 무어의 법칙〉의 업그레이드 버전이었다. 생전 마지막 인터뷰에서, 무어는 '무어의 법칙'에 대한 의심을 전했다.

그것이 영원히 지속될 수는 없다. 기하급수적 성장은 결국 재난을 불러올 것이다.

무어는 '재난'에 대해 명확히 설명하지는 않았다. 그의 전기 작가이자 과학사학자 데이비드 브록David C. Brock은 무어가 말한 것이 아마 생태계 괴멸이 아닐까 의심했다. 이러나저러나 무어는 열정적인 보호주의자였기 때문이다. 어쩌면 AI의 인류 침략일 수도 있다. AI가 인류 생태계를 희생시키면서 끊임없이 스스로 번식한다면 재난이 아닐 수 없다. 올트먼도 X에 담담한 말투로 글을 올린다.

최근 친구들과 자주 하는 토론의 주제는, 세계의 종말을 초래하는 것이 합성생물학일지, AI일지, 아니면 에너지 부족/에너지 전쟁일지이다.

몇 년 전, 올트먼은 세계의 종말이 다가오면 어떻게 도망칠지 상세한 계획을《뉴요커》에서 밝혔다.

"나는 총, 금, 요오드화칼륨, 항생제, 배터리, 물, 방독면, 캘리포니아

빅서^{Big Sur}에 넓은 땅을 준비했다.”

그러면서 AI의 습격을 받으면 날아서 빅서로 도망치겠다고 했다.

그러나 나중에는 다시 이 말을 정정했다.

“만약 최악의 AI가 미래에 만들어진다면 어떤 방독면도 소용이 없을 것이다.”

〈지능 시대〉에서 올트먼은 AI의 위해성에 대해 가볍게 언급한다.

> 다른 기술과 마찬가지로, AI도 부정적인 면이 있을 것이다. 그러므로 우리는 지금부터 AI의 해를 최소화하면서 득을 극대화하기 위해 힘써야 한다. 예를 들어, 우리는 이 기술이 앞으로 몇 년 안에 노동 시장에 좋든 나쁘든 상당한 변화를 일으킬 것으로 예상하지만, 대부분의 일자리는 대다수 사람들이 생각하는 것보다 더 천천히 변할 것이다. 그리고 나는 우리가 할 일이 없어질 것을 두려워하지 않는다. 설령 그것들이 ‘진짜 일자리’처럼 보이지 않더라도 말이다.

이 글의 마지막 문단에서, 올트먼은 가로등을 켜는 사람을 예로 들어 미래를 낙관하라고 힘을 북돋는다.

> 오늘날 우리가 하는 수많은 일은, 수백 년 전에 살았던 사람에게는 시간 낭비처럼 보일 테지만, 누구도 과거를 돌아보며 가로등 켜는 사람이 되고 싶어 하지는 않는다. 만약 가로등 켜는 사람이 오늘날의 세계를 볼 수 있었다면, 그는 주변의 번영이 불가사의하다고 느꼈을 것이다. 마찬가지로 우리가 100년 앞으로 가서 본다면, 우리를 둘러싼 번영이 불가사의하게 느껴질 것이다.

왜 오펜하이머인가?

오래전, 한 선배가 기자로서 해 준 말이 있다.

"인터뷰 대상을 더 잘 이해하고 싶으면, 그의 영웅이 누구인지 물어봐. 잠재의식 속에서 그 영웅을 뒤따르는 여정이 그 사람의 운명을 이끌 테니까."

2015년, 그러니까 오픈AI가 설립된 바로 그해, 《뉴욕타임스》 편집장이 올트먼에게 주말 칼럼에서 좋아하는 책 한 권을 소개해 달라고 요청했다. 그러자 올트먼은 『아메리칸 프로메테우스』를 추천했다. 『아메리칸 프로메테우스』의 원제목은 『아메리칸 프로메테우스: 로버트 오펜하이머의 승리와 비극 American Prometheus: The Triumph and Tragedy of J. Robert Oppenheimer』이다. 나중에 크리스토퍼 놀란 감독이 이 책을 각색해 영화 〈오펜하이머〉를 만들었다. 현재 이 책은 오픈AI 본사 도서관의 눈에 띄는 자리에 놓여 있다.

지금 올트먼은 오펜하이머가 '맨해튼 프로젝트'를 설계하던 때의 나이에 이르렀다. 최근 들어 희끗희끗한 흰머리가 보이기 시작했는데, 얼핏 보면 오펜하이머와 닮은 느낌도 있다. 그를 인터뷰하면서 "오펜하이머가 당신의 영웅인가?"라고 묻자, 그는 능청스럽게 웃으며 이렇게 말했다. "오펜하이머와 생일이 같은 건 사실이지만, 내가 말한 게 아니라 누군가 발견한 거예요." 그렇다면 왜 오펜하이머일까? 생일이 같다는 이유만으로는 설명되지 않는다.

로버트 오펜하이머는 미국의 뛰어난 이론물리학자로, 로스앨러모스 연구소에서 진행된 '맨해튼 프로젝트'를 이끌었다. 이 프로젝트는 수많은 과학자와 기술자가 대거 투입된 대규모 연구였으며, 결국 원자폭탄 개발에 성공했고, 오펜하이머는 '원자폭탄의 아버지'라는 이름을 얻었다. 원자폭탄 개발은 기술적·과학적으로 엄청난 진전이었을 뿐만 아니라, 제2차 세계대전의 종식과 전후 국제정치 구도에도 심대한 영향을 미쳤다.

그러나 종전 후, 오펜하이머는 핵무기 규제와 국제 평화를 위해 목소리를 높였다. 그는 사회 문제에 적극 참여하며, 핵전쟁을 막기 위한 핵 군축과 국제 협력을 지속적으로 호소했다. 전 미국 국무장관 헨리 키신저Henry Kissinger는 오펜하이머를 이렇게 평했다. "오펜하이머는 냉전 시기 전략적 균형을 이루게 했으며, 전후 수십 년의 국제 질서를 지탱했다."

한마디로, 오펜하이머는 과학 기술자로서 2차 세계대전 이후의 세계질서를 새롭게 정의한 인물이다. 만약 올트먼의 영웅이 오펜하이머라면, 지금 그가 만들고 있는 오픈AI를 새로운 '맨해튼 프로젝트'로 삼고자 하는 것은 아닐까?

대중에 공개된 법원 문서에서, 초기 브레인스토밍 단계에서 일론 머스크에게 보낸 이메일 속에서, 올트먼은 AI를 위한 '맨해튼 프로젝트'를 제안한다. 그리고 2023년 월드 투어 중에도, 그는 국제원자력기구와 비슷한 조직을 만들어 AI를 규제하자고 제안했다. 아무래도 올트먼의 영혼 깊은 곳에는 오펜하이머가 자리하고 있는 것 같다. 그는 기술을 이용해 인류를 위한 이상적인 미래를 만들고 싶어 한다. 다만 올트먼은 오펜하이머보다 더 능수능란하며, 권력을 빼앗는 데 재능이 있다.

유명 전기인 『권력의 길The Path to Power』의 작가 로버트 A. 카로Robert A. Caro는 미국 역사상 가장 논쟁적인 대통령인 린든 존슨Lyndon Johnson을 이렇게 평했다. "그는 결코 적을 만들지 않았으며 멀리 내다봤다."

린든 존슨처럼, 올트먼도 권력의 길을 걷고 있다. 미국 중서부 출신의 평범한 소년이 명확한 목표를 세우고, 실패에 대한 두려움을 안은 채 오직 성공을 갈망한다. 자신의 포부를 이루기 위해 무슨 짓이든 서슴지 않는다. 살아남기 위해 무슨 일이든 할 수 있다. 친구에게는 충성을 다하고, 적은 용서한다. 오기는 없고 이상만 있다.

올트먼의 권력 지향은 이 책에서 여러 차례 다룬 주제다. 그런데 실리콘 밸리가 권력을 원했기 때문에, 올트먼 같은 권력 '바라기'가 나타난 것은 아닐까? 그의 성공은 실리콘 밸리가 더 이상 단순한 IT 중심지가 아니라 점차 권력의 중심지가 되어 가고 있는 흐름을 상징한다.

실리콘 밸리의 거물 마크 앤드리슨도 이런 말을 했다. "미국 스타트업 문화가 스티브 잡스의 길에서 일론 머스크의 길로 전환된 것은 황홀했다. 창업자들은 예술가적인 히피에서 역도 선수와 같은 집행자로 변하고 있다."

캘리포니아에서 태어나 자란 '진짜 히피'인 스티브 잡스는, 정치와 거리를 두며 살았다. 전기 『스티브 잡스』에 보면, 잡스가 세상을 떠나기 1년 전, 당시 오바마 대통령이 실리콘 밸리를 방문해 그를 만나고 싶다고 요청했지만, 그는 이를 거절한다.

"나는 대통령이 일정표에 어떤 CEO를 접견했다는 기록을 남기기 위해 마련한 상징적인 회의에 끼고 싶지 않다."

결국 그는 아내의 간곡한 설득에 마지못해 오바마를 만났다. 그런데 정작 오바마를 만나서 한 말은, 미국에는 엔지니어가 부족하고 중국에서 아이폰을 생산하는 것이 훨씬 쉽다는 불평뿐이었다.

그러나 지금, 올트먼과 머스크 같은 실리콘 밸리 CEO들은 예술품 같은 소비자 전자제품이나 하루 활성 사용자 수 1억 명이 넘는 앱을 만드는 데 머물지 않고, 기술의 힘을 통해 권력을 얻어 자신들이 꿈꾸는 세상을 만들려 한다. 올트먼이 의회를 자주 찾는 것, 머스크가 트럼프 경선 유세 무대에 서는 것 모두 이런 변화를 반영한다.

실리콘 밸리의 분위기 역시 스티브 잡스 시대와는 확연히 다르다. 우선, 실리콘 밸리는 내부적으로 분열하고 있다. 과거 실리콘 밸리는 미국 자유주의와 진보주의의 대본영이었다. 2016년 미국 대선 당시, 실리콘 밸리 주류 인사 중 트럼프를 지지한 이는 거의 없었다(피터 틸이 유일한 예외였다). 그러나 지금은 머스크를 비롯해 트럼프를 공개적으로 지지하는 CEO들이 점차 늘고 있다. 지금의 실리콘 밸리는 미국의 또 다른 정치 중심지로 부상하고 있다. 따라서 예의주시할 필요가 있다.

한편, AI 기술은 빠르게 발전하고 있으며, IT가 삶에 미치는 영향력은 날이 갈수록 커지고 있다. 앞으로 많은 사람의 운명을 좌우할 인물은 정치인이 아니라 과학자, 혹은 IT 기업의 CEO일 가능성이 높다.

『사피엔스』의 저자 유발 하라리_{Yuval Harari}도 10년 후의 세계는 AI를 통제하는 관료 집단이 통치할 것이라고 예언했다. 이들은 은행, 기업, 정부, 대학에 퍼져 있는 수백만 개의 AI로 구성된 방대한 분산 시스템을 활용해 전 세계를 통제할 것이다. AI가 대부분의 결정을 내리게 되겠지만, 인간은 그런 결정이 내려진 이유와 맥락조차 이해하지 못하게 될 것이다. 하라리는 이렇게 말한다.

"권력이 점점 이 집단으로 넘어갈 것이다."

이 책의 마지막 장에서는 올트먼이 그리고 있는 미래 청사진을 다뤘다. 그는 AI와 원자력 에너지를 통해 인간이 살기 좋은, 아름다운 세상을 만들고자 한다. 그러나 수천 년 인류 문명사에서 기술의 발전을 추동한 것은 아름다운 염원이 아니라, 그 이면에 숨은 두려움과 탐욕이었다는 점을 잊어서는 안 된다. 선한 의도로 기술을 창조했지만, 결국 '오펜하이머의 순간'에 빠진 사례는 숱하게 많다.

'오펜하이머 순간'이란 경이로운 기술 혁신 이후, 윤리적·도덕적·사회적으로 심대한 영향을 마주하는 순간을 가리킨다. 영화 〈오펜하이머〉의 감독 크리스토퍼 놀란은 수많은 정상급 AI 연구자들이 지금 이 순간을 '그들의 오펜하이머 순간'으로 여긴다고 말했다. 이는 '과거에 영원한 실패를 경험하고도 재앙이 곧 닥칠 것을 아직 모르는' 그런 불길한 예감과 같다. 지금 이 순간, 인류와 지구의 운명은 블라인드 박스 속에 들어간 느낌이다.

올트먼은 여름이 가장 좋은 이유는 풍요를 상징하기 때문이라고 말한 적이 있다. 그 풍요가 자신이 그리는 인류의 미래라고 말이다. 그런데 2024년을 살아가는 나는, 불현듯 1914년의 여름을 떠올렸다.

슈테판 츠바이크Stefan Zweig는 자신의 회고록『어제의 세계』에서 이런 일화를 소개한다. 어느 날, 들판을 지나던 츠바이크에게 포도 농부가 다가와 말했다.

"1914년 여름은 햇살이 풍부해 포도 농사가 예년보다 훨씬 잘됐습니다. 이 여름을 영원히 기억할 겁니다."

며칠 후, 오스트리아는 세르비아에 선전포고했고, 츠바이크는 독일

행 마지막 기차에 몸을 실었다. 그는 열차 안에서 흥분에 찬 젊은 병사들의 모습을 목격한다. 그들은 어머니에게 크리스마스 전에 집에 돌아오겠다고 약속했다.

그러나 그들 대부분은 다시는 집으로 돌아가지 못했다. 제1차 세계대전은 인류 역사상 최초의 공업화된 전쟁이었다. 기관총, 대포, 탱크 등 신형 무기와 참호전이 대거 동원되었고, 4년 만에 약 1,000만 명의 군인이 목숨을 잃었다. 이전 두 세기 동안 유럽에서 벌어진 모든 전쟁의 사망자를 다 합쳐도 이보다 적었다.

바로 그 아름다운 여름날, 농민은 포도 수확을 기대하며 설렜고, 병사들은 가슴 뛰는 모험을 놓칠까 봐 안달이었다. 그러나 시대의 열차가 지나간 자리에는 왕관이 땅바닥에 나뒹굴었고, 제국은 해체됐으며, 오랜 조약은 수많은 젊은 목숨과 함께 산산조각 났다.

그런 여름은 '어제의 세계'에만 존재한다. 앞으로 다가올 여름은 그저 아름답기만을 바랄 뿐이다.

푸젠성 장저우시의 어느 서핑 캠프에서

저우형싱

샘 올트먼: AI 제국의 설계자

펴낸날 2025년 9월 15일 1판 1쇄

지은이 저우형싱
옮긴이 정주은
펴낸이 金永先
편집 김샛별
디자인 검정글씨 민희라

펴낸곳 지니의서재
주소 경기도 고양시 덕양구 청초로 10 GL 메트로시티한강 A1-1924호
전화 (02) 719-1424
팩스 (02) 719-1404
출판등록번호 제13-19호

ISBN 979-11-94620-15-0 (03320)

지니의서재와 함께 새로운 문화를 선도할 참신한 원고를 기다립니다.
이메일 geniesbook@naver.com (원고 투고)